이웃집 부자들

이웃집 부자들

안재만 · 이종현 지음

"이제야 내가 따라 할 수 있는 부자들을 만났다!"

BM 황금부엉이

경제가 어렵다고 한다. 경제가 좋았던 때가 언제 있었겠는가 싶지만 경제기자로 일하다 보면 어렵다는 말이 정말 피부에 와닿는다. 3대 경제지표라는 생산, 소비, 투자가 모두 마이너스로 돌아서고 있고 세계경제도 둔화의 조짐이 역력하다. 회사에서 주는 월급을 금과옥조로 여기며 살아가는 직장인에게 경제가 어렵다는 말은 뜬구름 잡는 말처럼 들리기도 하지만, 자영업자나 기업인을 만날 기회가 많다 보니 확실히 어렵긴 어렵구나 하고 고개를 끄덕일 때가 많다.

소득 양극화가 갈수록 심각해지고 있다는 뉴스도 빠지지 않고 들린다. 국회 기획재정위원회 소속 김정우 더불어민주당 의원이 국세청의 '2017년 귀속연도 통합소득 자료'를 분석한 결과에 따르면, 통합소득 상위 1%의 평균 소득은 3억 9,051만 원으로 중위소

득자의 17배에 달하는 것으로 나타났다. 상위 1%의 소득이 전체 소득에서 차지하는 비중은 11.4%로 2012년(10.8%) 때보다 증가했다. 문재인 정부의 소득 주도 성장정책에 찬성하든, 반대하든지에 상관없이 소득 양극화가 심각해지고 있다는 것만큼은 확실하다.

그리고 여기 우리가 주목해야 할 뉴스가 하나 더 있다. 어쩌면 경제가 어려워지고, 소득 양극화가 심각해지고 있다는 뉴스와 결을 같이 하는 뉴스일 수 있다. KB경영연구소는 KB국민은행과 함께 매년 〈한국 富者 보고서〉를 발간하고 있다. 금융 자산 10억 원 이상을 가진 개인을 부자로 보고 통계와 설문조사 결과를 통해 한국의 부자는 어떤 사람들이고 어떤 포트폴리오를 갖고 있는지 보여주는 보고서다.

2018년에 공개된 보고서에 따르면 2017년 말 기준으로 한국의 부자는 27만 8,000명에 달했다. 전년 대비 무려 15.2%나 증가한 것이다. 또한 보고서를 보면 경제가 어렵든, 좋든 상관없이 한국의 부자는 매년 늘어나고 있다. 2012년에 16만 3,000명이었던 부자는 2014년 18만 2,000명, 2016년 24만 2,000명으로 늘었고 2017년에는 27만 8,000명까지 늘었다.

부자가 늘고 있다는 뉴스를 어떻게 봐야 할까? 뉴스란, '어떻게 해석하느냐?'에 따라 다른 이야기를 들려주기 마련이다. 부자가 늘어나고 있다는 것을 소득 양극화가 가져온 결과로 본다면 이건 분노할 뉴스가 된다. '부자들이 평범한 서민의 몫을 가져가고 있다',

'자본가들이 노동자들의 빵을 뺏어가고 있다'는 식으로 분노할 수 있다.

다른 식으로 볼 수도 있다. '경제가 이렇게 어려워지고 있는데 오히려 부자가 늘고 있다니… 도대체 어떤 비결이 있었던 걸까?', '경제가 어려워지면 기업인도 자영업자도 힘들어진다는데 이 사람들은 도대체 무슨 일을 하면서 이렇게 돈을 벌고 있는 걸까?', '그렇다고 해서 지난 몇 년간 주식 시장이 대단히 좋았던 것도 아닌데…' 이렇게 말이다. 물론 부동산 시장은 박근혜 정부 시절을 거치면서 한 차례 급등장을 맞았고 그때 적지 않은 부를 쌓은 사람도 많다. 그렇다고 모두가 그런 기회를 거머쥔 건 아니지 않은가. 버스정류장에 미리 가서 준비하고 기다린 사람들만이 버스에 올라탔다. 뒤늦게 달려가 봤자 버스는 이미 떠난 뒤다.

필자들은 부자가 증가했다는 뉴스에 분노하는 사람의 마음도 이해하고, '도대체 그들은 어떻게 부자가 됐을까?'라고 호기심을 갖는 사람의 마음도 이해한다. 기자도 평범한 월급쟁이다. 부자가 된 사람들을 보면 부럽기도 하고 때때로 화가 날 때도 있다. 하지만 이 책은 호기심을 갖는 후자의 입장에서 집필됐다. 도대체 이 어려운 경제 상황에서 자산을 모아 부자가 된 이들은 어떤 사람일까? 그들은 어떤 비결로 자산을 모을 수 있었을까? 그들의 일상에서 혹은 재테크 투자과정에서 평범한 월급쟁이들이 배울 수 있는 건 없을까?

이런 질문 속에서 이 책을 기획하고 만들게 됐다. 부자들의 이야기에 분노하기보다 호기심을 갖는 사람들이 이 책을 읽기 바란다. 분노하는 이들을 위한 책은 서점 한 편에 잔뜩 있다. 이 책은 버스정류장에서 다음 버스를 기다리는 사람들을 위한 것이다.

빌 게이츠가 될 순 없어도 이웃집 부자는 될 수 있다

이 책의 제목인 '이웃집 부자들'은 보통의 직장인이 실제로 배우고 따라할 수 있는 롤모델이 될 만한 부자들을 말한다.

　세상에 부자는 많다. 미국의 경제전문지인 〈포브스〉에 따르면, 2018년 전 세계 억만장자는 2,153명이었다. 세계에서 가장 돈이 많은 부자는 제프 베조스 아마존 최고경영자(CEO)로 순자산은 1,310억 달러였다. 우리 돈으로 150조 원 정도다(모두가 알다시피 2019년에 그가 아내와 이혼을 했기 때문에 순위가 내려갈 전망이다). 그 뒤를 빌 게이츠 마이크로소프트 창업자(965억 달러), 워런 버핏 버크셔해서웨이 회장(825억 달러), 베르나르 아르노 LVMH 회장(760억 달러)이 따랐다. 한국에서는 이건희 삼성전자 회장이 순자산 169억 달러로 가장 많았다. 이런 세계적인 부자들의 이야기에서도 물론 배울 점은 많다. 필자들도 빌 게이츠나 워런 버핏의 자서전을 읽었고, 아마존의 성공 스토리도 여러 차례에 걸쳐 찾아 읽었다.

그렇지만 우리가 너무나 잘 알고 있듯이 빌 게이츠의 자서전을 백 번 읽는다고 해서 빌 게이츠 같은 부자가 될 수는 없다. 빌 게이츠보다 순자산이 5분의 1 수준인 이건희 회장처럼 될 수도 없다. 그들의 이야기를 읽는 건 솔직하게 말해서 평범한 월급쟁이가 자산을 모으는 데 거의 도움이 되지 않는다. 그래서 이웃집 부자들의 이야기는 중요하다.

이 책에서 소개하는 이웃집 부자들은 조금씩 편차가 있지만 대체로 순자산이 20~30억 원 정도다. 우리도 얼마든지 노려볼 수 있는 위치에 있는 부자들이다. 직장생활을 하면서 주식 투자, 외환 투자, 부동산 투자 같은 재테크로 이 정도 자산을 모은 이들도 있다. 전인수 KB국민은행 팀장이나 홍춘욱 전 키움증권 팀장이 그런 경우다. 레드오션이라는 음식점업에 뛰어들어 자신만의 아이템으로 성공을 거둔 이도 있다. 지리산의 산나물비빔밥을 서울 한복판에 고스란히 재현한 에덴식당 장혁 사장이 대표적이다. 그리고 김태훈 레이니스트 대표, 원종준 라임자산운용 대표, 서정은 드림워커 대표처럼 자신의 회사를 만들어 성공가도를 달리는 경우도 있다. 이들은 벌어들이는 돈을 다시 자기 회사에 투자하면서 계속 부를 굴리는 데 집중하고 있다. 평범한 육아맘에서 부동산 투자로 자산을 모은 곽상희 대표, 자신의 분야에서 최고가 되자 자연스레 부를 모을 수 있었던 이만기 유웨이중앙교육 소장, 팟캐스트〈김동환·이진우·정영진의 신과함께〉진행자인 이진우 기자 같은 이들도 있다. 사업도, 재테크도 하지 않고 본인의 직업에 집중해 부를 이룬 사람들의 이야기도 담았다.

저마다 자산을 모으고 부자가 된 이야기는 천차만별이지만 하나 같이 출발선이 대부분의 평범한 월급쟁이와 다르지 않았다는 공통점만은 분명하다. 부자들 중에는 부모에게 자산을 물려받아서 어렵지 않게 부를 모은 사람도 많다. 물론 그들 중에서도 배울 게 많은 사람들이 있다. 하지만 이 책에서는 그런 사람들은 제외했다.

필자들처럼 부모에게 아무것도 물려받지 않은 이들, 어려운 경제 여건 속에서 매일 아침 출근의 고통과 퇴근의 기쁨을 만끽하며 언젠가 내 이름의 집을 하나 구할 수 있지 않을까 하는 소원을 갖고 살아가는 이들, 그런 이들과 같은 출발선에서 시작한 이웃집 부자들만의 이야기를 전하려고 했다. 그래야만 이들의 이야기에서 새로운 무언가를 배우고 따라할 수 있으리라고 생각했다.

빌 게이츠의 자서전을 읽는다고 해서 빌 게이츠가 될 수는 없지만, 이웃집 부자들의 생생한 이야기를 듣고 따라 하다 보면 이웃집 부자가 될 수는 있다. 이 책에서 소개한 이웃집 부자들은 짧으면 6, 7년에서 길면 20년 사이에 수십억 원의 자산을 모았다. 지금 이 책을 펼친 독자가 20대 중반이라면 30대 중후반이나 40대 초반에는 이웃집 부자가 될 수 있다는 이야기다. 그 정도라면 도전해 볼 만하지 않을까?

이웃집 부자들의 이야기

이 책은 모두 5장으로 구성됐다. 1장에서는 이웃집 부자들은 누구인지를 밝힌다.

'KB국민은행의 〈한국 富者 보고서〉가 이야기한 27만 8,000명의 부자는 도대체 어디에 살까?'라는 고민에서 시작해보자. 드라마 〈스카이 캐슬〉 속 궁전 같은 집에서 사는 걸까? 하지만 한국에 그런 궁전 같은 집이 27만 8,000개나 있을 리가 없다.

사실 이웃집 부자들은 우리 곁에 산다. 때로는 내가 사는 아파트 옆집에 부자가 살고 있을 수 있다. 매일 아침 엘리베이터에서 마주치는 평범한 직장인 아저씨가 사실은 수십억 원대의 건물을 가진 건물주일 수도 있다. 출근길 지하철에서 꾸벅꾸벅 졸고 있는 청년이 수십억 원대의 자산을 가진 스타트업 대표일 수 있다. 그래서 이 책의 제목이 '이웃집 부자들'인 것이다. 거대한 궁전 같은 저택에 사는 부자도 많지만, 내 곁에서 함께 살아가는 부자가 더 많다. 그들이 누구인지에 대한 이야기가 1장에 있다.

2장에서는 인터뷰에 응한 이웃집 부자들의 이야기를 한 명, 한 명 자세하게 전한다. 한 명, 한 명의 성공 스토리를 보면서 독자들도 자신의 삶을 어떻게 변화시켜야 자산을 모으고 부자가 될 수 있을지 고민해보길 바란다. 이웃집 부자들의·성공에는 드라마틱한 순간이 많지 않다. 그보다는 끈기와 노력, 꾸준함이 더 자주 보인다. 물론 번뜩이는 재치와 기회를 놓치지 않는 순발력은 필수다.

빌 게이츠나 마크 저커버그 페이스북 창업자의 이야기처럼 가슴 떨리는 성공 스토리는 없을지언정 메모해가며 직접 따라 해볼 만한 이야기는 많다.

3장과 4장에서는 2장에서 소개한 이웃집 부자들의 사례에서 배울 점을 정리했다. 3장에서는 이웃집 부자들이 평범한 월급쟁이에서, 육아맘에서, 학생에서 어떻게 지금의 성공을 이룰 수 있었는지 터닝 포인트가 된 지점들을 소개한다. 4장에서는 이웃집 부자들의 재테크 방법에 대해서 좀 더 자세하게 살펴본다. 3장과 4장은 모두 이웃집 부자들의 공통점을 정리한 부분인데, 생활습관이나 사업전략 등을 공부하고 싶으면 3장을, 주식이나 부동산, 금융 상품 활용법 등에 대해 궁금하면 4장을 주로 보면 된다.

마지막 5장에서는 이웃집 부자들이 다음 단계의 부자로 나아가기 위해 준비해야 하는 것들을 다뤘다. 주로 자녀 교육 문제와 상속, 증여 등을 다루고 있다. 자신의 분야에서 일가를 이룬 사람들도 자녀 문제를 놓고는 다른 사람들과 다를 게 없이 고민이 많다. 이웃집 부자들의 고민을 함께 나누면서 자녀 교육에 대한 고민을 다시 한 번 하는 계기가 되면 좋겠다.

이 책에 나오는 부자와 관련된 통계는 KB국민은행의 〈한국 富者 보고서〉와 하나금융경영연구소가 발간하는 부자 보고서인 〈Korean Wealth Report〉를 많이 인용했다. 두 곳의 부자 보고서는 한국 사회에서 부자들이 어떻게 생각하고 어디에 투자하는지에 대한 실증적인 통계자료를 자세하게 보여준다.

우리 사회에서 '부자'는 조금 부정적인 뉘앙스의 말이다. 부를 쌓는 과정에서 불법과 편법을 동원하는 경우가 많고, 부를 쌓은 뒤에도 사회적 책임을 다하지 않는 졸부가 많은 영향이 크다. 하지만 '부자'란 가치중립적인 말이다. 부를 쌓고 자산을 모으는 것은 욕먹을 일이 아니다. 정당한 방법으로 부를 쌓고 부자가 된 이후에도 세금을 꼬박꼬박 내고 사회적 책임을 다한다면 오히려 부자는 박수를 받을 만한 존재다. 부자가 되는 건 어렵고 지난한 일이지만, 한번쯤 도전해볼 만한 일이기도 하다.

경제기자는 아무래도 1,000억 원 부자 아니면 쫄딱 망한 사람들을 자주 만난다. 한창 더 부자가 되기를 목표로 하는 20~30억 원 자산의 이웃집 부자들을 취재하는 경험은 신선했다. 항상 힘이 되어주는 (필자들이 소속된) 〈조선비즈〉 식구들께 감사드린다.

차례

Chapter 4 이웃집 부자들의 계란 바구니

Chapter 5 부자의 문을 통과하면서 준비할 것들

• 일러두기
본문에 나오는 일부 이웃집 부자들의 이름은 영문 이니셜로 표기했습니다.

이웃집 부자들은 누구인가?

이번 장에서는 이웃집 부자들이 어떤 사람들인지 살펴보고자 한
다. 필자들이 인터뷰한 이웃집 부자들이 어떤 사람인지 살펴볼 수
있도록 밑그림을 하는 단계라고 생각하면 된다. 많은 사람이 부자
에 대해 갖고 있는 잘못된 인상, 그릇된 편견을 깨기 위한 단계이
기도 하다. 부자라고 해서 꼭 거창하고 대단한 무엇을 가진 사람이
아니라 우리와 같이 평범한 사람이라는 사실을 깨닫는 것만으로도
부자가 되기 위한 첫 발걸음을 뗀 셈이다.

01

100억 부자가 —

아닌 —

실현 가능한 부자 —

이 책 《이웃집 부자들》을 쓰는 과정에서 가장 많이 들은 말은 "도대체 누가 부자죠?"라는 질문이다. 이웃집 부자를 섭외할 때도 "제가 부자라고요? 아직 멀었습니다"라면서 동의하지 못하겠다는 부자가 많았다. "저는 부자가 아닙니다"라면서 인터뷰 요청을 거절한 이도 많았다.

생각해보면 "나는 부자다"라고 직접적으로 말하는 사람은 없다. 반면 부자라는 단어는 세상에 차고 넘친다. 책을 봐도, 신문을 봐도, 광고를 봐도 모두가 부자를 이야기한다. 사람들은 누구나 부자를 꿈꾼다. 하지만 정작 부자는 드물다. 과연 부자는 어디에 있을까? 부자가 옆에 없다 보니(혹은 본인이 부자라고 인정하지 않다 보니) 사람들은 부자에 대해 저마다의 환상을 키운다. 〈스카이 캐슬〉 같은 드라마가 인기를 끈 원인 중 하나도 우리와 다른 부자들만의 세계가 있으리라는 환상을 충족시켜줬기 때문이다.

하지만 실제 부자들을 만나보면 이런 환상은 말 그대로 환상에 불과한 것임을 알 수 있다. 부자의 정의를 어떻게 하느냐에 따라 달라지겠지만 부자 대부분은 외딴 섬 같은 〈스카이 캐슬〉에 살지 않는다. 그들은 우리와 같은 아파트에 살거나 때로는 바로 옆집에 살고 있을 수 있다. 주말 아침 쿵쿵거리며 걸어 다니는 바람에 내 단잠을 깨운 윗집 이웃이 사실 부자일 수도 있고, 대형마트 계산대의 긴 줄에서 바로 내 앞에 돼지고기 한 근을 들고 서 있는 사람이 부자일 수도 있다. 부자는 호그와트마법학교에서 "루모스!"를 외치는 별종이 아니다. 그들은 우리 사이에서 대부분의 사람들과 별다름 없는 삶을 살고 있다.

부자에 대한 환상을 깨는 것이 부자가 되기 위한 가장 중요한 첫걸음이다. 내가 아무리 노력해도 호그와트마법학교에 입학할 수 없듯이 부자에 대한 환상을 갖고 있으면 부자가 될 수 없다. 내 이웃, 내 친구가 부자일 수 있다는 생각은 중요하다. '실현 가능성'이야말로 부자가 되기 위한 가장 강력한 원동력이 될 수 있기 때문이다. 워런 버핏과 빌 게이츠, 이건희 회장과 정주영 전 현대그룹 회장의 자서전을 읽는 건 좋은 독서일 수는 있지만, 부자가 되기 위한 실천전략은 될 수 없다. 수십조 원을 가진 부자는 엄밀히 말해서 부자가 아니다. 그들은 마법사다. 우리가 아무리 노력해도 들어갈 수 없는 호그와트마법학교의 마법사들이다. 부자가 되기 위해서는 그보다 실현 가능한 이들에게 목표를 맞춰야 한다.

"도대체 누가 부자냐?"라는 질문에는 다양한 답을 할 수 있다. 저마다 부자에 대한 다른 기준을 갖고 있기 때문이다. 하지만 실현 가능성이라는 관점에서 보면 부자의 기준은 좀 더 명확해진다. KB국민은행이 매년 발간하는 〈한국 富者 보고서〉는 한국 부자의 기준을 '금융 자산이 10억 원 이상인 개인'으로 정의한다. 자산에서 부동산이 차지하는 비중이 큰 한국 사회의 특징을 감안하면 금융 자산 10억 원은 적은 돈이 아니다. 하지만 동시에 평범한 월급쟁이라고 해서 실현 불가능한 목표도 아니다. 우리는 마법을 부릴 순 없지만, 노동과 재테크, 그리고 소비습관의 개선을 통해 10억 원은 모을 수 있다. 물론 쉽지는 않은 일이다. 이 책은 그 어려운 일을 해낸 우리 주위의 평범한 '이웃집 부자들'의 사례를 통해 부자가 되기 위해서 어떻게 해야 할지에 대한 실마리를 제공하려고 한다.

이 책에 소개된 부자들은 자산이 수백억 원에 이르는 부자가 아니다. 그들은 〈스카이 캐슬〉에 살지도 않고, 람보르기니를 몰고 다니지도 않는다. 라멘 한 그릇 먹겠다고 일본행 항공권을 사지도 않고 서울 공기가 나쁘다고 하와이 별장에 가지도 않는다. 그보다는 매일 아침 EBS라디오의 영어 프로그램을 들으며 현대차를 직접 몰고 출근길을 서두르거나 출근길 지옥철을 염려하며 남들보다 10분, 20분 빨리 나와 지하철역으로 종종걸음을 옮기는 이들이다. 이들은 수백억 원은 없지만 수십억 원의 자산을 모았고 지금도 계속해서 자산을 불려가는 데 많은 시간을 쓴다. 이후 이들 중 일부는 수백억 원을 모을 수 있을 것이고 또 일부는 도중에 실패를 경험할 수도 있다. 아니 이들 중 일부는 이미 큰 실패를 겪었고 수십억 원의 빚을 졌다가 재기에 성공하기도 했다.

이 책에서 소개하는 부자들이 KB국민은행이 소개한 부자의 기준에 꼭 부합하는 건 아니다. 예컨대 KB국민은행 전인수 팀장은 자산의 대부분을 부동산에 투자하고 있다. 부동산 자산만 놓고 보면 10억 원이 넘지만 금융 자산으로는 부자의 기준에 들지 않는다. 자산 관리 모바일 앱(APP) '뱅크샐러드'로 돌풍을 일으키고 있는 레이니스트의 김태훈 대표나 5조 원이 넘는 돈을 굴리는 라임자산운용의 원종준 대표도 돈 대부분을 자신의 회사에 다시 투자하고 있다. 그들은 부자가 아니냐는 필자의 질문에 "월급만 가지고 삽니다"라며 웃어 보였다.

이 책의 목적은 평범한 월급쟁이들도 벤치마킹할 수 있는 부자들의 사례를 보여주는 데 있다. 꿈에서 그치지 않고 '실현 가능한' 부자들의 사례를 보여주는 것이 목적이다. 그렇기에 자산 규모나 수입 등 객관적인 기준에 몰두하기보다는 부자가 되는 데 필요한 실천전략을 알려줄 수 있는 이들을 중심으로 인터뷰 대상자를 선정했다. 과연 이웃집 부자들은 누구인가? 누군가의 이웃집 부자가 되기 위해서는 어떻게 해야 할까?

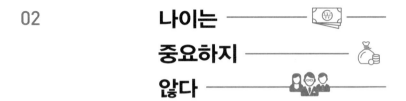

나이는
중요하지
않다

**30대에 일가를
이룬 부자들**

부자들은 갈수록 젊어지고 있다. '부자'라고 하면 한때 나이 지긋한 할아버지, 할머니나 별다른 노력도 하지 않고 부모에게 큰돈을 물려받은 샛노란 머리의 미국 유학파 대학생을 떠올리던 적이 있었다. 영화 〈국가부도의 날〉에서 배우 유아인이 연기한 윤정학의 전주 역할을 한 송영창(노신사 역)과 류덕환(오렌지 역)을 생각해보라. 불과 20년 전만 해도 사람들이 생각하는 전형적인 부자의 모습이다. 하지만 이런 부자의 이미지는 더 이상 통용되지 않는다.

2000년대 초반 IT 버블이나 2000년대 말 스마트폰 열풍이 새로운 생태계를 만들어줬다. 물론 2019년 현재도 이 시장은 살아 있다. 배달의민족이나 마켓컬리 같은 회사는 아직도 성장하고 있다. 과거에는 생각도 못했던 장외기업 투자가 2019년 현재에는 부를 이루는 주요한 통로가 되고 있다. 2019년 4월, 조동철 한국은행 금융통화위원이 고작 100만 원을 투자한 3D 바이오프린팅업체인 티앤알바이오팹이 2억 원의 가치를 갖고 있다는 사실이 '고위 공직자 재산 신고 내역'을 통해 알려지면서 화제가 됐다.

부를 모으는 방식이 다양해지면서 부자들의 정체성도 하나로 정의하기가 힘들어졌다. 대표적인 변화가 부자들의 나이다. 과거에는 부자 아빠를 만나지 못한 평범한 월급쟁이가 부자가 될 수 있는 방법은 한정적이었다. 주식 투자나 아파트 청약을 비롯한 부동산 투자, 기껏해야 복권 당첨 정도 아니었을까? 하지만 세상이 달라졌고 이제는 부를 모을 수 있는 방법도 많아졌다.

아이디어만 있으면 누구나 제2의 저커버그를 꿈꾼다

남들이 생각하지 못한 아이디어만 있다면 스타트업을 창업해 유니콘에 올라타는 일이 얼마든지 가능하다(기업 가치가 10억 달러, 한화로 약 1조 원 이상인 스타트업을 전설 속 동물인 유니콘에 비유해 지칭하고 있다). 멀게는 세계 최고 부자 중 한 명인 마크 저커버그 페이스북 창업자이자 최고경영자(CEO)가 있고, 가깝게는 김태훈 레이니스트 대표나 이승건 비바리퍼블리카 대표 같은 이들이 있다. 간편 송금 서비스 앱인 '토스'를 운영하는 비바리퍼블리카의 기업 가치는 2019년 8월 기준으로 2조 7,000억 원에 달한다. 대형 지방은행인 전북은행을 자회사로 두고 있는 JB금융지주의 시가총액(1조 1,000억 원)을 뛰어넘는다. 마크 저커버그는 1984년생으로 한국 나이로 서른여섯에 불과하다. 김태훈 대표는 1985년생으로 서른다섯, 이승건 대표는 1982년생으로 서른여덟이다. 이들은 30대의 나이에 많은 자산을 모았고 그보다 더 가치 있는 기업을 일구는 데 성공했다.

SNS로 대표되는 소셜 미디어도 부(富)를 모으는 새로운 웜홀(Wormhole, 우주에서 먼 거리를 가로질러 지름길로 여행할 수 있다고 하는 가설적 통로) 역할을 하고 있다. 불과 10년 전까지만 해도 없었던 길이 새로 열린 것이다. 특히 소셜 미디어를 이용해 부를 쌓은 신흥 부자들은 장사나 재테크로 부자가 되는 경우보다 부를 모으는 속도가 빠르다는 특징이 있다. 인스타그램, 페이스북, 트위터, 카카오톡, 라인, 위챗 같은 소셜 미디어를 통해 누구나 손쉽게 물건을 사고 팔 수 있다. 아이디어와 마케팅전략만 있다면 대형 유통업체 못지않게 쏠쏠한 수입을 올릴 수도 있다. 미국의 카일리 제너는 경제 전문지 〈포브스〉가 2019년 3월에 발표한 전 세계 억만장자 순위에서 10억 2,000만 달러로 최연소 억만장자에 올랐다. 그녀는 화장품 회사인 카일리코스메틱을 통해 돈을 벌었다. 카일리코스메틱은 주로 소셜 미디어를 통해 마케팅을 진행하고 제품을 판매했다. 그녀의 인스타그램 팔로워는 1억 3,000만 명에 달한다. 어마어마한 성과를 낸 카일리 제너의 나이는 21살이다.

젊은 부자들은 주식 시장이나 부동산 시장에도 활력을 불어넣는다. 40대 이하의 젊은 부자들은 고령층 부자들에 비해 투자 포트폴리오를 바꾸는 데 적극적이다. 하나금융경영연구소가 2018년 10월부터 두 달 동안 922명의 부자를 대상으로 설문조사한 결과에 따르면, 40대 이하 부자 중에 '현재 자산 구성을 유지하겠다'라고 한 비중이 38%였다. 반면 60대와 70대 이상 부자에서는 자산 구성을 유지하겠다고 한 비중이 52~53%에 달했다. 젊은 부자들이 만드는 새로운 세상에 주목해야 하는 이유다.

늦깎이 부자도 많다 전에 없던 새로운 방법으로 부를 축적하는 '2030' 부자가 늘고 있는가 하면 남들보다 조금 늦게 돈 모으는 재미에 빠지는 사람들도 있다. 평생을 월급쟁이로 살았는데 은퇴를 앞두고 새로운 일을 모색하다가 부를 축적하는 사람들이 이런 경우에 해당한다. 평생 공기업을 다니다 은퇴한 P씨는 은퇴 설계 전문가로 인생 2막을 열었다. 자신의 은퇴를 준비하면서 공부한 것들을 꼼꼼하게 기록해뒀다가 다른 공기업 은퇴 준비자들을 대상으로 강연을 한 것이 인연이 되어 지금은 전문적으로 강연을 다니고 있다. 아직 부자로 불릴 만큼 수입이 많은 건 아니지만 책을 집필하는 등 본격적으로 은퇴 설계 전문가로 나설 준비를 하고 있다.

과거에는 은퇴 후 할 수 있는 일이 한정적이었다. 우리나라에 괜히 치킨집이 하나 걸러 하나씩 있는 게 아니다. 하지만 이제 준비 없는 창업이 얼마나 위험한지 많은 사람이 알고 있고, 정부나 기업들도 근로자의 제2의 인생을 지원하는 것이 얼마나 중요한 일인지 깨닫고 있다. 그들의 전문적인 역량을 살릴 수 있는 일자리를 많이 만들고 있으며 이와 함께 많은 자산을 모으고 은퇴한 실버계층을 겨냥한 산업도 성장하고 있다. 고령층의 요구와 욕구를 가장 잘 아는 건 그들 자신이다. '2030' 신흥 부자가 빠르게 늘고 있는 동시에 '5060' 신흥 부자도 적지 않은 이유다.

학력이 아니라 맨파워다

한국 사회의 두드러지는 특징 중 하나로 '학력 사회'를 꼽는다. 어느 대학을 나왔느냐에 따라 그 사람의 남은 인생이 결정되는 게 학력 사회의 가장 큰 특징이다. 한 사람이 80년을 산다고 했을 때, 그 사람 인생의 초창기에 불과한 20여 년의 시간이 나머지 시간의 운명을 결정짓는다는 것이다. 이렇게 학력이 개인의 중요한 자산으로 여겨지다 보니 부모들은 사교육에 매달릴 수밖에 없고, 아이들은 피곤에 찌든 청소년기를 보내야 했다.

그런데 최근 들어서 학력 사회의 기반에 금이 가고 있다. 좋은 학교가 더는 좋은 인생을 보장해주지 못하고 있는 것이다. 'SKY'라고 불리는 명문대를 나오고도 취업을 못하는 사람이 한둘이 아니다.

취업을 하더라도 평생직장이 사라진 상황에서 출신 대학을 중심으로 끈끈하게 뭉치던 문화도 많이 무너져 내렸다. 솔직하게 말해서 학력 사회의 기반에 금이 간다고 좋은 대학이 필요 없다는 건 아니다. 이번 인터뷰를 통해 만난 이웃집 부자들 중에는 여전히 절반 이상이 명문대 출신이었다. 그리고 자신의 자식을 좋은 대학에 보내기 위해 노력하는 경우도 많았다. 여전히 좋은 대학은 부자가 되는 데 있어 무시 못 할 옵션이다.

하지만 변화의 조짐도 분명하다. 이런 변화가 전하는 메시지는 간단하다. 좋은 대학이 부자가 될 수 있게 도와주는 옵션 중에 하나는 맞지만 절대적인 조건은 아니라는 것이다. 필자들이 만난 이웃집 부자 중에는 좋은 대학을 나오지 않았거나 아예 대학을 다니지 않은 사람도 있다. 가방 전문 브랜드인 '데이라이프'를 비롯해 여러 개의 패션 브랜드를 운영하고 있는 드림워커의 서정은 대표는 수능 시험이 끝나자마자 미련 없이 동대문 패션타운으로 향했다. 자신의 미래가 대학이 아닌 동대문에 있다고 판단한 것이다. 강원도 원주에서 찜질방 사업으로 큰돈을 벌고 있는 A씨는 대학 졸업장이 없지만 자신의 노력으로 지금의 부를 쌓았다. 감자탕 업계의 후발주자이지만 건강을 콘셉트로 빠르게 사업을 확장하고 있는 남다른감자탕의 이정열 대표는 고등학교 시절 퇴학을 세 번이나 당한 문제아였지만 지금은 어엿한 사업가로 거듭났다. 학력은 중요하지만 모든 것이 아니다.

여기서 잊지 말아야 할 사실이 있다. 학력 사회가 무너진다고 해서 모두가 각자도생해야 하는 건 아니라는 점이다. '사회'는 기본적으로 네트워크의 힘으로 돌아간다. 네트워크를 유지하는 힘이 '학력'에서 다른 무엇으로 바뀌고 있을 뿐이다. 학력을 대신한 자리에 새로 등장한 건 다름 아닌 '사람'이다.

맨파워, 우리말로 쉽게 하면 '인맥'은 학력 사회의 붕괴와 상관없이 더욱 중요해지고 있다. 예전에는 출신 학교가 같다는 것만으로도 친분을 과시하거나 연대감을 형성할 수 있었다. 하지만 학력 사회의 신화에 금이 가면서 출신 학교가 아닌 '사람' 그 자체가 중요해지고 있다. 과거에는 학교 선배라는 이유만으로 초면에 말을 놓는 것이 가능했지만, 지금은 그랬다가는 "저랑 친하세요?", "저 아세요?"라는 질문을 받는 시대다.

이웃집 부자들의 이야기를 들어봐도 맨파워의 중요성을 쉽게 알 수 있다. 드림워커의 서정은 대표는 고등학교를 졸업하고 스무 살에 처음 온라인 쇼핑몰을 론칭했다. 이후 탄탄대로를 달리며 압구정에 오프라인 매장을 열기에 이르렀다. 약관의 나이에 대단한 성공이었지만 성공만큼이나 실패도 빠르고 드라마틱하게 찾아왔다. 서 대표는 또래의 친구들이 평범한 대학생활을 하고 있을 때 수십억 원을 벌어도 봤고 수억 원의 빚을 지기도 했다. 그야말로 성공과 실패의 롤러코스터를 탄 것이다. 그런 과정을 거친 끝에 지금은 연매출 수십억 원의 안정적인 수입을 내는 패션 사업을 운영하고 있다.

서 대표에게 실패를 극복할 수 있었던 가장 큰 원동력이 무엇이냐고 묻자 '사람'이라는 짧은 대답이 돌아왔다. 그는 "재기를 준비하면서 잘 팔릴 만한 제품을 만들기 위해 많은 정보를 수집했습니다. 그때 동대문에서 함께 일하면서 제 성공과 실패를 지켜본 사람들이 큰 도움이 됐죠. 자신들이 가지고 있던 정보와 각종 데이터를 아낌없이 지원해줬고 그 덕분에 공백기를 빠르게 극복할 수 있었습니다"라고 말했다.

워킹맘으로 시작해 부동산 경매 등으로 적지 않은 돈을 굴리고 있는 곽상희 대표도 마찬가지다. 곽 대표는 결혼 후 아이를 낳고 평범한 주부로 살다가 목동의 한 중학교에서 과학실험실 조교로 일하게 됐다. 처음에는 생계에 보탬이 되는 한편 언젠가 재테크에 쓸 수 있는 목돈을 모으자는 생각이었다. 하지만 그곳에서 곽 대표가 얻은 진짜 재산은 돈이 아니라 사람이었다. 그녀는 "학교에서 일하면서 만난 사람들이 나중에 집을 살 때 많은 도움을 줬습니다. 이제는 제가 다른 사람들을 도우면서 지내고 있습니다"라고 말했다. 곽 대표는 꾸준히 하루 일과를 정리한 일기를 쓰고 있는데 주위 사람들과 그 일기를 공유하고 있다. 자신의 에너지와 정보를 지인들과 공유하는 것이다. 곽 대표는 그걸 복을 나누는 것이라고 표현한다.

이런 구체적인 사례들뿐 아니라 이웃집 부자들의 대화에서는 '사람'이 언제나 빠질 틈이 없었다. 지리산 산나물비빔밥의 맛과 정취를 서울 한복판에 고스란히 재현해 큰 인기를 끌고 있는 여의도 에덴식당의 장혁 사장이나 평범한 은행원이지만 동시에 부동산 투자로 큰돈을 벌고 있는 전인수 팀장, 대한민국 입시 교육의 살아 있는 전설 중 한 명인 이만기 유웨이중앙교육 소장도 늘 "○○○가 고마웠습니다", "○○○ 덕분에 지금까지 올 수 있었습니다"라는 말을 잊을 만하면 했다. 결국 사람이다.

04

그들의
명함은
다양했다

　　부자들의 사무실이라고 하면 보통 바닥에
는 대리석이 깔리고 통유리창에 한강이 내려다보이는 고층 빌딩
의 널찍한 공간을 생각하기 쉽다. 문 밖에는 항상 비서가 대기하고
있고, 책상 위에는 결재를 기다리는 서류가 잔뜩 쌓여 있는 그런
사무실 말이다.

　실제로 필자들이 만난 부자들 중에는 이런 사무실에서 일하는
사람도 있었다. 그런 경우는 십중팔구 사업가들이었다. 광화문이
나 여의도, 강남 테헤란로에 전망 좋은 사무실을 둬야 하는 이유
는 간단하다. 사업가들은 수많은 거래처를 상대해야 하고, 거래처
와의 접근성이 좋은 곳이 최적의 업무공간이 될 수밖에 없다. 회사
에 수시로 거래처 사람들이 드나들어야 하는데 사무실이 반지하
에 있다고 하면 거래처 사람들이 그 회사를 신뢰할 수 있을까? 으

리으리한 사무실은 사업의 성공을 위해 필수불가결한 조건이기도 하다. 물론 그럴 만한 사업성과나 역량이 없으면서도 겉멋만 든 경우도 적지 않긴 하다.

하지만 이번 인터뷰를 진행하면서 만난 이웃집 부자들 중에는 이런 거창한 사무실을 가진 경우가 손에 꼽을 정도였다. 인터뷰 대부분은 외부의 카페나 사무실 근처의 작은 회의실에서 진행됐다. 자신의 사무실을 가진 사업가가 의외로 많지 않았기 때문이다. 워킹맘인 동시에 부동산 투자로 큰돈을 벌고 있는 곽상희 대표와의 인터뷰는 홍대입구역 근처의 한 스타트업 사무실에서 진행됐다. 곽 대표와 필자를 연결해준 스타트업 대표가 일하는 회의실을 빌려서 두 시간 남짓 인터뷰를 했다. 은행을 다니는 전인수 팀장과 증권사를 다닌 홍춘욱 전 팀장은 각 회사 회의실에서 만났다. 장혁 에덴식당 사장은 여의도 에덴식당 위층에 있는 작은 카페에서 인터뷰했다. 라디오와 팟캐스트를 종횡무진하고 있는 이진우 기자와의 인터뷰는 광화문에 있는 〈조선일보〉 사옥 1층 카페에서 진행됐다. 이진우 기자는 여전히 기자로 불리지만 더는 언론사에 소속되어 일하고 있지 않다. 다양한 플랫폼에서 경제와 관련된 콘텐츠를 만드는 크리에이터로 활동하고 있다.

(이번에 따로 인터뷰를 한 것은 아니지만) 자신의 영역을 확실히 구축하고 있는 박용후 피와이에이치(PYH) 대표는 오피스리스 워커(Officeless Worker)의 대명사로 꼽히는 인물이다. 카카오톡 홍보

이사로도 일했던 그는 사무실 없이 일한다. 그의 명함에는 주소가 없다. 뒷면에 'Here, Now(지금, 여기)'라고 큼지막이 적혀 있을 뿐이다. 이들은 한강이 내려다보이는 자신만의 사무실은 없었지만 자기 분야에서는 누구 못지않게 인정받는 전문가들이다.

**부자가 되는데
사업을 할 필요는 없다**

이런 인터뷰는 당연하지만 간과하기 쉬운 사실을 알려준다. 부자가 되기 위해 꼭 사업을 할 필요는 없다는 사실 말이다. 월급쟁이로도 충분히 부자가 될 수 있다. 물론 자기 분야에서 인정받는 전문가가 될 필요는 있다. KB국민은행에서 부자 고객들을 상대하던 전인수 팀장은 독학으로 부동산 공부에 나섰고 지금은 은행을 넘어서 국내 최고의 부동산 전문가 중 한 명으로 이름을 날리고 있다. 키움증권에서 일했던 홍춘욱 전 팀장은 투자전략팀장이라는 자신의 직함에 걸맞게 외환 투자로 큰돈을 벌었다. 직장인 남편을 두고 있는 B씨는 아이를 낳은 이후 전업 투자자로 나섰다. 부동산 경매와 급매 시장을 공부해 지금은 남편 못지않은 짭짤한 수익을 내고 있다.

경제 전문기자에서 방송인으로 변신한 이진우 기자는 팟캐스트라는 새로운 플랫폼의 가능성을 누구보다 빠르게 캐치한 결과, 지금은 누구도 따라올 수 없는 단단한 입지를 굳혔다. 펀드매니저 출신 L씨는 '내가 이렇게 잘 하는데, 왜 회사만 돈을 버는지 모르겠다'라는 생각을 하고 퇴사해 전업 주식투자자로 나섰는데 주변의 우려를 딛고 100억 원대 자산을 이뤘다. 반포 아크로리버파크(옛 신반포 1차)의 한형기 조합장은 인근 다른 단지의 조합원인 동시에 부동산 전문 강사로도 활동하고 있다. 다른 반포지역의 재건축 아파트나 목동, 잠실의 아파트단지에서 그를 조합장으로 초빙하려고 애를 쓴다. 재건축 조합장으로서 자신의 영역을 단단히 구축한 셈이다.

이렇게 다양한 직업을 가진 이웃집 부자들의 사례를 보여주는 것은 이 책의 목적에도 부합한다. 평범한 월급쟁이도 노력만 하면 얼마든지 부자가 될 수 있다는 실증 사례를 이들이 보여주기 때문이다.

솔직히 말해보자. 한국은 기업하기 좋은 나라가 아니다. 수십조, 수백조 원을 버는 재벌 대기업도 한국의 규제환경과 반기업 정서에 시달린다. 대기업에 절대 을(乙)인 중소기업은 또 얼마나 힘들겠는가. 필자들이 아는 중소기업인들은 연간 수백억 원의 매출을 내는 건실한 회사를 일궜지만 자기 아이들에게는 물려줄 생각이 없다고 한다. 그들은 아이들을 의사나 검사로 만드는 데 사활을 걸었다.

부자가 되는 길이 사업밖에 없다고 생각하는 것은 명백한 오해다. 부자가 되는데 왕도는 없다. 마찬가지로 부자가 될 수 있는 직업은 따로 정해져 있지 않다. 사업을 하지 않아도 되고, 직장을 다니면서도 얼마든지 부자가 될 수 있다. 물론 1,000억 원, 1조 원 부자가 되려면 사업을 해야겠지만 우리는 그보다 현실 가능성이 있는, 당장 시도할 수 있는 부자가 되는 길을 찾아야 한다.

05

육아맘도 부자가 될 수 있다

　　육아맘은 고달프다. 워킹맘이 일과 가정 사이에서 균형을 잡는 데 어려움을 겪을 때, 육아맘은 이상과 현실 사이에서 균형을 잡지 못해 흔들리는 경우가 많다. 육아맘도 한때는 자신만의 인생 목표가 있었지만 이제는 아이를 돌보고 가사를 챙기다 보면 하루가 훌쩍 지나간다. 워킹맘의 고단함은 세상이 귀를 열고 들어주지만, 육아맘의 허전함은 누구도 귀담아 듣지 않고 허공에 흩어지는 경우가 더 많다.

　　육아맘이 갖는 가장 큰 고민 중 하나는 삶의 목표를 잃는 것이다. 사회생활이나 직장생활은 단순히 돈을 버는 것 이상의 기능을 한다. 사람들은 사회 속에서 자신의 존재 이유를 깨닫는다. 매일 같이 밥을 먹고 일을 하고 이야기를 나누면서 자신의 위치를 늘 재정립하게 된다. 그런데 육아맘은 이런 사회화에서 소외되기 쉽다.

그래서 육아맘으로 부자가 된 사람들의 이야기는 소중하다. 이런 사람들의 이야기는 단지 '어떻게 부를 축적했느냐?'에서 그치지 않는다. 육아맘들도 이런 이야기를 접하면서 사회의 중요한 일원이라는 자신감을 가질 수 있는 계기가 될 수 있기 때문이다.

소일거리에서 시작해 기업형으로 확장

최근 들어 육아맘이 부를 쌓는 데 많이 활용하는 수단은 소셜 미디어다. 인스타그램 같은 소셜 미디어를 작은 쇼핑몰처럼 운영하면서 적게는 연간 수천만 원에서 많게는 수억 원의 수입을 내는 경우가 적지 않다. 앞에서 살펴본 카일리 제너처럼 억만장자까지는 아니어도 육아맘으로서는 적지 않은 쏠쏠한 수입이다.

서울 도곡동에 사는 C씨는 결혼 이후 아이를 임신하면서 회사를 퇴사했다. 회사를 그만둔 이후 소일거리로 인스타그램에서 화장품과 생활용품을 팔기 시작했다. 아이를 낳은 이후에는 유아용품으로 판매 범위를 넓혔고 지금은 회사를 다닐 때 정도의 수입을 올리고 있다.

C씨는 인스타그램이 육아맘이 돈을 벌기 가장 좋은 플랫폼이라고 설명한다. "과거 유행했던 블로그와 달리 인스타그램은 판매자에 대한 신뢰도가 가장 중요합니다. 육아맘은 자신의 일상을 인스타그램에 자연스럽게 보여주면서 신뢰를 쌓는 데 있어 직장인이

나 기업보다 편한 점이 있습니다"라고 말했다. 페이스북, 인스타그램 등 소셜 미디어가 결제 기능을 편리하게 개선하는 것도 긍정적인 변화다.

자신의 재능을 살려서 돈을 버는 육아맘들도 있다. 작게는 꽃꽂이나 공작 같은 재능을 활용해서 수입을 올리기도 하고, 음식 솜씨가 좋은 경우에는 반찬을 아름아름 팔다가 아예 반찬가게를 여는 경우도 있다. 잠실에 사는 D씨가 이런 경우다. D씨는 아이들을 학교에 보내고 남는 시간에 반찬을 만들어 주위에만 아름아름 팔다가 지금은 아예 반찬가게를 냈다. D씨의 가게는 잠실 일대에서 입소문이 제법 났으며 지금은 연수입만 수억 원에 이른다.

드라마 〈스카이 캐슬〉로 유명해진 입시 코디네이터 중에도 육아맘이 적지 않다. 자식을 위해 입시 준비를 했다가 자식이 대학에 입학한 이후에도 입시판을 떠나지 않은 경우다. 서울대 의대나 법대, 카이스트 같은 명문대에 자식을 보내면 주위에 그녀를 따르는 엄마가 많아진다.

이렇게 다른 아이 엄마들을 거느리는 엄마를 일컬어 '돼지 엄마'라고 부른다. 돼지 엄마 중에 전문적으로 입시판에 뛰어들면 〈스카이 캐슬〉에 나오는 입시 코디네이터가 되는 것이다. 드라마처럼 강남 아파트 한 채 값을 매년 버는 건 쉽지 않지만 실력만 있으면 억대 연봉은 어렵지 않다고 한다.

엄마 노릇
잘하고 싶어서
부자가 됐다

서울 광화문에 있는 직장을 다니는 평범한 월급쟁이 E씨는 서울 반포의 아크로리버파크에 산다. 억대 연봉을 받는 것도 아니고 부모에게 돈을 증여받은 것도 아니다. 월급을 모아 재테크를 해서 번 돈만으로 아크로리버파크를 산 것이다.

강남 대장주 아파트로 불리는 아크로리버파크를 월급만으로 매수할 수 있었던 비결은 뭘까? E씨는 "엄마의 열정 덕분"이라고 답했다. 그리고 "우리 부부는 아이들에게 부자 부모가 되어주고 싶었습니다. 특히 아내가 열정적이었습니다. 남자아이 둘을 키우면서 의지가 더 생겼습니다"라고 말했다. 두 아들에게는 좋은 환경에서 자랄 수 있게 해주고 싶은 마음이 이를 악물고 재테크에 나선 비결이라는 것이다.

E씨의 아내처럼 많은 육아맘이 아이들과 가족이야말로 돈을 모을 수 있는 가장 중요한 원동력이라고 입을 모아 말한다. 곽상희 대표도 그중 한 명이다. 곽 대표는 여러 일로 바쁘지만 저녁 약속은 잡지 않는다. 저녁 식사만큼은 가족과 함께 해야 한다는 원칙 때문이다. 그녀는 처음 돈을 모아야겠다고 생각한 계기를 들려줬다. 아주 작은 이야기였다. 그녀의 딸이 어릴 때 4,300원짜리 스티커북을 사고 싶다고 조른 일이 있었다고 한다. 그때 그녀는 지갑 사정을 먼저 생각해야 했고 그 순간 돈을 벌어야겠다고 결심했다고 한다. 4,300원짜리 스티커북이 부동산으로만 10여억 원을 벌

게 해준 셈이다. 그녀는 이렇게 말한다.

"제 기본적인 정체성은 엄마입니다. 돈을 조금 덜 벌더라도 우리 가족이 건강하게 사는 게 중요합니다."

06 사회초년생 때부터 준비한다

부자가 되는 건 하루아침에 가능한 일이 아니다. 더군다나 부모에게 돈 한 푼 물려받지 않고 자수성가하기 위해서는 오랜 시간이 필요할 수밖에 없다. 자신의 분야에서 전문가가 되기 위해 짧게는 몇 년에서 길게는 몇십 년에 걸쳐 준비하는 건 이웃집 부자들의 공통된 모습이다. 이들은 돈을 모으기 위해서는 자신이 하는 일에서 먼저 최고의 전문가가 돼야 한다고 말한다. 그렇게 하기 위해서는 당연히 학생 때부터, 아니면 사회초년생 때부터 내가 무얼 해야 하는지 명확하게 깨닫고 계획을 세워야 한다.

라임자산운용은 최근 몇 년 사이 여의도 증권가에서 가장 핫한 회사 중 하나다. 2012년 투자자문사로 설립된 라임자산운용은 2015년 말에 헤지펀드투자업 인가를 받으면서 자산운용사로 탈바꿈했고 매년 눈에 띄는 성장세를 보이고 있다. 2013년 라임자산운용(당시 라임투자자문)의 당기순이익은 1억 5,300만 원에 불과했는데 2018년에는 83억 원으로 증가했다. 라임자산운용에서 운용하는 자산만 5조 원에 달한다. 성장세만 놓고 보면 대형 증권사 부럽지 않은 성과다.

라임자산운용을 이끌고 있는 원종준 대표는 겉보기에는 5조 원이라는 큰돈을 굴리는 사람처럼 보이지 않는다. 사람 좋아 보이는 인상에 웃을 때는 푸근한 매력마저 느껴진다. 원 대표의 소셜 미디어에 들어가 보면 응암동 시장 골목에서 친구들과 떡볶이를 먹는 사진을 종종 볼 수 있다. 사람 좋아 보이는 원 대표지만 계획을 세우고 실천하는 데 있어서는 누구 못지않게 철저하다. 그는 지금의 자신을 만든 원동력, 근육은 대학생 때부터 세운 루틴(Routine)에 있다고 설명한다. 그리고 "대학생 때부터 등교하기 전에 종합일간지 하나, 경제신문 하나를 매일 봤는데 지금도 출근하기 전에 똑같이 종합일간지 하나, 경제신문 하나를 읽습니다. 종이신문은 중요한 내용을 신문사에서 알아서 크기와 컬러에 맞춰 배치해주기 때문에 짧은 시간에 중요한 내용을 체크할 수 있어서 좋습니다"라고 말한다. 원 대표가 여의도 증권가의 기린아로 성장할 수 있었던 비결은 대학생 때부터 지키고 있는 루틴인 셈이다.

《나는 오늘도 경제적 자유를 꿈꾼다》를 쓴 유대열 다꿈스쿨 대표(닉네임은 청울림)는 무조건 오전 5시에 기상한다. 특별히 할 일이 없어도 자신과의 약속 때문에 전날 밤 아무리 늦게 자더라도 이때 일어난다고 한다. 유 대표는 "바쁜 일이 있는 것도 아니면서 뭐 하러 그렇게 일어나느냐고 핀잔을 주는 사람이 많은데, 한번 그렇게 일어나 보라고 권하고 싶습니다. 남들보다 2시간 일찍 일어나 하루를 준비하면 훨씬 더 알차게 보낼 수 있기 때문입니다"라고 강조했다.

될성부른 떡잎은 학생 때부터 다르다

'레이니스트'라는 회사는 모르는 사람이 많아도 '뱅크샐러드'라는 자산 관리 서비스 앱을 모르는 사람은 많지 않다. 특히나 '2030' 청년층에서는 뱅크샐러드에 대한 인기가 대단하다.

뱅크샐러드는 2019년 8월 기준으로 500만 다운로드를 기록했고 월평균 활성 사용자는 150만 명을 넘어섰다. 뱅크샐러드가 은행의 프라이빗 뱅커(PB)의 일자리를 없앨 수 있다는 말이 나올 정도다.

뱅크샐러드 같은 대박 서비스를 만든 스타트업 대표는 도대체 어떤 사람일까? 스타트업 대표답게 후드티를 입고 서울 여의도 증권가를 누비는 김 대표에게 언제부터 사업을 준비했느냐고 묻자 학생 때 에피소드를 꺼냈다. '호떡 장사'를 하던 시절의 이야기였다. 최근에는 잘 하지 않는 이야기라며 수줍은 표정을 지어보이기도 했다.

시계를 2005년으로 되돌리자. 당시 서강대학교 경영학과 학생이었던 김 대표는 뜬금없이 호떡 장사를 시작했다. 수중에 있던 돈은 단돈 100만 원에 불과했다. 그는 부산의 씨앗호떡 노점까지 가서 비법을 전수받은 뒤, 학교 앞에서 호떡 장사를 시작했다. 그때는 아직 부산 씨앗호떡이 전국구 유명세를 얻기 전이었다. 새로운 맛에 신촌지역의 학생들이 열광했고 김 대표는 호떡 장사를 시작한 지 6개월 동안 한 달에 평균 3,000만 원의 매출을 올렸다. 명문대 경영학과 학생이 갑자기 웬 호떡 장사였을까? 김 대표는 모든 게 '경영 공부'였다고 말한다.

"학과 수업에서 A+ 학점을 받더라도 경영을 잘하는지에 대한 확신을 가질 수가 없었습니다. 가진 돈이 많지 않았기 때문에 노점상을 할 수밖에 없었고, 호떡으로 아이템을 정한 것뿐입니다. 6개월 동안 장사를 하면서 경영학과 수업에서 배운 각종 마케팅전략을 이것저것 시도해봤습니다. 나름 성공적이었다고 평가합니다."

6개월의 '경영 공부'가 끝난 뒤에는 아무런 미련 없이 노점상을 접었다.

정도의 차이는 있지만 부를 쌓는 데 성공한 사람들은 다들 학창 시절 때부터 자신만의 루틴을 만들고 실천전략을 짠다. 미국 메이저리그에 진출해 성공가도를 달리고 있는 일본 야구선수 오타니 쇼헤이가 고등학교 1학년 때 작성한 계획표는 잘 알려져 있다. 오타니 쇼헤이는 8구단 드래프트 1순위를 목표로 설정하고 그 목표를 이루기 위한 과제를 8개 설정했다. 그리고 다시 그 과제 8개를 이루기 위한 실천전략을 꼼꼼하게 짰다. 오타니 쇼헤이의 계획표는 언론에 공개되면서 유명세를 탔다. 마찬가지로 자신의 분야에서 성공하고 부를 쌓는 데 성공한 이웃집 부자들은 다들 자기만의 계획표가 있다는 걸 알 수 있었다.

부자가 되고 싶다면 오늘 할 일을 내일로 미뤄서는 안 된다. 이웃집 부자들은 이미 학창 시절 때부터 오늘 할 일, 내일 할 일, 그리고 10년 뒤에 할 일까지 계획을 세워 놨다. 어떻게든 따라잡으려면 오늘부터라도 당장 계획을 세우고 준비를 해야 한다.

07 너무 일찍 샴페인을 터뜨리지 마라

필자의 지인 중 한 명은 증권사의 경영지원부문에서 근무한다. 30대 후반에 연봉 2억 원 가까이를 받으니 누가 봐도 성공에 가까운 삶을 살고 있다고 할 수 있을 텐데 당사자는 불만족스러운 것 같다. 그의 꿈은 자신의 자녀를 IB 전문가로 만드는 것이다.

증권사의 IB(Investment Bank) 업무로는 기업 공개(IPO)나 증자 및 회사채 발행, 구조화금융(Structured Finance), 부동산 투자, 인수·합병(M&A) 등을 주간하고 자문하는 일이 있다. 수익성이 높고 그에 따라 임금도 많이 받는 꽃보직 중의 하나다. 이 지인은 다음과 같이 말했다.

"직장인이 아무리 잘 나봐야 오너 일가 뒤치다꺼리나 해야 합니다. 결국 제일 메인에 서야 하죠. IB는 그나마 일반적인 서민이 꿈꿀 수 있는 분야입니다."

이 지인은 초등학생 때부터 인맥 관리를 해야 한다며 해외에서 아이를 키우는 것을 검토하고 있다.

현실적으로 아이를 IB부문 전문가로 키우는 것은 쉽지 않다. 서울대 출신들도 어깨 움츠러들 일이 많은 전쟁터 중의 전쟁터다. 영어 실력은 물론, 아이비리그의 대학을 나와야 하고 집안도 빵빵해야 한다. 아이를 IB부문 전문가로 키우겠다는 목표는 글쎄, 상당히 험난할 것임이 틀림없다.

IB부문 전문가들을 부러워하는 증권맨이 많아지는 현상은 과거에는 소문만으로 알려졌던 그들에 대한 정보가 이제 공식적으로 발표되는 영향 때문이다. 연봉 5억 원 이상을 받으면 회사의 사업보고서에 실명이 기재되는 바람에 IB 전문가들의 연봉이 알려져서 부러움의 수준이 더 높아졌다. 과거에는 미지의 영역이었지만 이제는 속속들이 밝혀지고 있다.

재벌닷컴이 '2018 회계연도 결산 사업보고서'를 분석한 결과, 지난해에 2,821개사에서 5억 원 이상의 보수를 받은 임직원은 전체 1,586명이었다. 1,586명은 거의 대부분 임원으로 일반 직장인은 거의 없었다. 그나마 은행과 증권사에는 있는데 은행의 경우 희망퇴직을 신청해서 나간 직원일 때가 많아서(명예퇴직 관련해서 받은 돈까지 한꺼번에 임금으로 기재되기 때문), 회사에 다니고 있으면서 고연봉을 받은 사례는 증권업계가 유일하다고 봐도 된다.

증권업계에서는 2018년 한 해에만 SK증권의 A 부장이 16억 5,600만 원의 임금을 받았고, B 부장과 C 대리가 각각 8억 4,500만 원, 6억 9,900만 원의 임금을 받았다. 신한금융투자에서는 D 지점장과 E 부서장이 각각 13억 원, 11억 3,300만 원을 수령했다. 한양증권 F 팀장(5억 8,100만 원), 미래에셋대우 G 본부장(23억 3,400만 원), 유안타증권 H 차장(10억 100만 원), KTB투자증권 I 과장(14억 7,500만 원) 등도 고연봉자의 자리에 올랐다.

고연봉을 받는 이 직원들은 대부분 IB부문에서 근무하고 있다. 이러다 보니 증권맨들조차 "내 아이는 IB 전문가로 키우고 싶다"라고 말하는 상황이다.

연예인과 노는 IB맨? 서두가 길었다. 모두가 부러워하는 IB맨에 대한 이야기는 여기까지다. 실제로는 어떨까? 그들은 자신들을 부러워하는 주변의 시선에 대해 "미국 드라마를 너무 많이 보신 것 같습니다"라고 평가한다.

국내 한 사모펀드운용사 임원으로 일하는 30대 후반 A씨는 연봉이 고작해야 5억 원 정도라고 했다. 5억 원이면 많지 않느냐고 되물었더니 사실 사는 수준은 엇비슷할 수밖에 없다고 강조했다. 연봉 5억 원이면 절반 가까이를 세금으로 내야 하는데 그렇다고 아주 압도적으로 많은 임금도 아니어서 딱히 일반인들과 다른 삶을 살 수 없다는 것이다.

"사실 IB 전문가에 대한 선입견은 1990년에 나온 영화 〈귀여운 여인〉이 만들었죠. 거기서 남자 주인공인 리처드 기어의 직업이 M&A 전문가인데, 줄리아 로버츠 같은 여자와 사귀는 걸로 나오니까요. 그 외에도 미드(미국 드라마)를 보다 보면 IB맨이 연예인과 사귀고 뉴욕의 초고가 오피스텔에 사는 장면이 많이 나옵니다. 하지만 그건 다 옛날 얘기이거나 과장된 이야기입니다."

그들의 실제 업무환경은 어떨까? 초과 근무가 많을까? 근무의 양 또한 많을 수밖에 없지만, 그렇다고 상상 초월 수준은 아니라고 한다. 딜(Deal)이 있을 때에는 바쁠 수밖에 없지만 딜이 없을 때도 많기 때문이다. 하지만 가장 큰 스트레스를 주는 것은 성과를 내야 한다는 압박감이다. 그들은 오르막길을 내달리는 전차와 같다. 달릴 때는 남들보다 빠른 속도로 정상을 향해 가지만, 한번 밀리거나 넘어지면 2배 이상의 타격을 받거나 때로는 아예 무너져 내릴 수밖에 없다. 많은 돈을 주는 것은 그만한 이유가 있는 것이다.

잘나갈수록 절제해야 한다

물론 그들이 잘나가는 것은 사실이다. 잘나가는 만큼, 본인이 잘나간다는 걸 인지하고 흥청망청 쓰는 사람도 있다. 하지만 그런 사람은 업계에서 오래 살아남을 수 없다고 그들은 말한다. 또 다른 IB맨인 B씨는 다음과 같은 이야기를 했다.

"IB 전문가로서 빠르면 30대 초반부터 성과를 낼 수 있는데, 이 월급이 평생 지속될 것이라고 믿고 흥청망청 쓰는 사람이 있습니다. 가족여행을 가더라도 인당 수천만 원짜리 여행을 가거나 초호화 호텔이 아니면 투숙하지 않는 식입니다. 그런데 우리가 오너가 아닌 이상 이런 정도의 씀씀이는 유지될 수가 없습니다. 물론 계속 잘되면 좋겠지만 인생이 꼭 그런 것은 아니니까요. 생활태도는 한 번 망가지면 다시 돌이키기 힘듭니다. 성과는 나지 않는데 씀씀이를 유지하려면 짧은 시간 안에 또 다시 대박을 내야 한다는 초조감이 생기고 그러다가 망가집니다. 샴페인은 터뜨리더라도 파티가 끝나갈 때 해야 합니다. 파티가 시작하자마자 연달아 원샷을 하기 시작하면 문 닫을 때쯤에는 폐인이 되어 있을 수밖에 없습니다. 자기 검열을 확실하게 해야 합니다."

IB 전문가가 되면 다른 직업보다 상대적으로 부자가 되기는 쉽겠지만, 그렇다고 이전과 전혀 다른 삶이 활짝 열리는 것은 아닌 셈이다. 그러므로 단면만 보고 섣부른 판단을 하면 안 된다. 설령 목표를 이뤘다고 해도 샴페인을 일찍 터뜨리는 순간, 한순간에 무너질 수 있다.

이처럼 어느 영역이든 초심을 잃으면 망가지는 법이다. 그래서 이웃집 부자들은 초심을 잃지 않기 위해 하루에도 몇 번씩 자기

검열을 하며 샴페인을 찾기보다 또 다른 목표를 세우고 도전에 도
전을 거듭하고 있다.

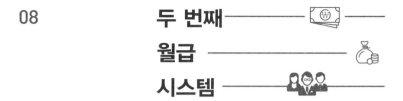

08

두 번째
월급
시스템

필자들이 만난 이웃집 부자들 중에는 소위 금수저가 없다. 부모에게서 많은 자산을 물려받았거나 재테크를 위한 종잣돈을 얻기는커녕 부모의 빚을 손수 갚아준 경우가 더 많았다. 물론 일부 인터뷰이(인터뷰 대상자)는 집안이 잘 살지만, 최소한 사업자금을 받거나 하지는 않았다. 부모에게 아무것도 물려받지 않고도 적게는 수억 원에서 많게는 수십억 원의 부를 쌓을 수 있는 비결은 무엇일까? 특히나 매달 받는 월급이 정해져 있고, 유리지갑으로 불릴 정도로 세금을 꼬박꼬박 나라에 내야 하는 직장인이 어떻게 큰 수입을 얻을 수 있는 걸까?

이웃집 부자들은 그 비밀이 '두 번째 월급'에 있다고 말한다. 이들이 이야기하는 두 번째 월급은 매일매일 출근하는 회사에서 받는 월급이 아니라 다른 가욋일로 벌어들이는 수입을 말한다. 그런 수입이 두 번째 월급으로 부를 수 있을 만큼 안정적이고 많아지는 것이 두 번째 월급 시스템의 핵심이다.

돈이 돈을 버는 시스템을 만들어라 KB국민은행의 전인수 팀장은 아마 국내에서 부동산과 관련한 상담을 가장 많이 하는 직장인 중 한 명일 것이다. 은행에는 부동산 전문가가 많다. KB국민은행만 해도 박합수 수석부동산전문위원, 박원갑 위원이 유명하고 신한은행에서는 고준석 부동산투자자문센터장이 이름을 날렸다. 고 센터장은 현재 동국대 겸임교수로 자리를 옮겼다. 이들은 국내에서 내로라하는 최고의 부동산 전문가다.

전인수 팀장은 부동산과 관련한 업무를 직접 맡지는 않지만 이미 금융권 안팎에서 상가를 비롯한 수익형 부동산 실전 투자에서는 최고라는 평이 자자하다. 한 시간 남짓 인터뷰를 하고 따로 식사를 하는 동안에도 전 팀장에게 부동산 투자에 대한 조언을 얻으려는 기자와 금융권 인사들의 연락이 끊이지 않았다.

지금은 건물주가 되기 위해 직접 건물을 올릴 생각을 하는 전 팀장이지만 다른 이웃집 부자들과 마찬가지로 자신의 힘으로 일어선 케이스다. 전 팀장이 결혼생활을 하면서 산 첫 번째 부동산이 5,000만 원짜리 다세대 빌라의 원룸이었다. 그런 그가 지금은 어떻게 건물주를 꿈꿀 정도로 자산을 모을 수 있었던 걸까? 전 팀장은 그 비결을 월급이 아닌 다른 수입원을 만들었기 때문이라고 설명한다.

글로벌 금융위기가 전 세계를 덮쳐온 2008년, 전 팀장은 갖고 있던 아파트를 전세로 내주고 다른 아파트 전세로 옮겼다. 투자를 할 수 있는 종잣돈을 만든 것이다. 전 팀장이 처음 산 건 아파트 상가였다. 원래 약국이 있던 자리를 사서 공간을 둘로 쪼갠 뒤에 공인중개사사무소와 약국에 임대를 줬다. 전 팀장은 "단순 투자 수익률만 해도 8%가 넘었습니다. 상가에 입주할 공인중개사사무소와 약국을 신중하게 골랐고 그 덕분에 임대료가 밀린 적이 한 번도 없었습니다. 상가 월세를 받으면서 제2의 월급 시스템을 만든 셈입니다. 그렇게 번 돈이 다음 투자를 위한 자금이 됐습니다"라고 말했다.

평범한 월급쟁이지만 재테크만으로 강남 대장주 아파트인 아크로리버파크를 사는데 성공한 E씨도 같은 말을 했다. E씨는 인상 깊게 읽은 책으로 소설 《1조 달러》를 꼽았다. 이 소설은 어느 날 갑자기 1조 달러의 유산을 알지도 못하는 조상에게서 상속받는 피자 배달부의 이야기를 담고 있다. 이 소설에 '내가 자는 동안에도 내 돈이 일하고 있어야 한다'라는 글이 나오는데 E씨가 감명을 받은 건 바로 이 문장이다. "꼬박꼬박 들어오는 월급을 보고 있으면 안심하기 쉽지만 사실 그래서는 안 됩니다. 은퇴를 앞두게 되면 월급만 들어온 통장이 얼마나 뿌리가 약한 나무인지 알게 됩니다. 재테크를 통해서든, 무슨 방법을 쓰든 은퇴하기 전에 월급에 준하는 고정적인 수입이 매달 정기적으로 들어올 수 있는 시스템을 만드는 것이 중요합니다"라고 말했다.

**남편과의
역할 분담도 중요하다**
두 번째 월급 시스템의 중요성은 워킹맘이자 부동산 투자 고수인 곽상희 대표도 여러 차례 강조한 부분이다. 곽 대표의 남편은 안정적인 수입이 보장된 기업을 다녔다. 이 때문에 그녀는 일을 할 필요가 없었지만 재테크를 위해서는 가계차원에서 다른 수입원이 필요하다고 판단했다. 처음에는 동네 아이들을 대상으로 알음알음 피아노 교습을 하면서 매달 80만 원씩을 벌었는데 한 푼도 쓰지 않고 적금을 부었다. 투자를 위한 종잣돈을 모은 것이다. 이후 목동의 중학교에서 실험실 조교를 한 것도 투자를 위한 종잣돈을 모으기 위해서였다.

곽 대표는 "남편이 벌어오는 돈으로 기본 생활비를 쓰고 제가 버는 돈은 아예 없는 돈이라고 생각하고 한 푼도 쓰지 않고 투자를 위해 모으기만 했습니다. 어떤 투자를 하든지 현금을 계속해서 버는 게 중요합니다. 사부작사부작 현금을 조금씩이라도 벌어두면 어떻게든 도움이 됩니다"라고 강조했다.

09

돈 버는 방법만큼 관리에도 신경 쓴다

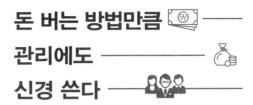

돈을 모으는 방법은 수만 가지가 있지만, 결국은 둘로 나뉜다. 돈을 '많이 벌 거'나 '적게 쓰거나'다.

미국에서 수천 명의 부자를 추적 조사해 그들의 공통점을 분석한 토머스 J. 스탠리와 윌리엄 D. 댄코 박사는 이를 공격과 수비에 빗대어 설명했다. 많은 돈을 벌어들이는 사람은 공격을 잘하는 것이고, 벌어들인 돈을 효율적으로 관리하고 지출을 줄이는 사람은 수비를 잘한다는 것이다. 공격을 잘해도 축구경기에서 이길 수 있고 수비를 잘해도 이길 수 있듯이 부자가 되기 위해서는 돈을 많이 벌거나 돈을 적게 쓰거나 하면 된다는 말이다.

그렇다면 둘 중에서 어떤 방법이 더 부자가 되기 위한 빠른 길일까? 이 질문에 대한 토머스 J. 스탠리와 윌리엄 D. 댄코 박사의 답은 명쾌하다. 그들은 수비가 더 중요하다고 강조한다. 왜 그런가?

다시 축구에 비유해보자.

우리 팀에 최강의 공격수가 있어서 열 골을 넣더라도 수비가 자동문과 같아서 열한 골을 내준다면 경기에서는 질 수밖에 없다. 골을 넣고 세레머니는 열 번이나 하더라도 경기 종료 휘슬이 울린 뒤에는 쓸쓸하게 경기장을 빠져나가야 한다. 하지만 우리 팀에 최강의 골키퍼가 있어서 한 골도 주지 않는다면 결과는 달라진다. 아무리 공격진이 허약해서 한 골도 못 넣더라도 최소한 지지는 않을 수 있다. 결국 부자가 될 확률을 높이기 위해서는 돈을 많이 버는 것보다 적게 쓰는 방법을 찾아야 한다는 말이다.

돈을 사람 대하듯 한다 필자들이 만난 이웃집 부자들 역시 토머스 J. 스탠리와 윌리엄 D. 댄코 박사가 이야기한 수비의 명수에 해당한다. 평범한 직장인이거나 이제 막 성장하는 사업체를 경영하는 이들은 시간 대부분을 돈을 버는 데 할애하느라 바빴고 돈 쓸 시간을 찾는 게 더 어려워 보일 정도였다. 부자라고 하면 흔히 생각하는 고가의 수입차나 화려한 별장을 가지고 있는 이는 없었고, 호화로운 사교 파티에 매진하는 이도 찾아볼 수 없었다. 스무 살에 패션 사업에 뛰어들어 20대에 이미 수억 원의 수입을 올린 적이 있는 서정은 드림워커 대표는 인터뷰에서 돈에 관한 인상적인 말을 했다. 그는 자신이 성공한 비결 중 하나로 "돈을 사람 대하듯 했습니다"라는 말을 했다. 돈을 사람 대하듯 했다니 도대체 무슨 말일까?

동대문 패션타운은 운과 실력만 따라준다면 나이에 상관없이 돈과 명예를 거머쥘 수 있는 공간이다. 서 대표는 그곳에서 빠르게 부를 모은 이들을 수도 없이 지켜봤다고 말했다. 때로는 서 대표와 친한 이도 있었고 경쟁자도 있었다. 하지만 그들 중에는 성공했던 것만큼이나 빠른 속도로 몰락하는 이도 적지 않았다. 서 대표는 그렇게 실패한 이들의 공통점으로 돈을 함부로 대한 것을 꼽았다.

"내가 누군가를 함부로 대한다면 그 사람은 내 곁에 남지 않고 떠날 겁니다. 돈도 마찬가지입니다. 내가 돈을 함부로 대하면 돈은 내 곁에 남지 않고 다른 곳으로 떠납니다. 이상한 말처럼 들릴 수 있지만 동대문에서 제가 내린 결론입니다. 그래서 저는 돈을 절대로 함부로 쓰지 않습니다."

실제로 필자가 아는 한 지인은 동대문에서 패션 사업에 뛰어들어 한때 제법 큰 쇼핑몰을 운영하기도 했다. 1억 원이 넘는 외제차를 사고 강남에 아파트를 알아보러 다닐 정도였다. 하지만 지금은 광화문의 한 고깃집에서 아르바이트를 하며 지내고 있다. 지금도 그 지인은 돈이 어떻게 왔다가 어떻게 갔는지 모르겠다며 얼빠진 얼굴로 말한다. 그는 화려한 발기술로 수비수를 제치며 골을 넣는 재미에 빠졌지만, 정작 자기 골대에 상대방이 골을 넣고 있는 건 몰랐던 것이다. 미국에서는 이런 경우를 가리켜 '모자는 큰데 소떼는 없는 카우보이 같다'라고 한다.

70억 원에 달하는 엄청난 빚을 모두 상환했다는 점 때문에 대중으로부터 큰 호감을 받고 있는 연예인 L씨를 한창 어려운 시기에 만난 적이 있다. 그 또한 후회되는 점으로 돈 관리를 꼽았다. 사실 L씨는 비슷한 시기에 창업한 YG엔터테인먼트의 양현석 대표보다 초반에는 훨씬 잘 나갔다. 제작한 가수들이 데뷔와 동시에 큰 인기를 끌었기 때문이다. 그런데 사업 확장에만 신경 쓰는 바람에 돈 관리를 미처 못한 것이다.

전문가를 믿어라   서 대표뿐 아니라 다른 이웃집 부자들도 지출을 철저하게 관리하고 있었다. 그들은 자산 가치만 보면 수십억 원의 부를 모았지만 한 달에 쓰는 돈은 평범한 직장인과 다를 게 없었다.

또 하나의 공통점이 있다. 이웃집 부자들은 자산 관리에 있어서는 전문가의 의견을 늘 신뢰하고 따른다는 것이다. KB국민은행의 〈한국 富者 보고서〉에 따르면, 금융 자산 50억 원 이상 보유자 중에는 절세를 위해 세무사와 상담한다고 답한 비율이 45.3%에 달했다. 금융 자산 50억 원 이하 보유자 중에는 세무사와 상담한다고 답한 비율이 27.1%였다. 더 많은 돈을 모을수록 전문가에 대한 니즈가 커지는 셈이다. 특히 지인을 통해서 자산 관리에 대한 정보를 얻는다고 답한 비율은 금융 자산이 많을수록 낮아졌다. '지인보다는 전문가', 부자들의 확실한 공식이다.

이웃집 부자들 역시 마찬가지였다. 이들은 법무사와 세무사, 회계사 같은 자산 관리분야의 전문가를 최대한 활용했다. 은행에서 일하는 전인수 팀장의 경우 은행 소속의 전문가 집단의 조언을 비교적 쉽게 얻을 수 있는 메리트를 최대한 활용했다.

자산 관리 서비스 앱인 뱅크샐러드를 만든 김태훈 레이니스트 대표도 말할 것도 없다. 그가 만든 앱 자체가 자산 관리를 위한 전문가들을 하나의 서비스에 모아놓은 것이나 다를 게 없다. 그는 전문가를 일대일로 만나기 힘든 평범한 직장인, 학생들을 위해 이 서비스를 만들었다고 말한다.

또 하나 잊지 말아야 할 것은 부자가 되는 이들은 자산 관리에 많은 시간을 할애한다는 것이다. 벌어들인 돈을 쓸 시간은 없어도 어떻게 쓸지 고민하는 시간은 어떻게든 만드는 게 부자들이다. 전문가를 활용하는 건 그 시간을 효율적으로 쓰기 위해서지 자산 관리 전체를 전문가에게 맡기기 위해서가 아니다. 결국 최종 결정은 스스로 내려야 한다. 전문가 의견을 경청하되, 본인 스스로도 전문가만큼 알아야 한다.

10

재테크도 현장에 답이 있다

30대 후반의 평범한 주부 K씨는 큰아이를 초등학교에 보내고 작은아이를 유치원에 보낸 뒤 재테커로서의 시간을 맞이한다. K씨 또한 '제2의 월급' 시스템을 만들고 있다. K씨 부부는 부동산 2개를 유지해왔지만, 2018년 9월에 9·13 대책이 발표되자 '부동산만 가지고 있으면 세금이 너무 많이 나오겠다'라고 생각하여 그해 말에 한 채를 처분했다. 그리고 부동산에서 금융 상품으로 눈을 돌렸다. 현재 살고 있는 서초동 집을 유지하고, 나머지는 제2의 월급을 꾸리는 데 집중하겠다는 것이 K씨 부부의 목표다.

K씨는 재테크도 현장에 답이 있다고 믿는다. 신문이나 뉴스보다는 현장에서 직접 보고 듣는 것을 선호한다. 신문에 나오는 것은 이미 한창 성적이 좋은 상품이라고 생각하기 때문이다. 성적이 좋

은 상품은 물론 앞으로도 좋을 수 있지만, 경험상 끝물일 때가 많았다는 것이 K씨의 설명이다. K씨의 설명을 듣고 경제기자 1인으로서 '뜨끔' 했다. 실제 미국에도 '1면의 저주'라는 용어가 있다. 신문 1면에 화려하게 포장될 경우 끝물일 때가 많았다는 것이다. 혹시나 싶어 변명하자면, 기자들이 거짓말을 하는 것은 아니다. 단지 기사를 크게 쓰려면 증거(성적표)가 필요할 뿐이고, 그러다 보면 다소 늦게 기사를 쓸 때가 많은 것뿐이다.

버릇을 들여라 K씨는 집 한 채 팔고 세금을 낸 다음, 남은 돈을 한 증권사 PB에게 모두 맡겼다. 주식도 하고 금융 상품도 사고 주가연계증권(ELS)과 리츠 등에 모두 투자한다. 사모펀드도 몇 개 들고 있다. K씨는 거의 매일 PB를 찾아가 그날의 자산 동향을 확인한다고 한다.

"매일 찾아가면 PB가 불편해 하지 않나요?"라고 물었더니 눈을 동그랗게 뜨고 되물었다.

"어머, 제가 돈을 얼마나 많이 맡겼는데요. 요즘 트렌드를 묻는 건 당연하지 않나요?"

그녀는 자신의 전담 PB만 만나지는 않는다. 한 번 전담 PB를 만났다면, 다음 날에는 타사 PB를 만난다고 한다. 그때 자신의 자산을 슬쩍 내밀어, PB에게 한번 고객으로 잡아볼 만하다는 도전심을 갖게 한다. 그러면 PB는 K씨의 포트폴리오를 보고 이것은 잘됐고, 이것은 모자라다 등등을 가감 없이 얘기한다. 그러다 보면 '보는 눈'이 더 생기고 자신의 PB에게 "이것이 요즘 잘 나간다고 하는데, 왜 저한테는 얘기 안 하셨어요?"라고 말한다고 한다. 그러면 PB는 발등에 불이 떨어진 것처럼 변명하거나 혹은 반영한다. 그렇게 자신의 자산을 적극적으로 관리하고 있다.

2018년 9·13 대책 이후에 증시는 한 차례 폭락장이 있었지만 (2018년 10월 미국에서 긴축 우려가 나오면서 글로벌 지수가 10~20% 하락했다) 그럼에도 4월 현재 수익률은 14% 남짓이라고 한다. 그녀는 말한다.

"재테크는 버릇입니다. '시간될 때 증권사에 가야지' 하면 절대로 나지 않는 것이 시간입니다. 제게 있어 재테크는 셋째 자식입니다. 하루 한 시간은 꼭 애한테 쓰겠다고 정해놓고 있죠. 신문도 꼼꼼히 읽습니다. 놓친 것이 있지 않나 봐야 하기 때문이죠. 그리고 경제 전반적으로 공부하려면 신문만큼 좋은 것이 없습니다. 가성비 짱이에요. 증권사 투자 설명회도 많이 갑니다. 거기 가면 좀 더 현장감 있는 얘기를 들을 수 있어요. 그리고 PB를 만나지 않을 때는 증권사 리포트를 몰아서 보고는 합니다."

**너무 진지하게
재테크하지 마라**

한 공기업에 다니는 B 부장은 "재테크는 단순하게 해야 합니다"라고 설파한다. 그는 1억 원 정도로 주식을 시작했는데 현재는 10억 원 가까이 굴린다고 한다. 그는 필자에게 "이건 회사에는 비밀입니다"라는 말로 시작하며 다음과 같이 말했다.

"사람들은 저한테 어떤 비결이 있느냐고 묻는데, 사실 별것 없습니다. 증권사 리포트를 충실하게 믿고 있습니다. 모든 종목에는 호재만큼 악재가 있죠. '이런 이슈가 있어서 주가가 많이 오르지 못할 거야'라고 무서워서 주식을 못 사는 사람이 많은데, '주가는 불안의 벽을 타고 오른다'라는 말도 있지 않습니까? 리포트를 계속 보고, 확 당기는 문구가 나오는 종목을 삽니다. 물론 사고 나서 내릴 때도 많아요. 그러면 계속 물을 타면서 버팁니다. 버티고 버티다 보면 언젠가는 다시 오릅니다. 물론 애널리스트의 리포트가 나온다고 해서 모두가 좋은 종목은 아닙니다. 그러니까 충실히 읽어야 합니다. 그렇다고 너무 세세히 들여다보지는 않습니다. 저는 문장의 힘을 믿거든요."

2019년 3월에 만났을 때, 그는 한진칼을 수억 원치나 보유하고 있었다. 그는 일명 강성부 펀드로 알려진 KCGI의 등장을 너무나 멋지게 표현한 한 리포트를 보고 한진칼을 매수했다고 했다. 이후 2019년 4~5월에 한진칼의 주가는 훨훨 날았고 이때 큰 수익을 남겼다.

이웃집 부자들의 탄생

이번 장에서는 필자들과 인터뷰를 한 이웃집 부자 한 명, 한 명의
사례를 자세하게 전하고자 한다. 결국 한국 사회에서 부동산이라
는 재테크 수단을 빼놓고 자산 증식을 이야기할 수는 없다. 인터뷰
를 한 이웃집 부자들도 마찬가지다. 차이가 있다면 이들은 부동산
에 투자하기 위한 종잣돈을 모을 때까지의 과정이 저마다 천연각
색이라는 점이다.

각자의 장점과 기회를 최대한 살려서 부자의 길에 접어드는 모습
을 보고, 독자들도 자신이 가진 장점과 기회를 진지하게 고민하는
계기가 된다면 이번 장의 목적은 달성되는 셈이다.

01 작은 아이디어를 시장에 데뷔시키다

호기심은 사업가가 성공하기 위해 없어서는 안 되는 중요한 자산이다. 세상사를 보면서 이런 변화가 왜 생겼는지, 저 사람은 왜 저런 말을 하는지, 이 뉴스가 왜 신문의 1면을 장식했는지, 그 사소한 변화와 움직임을 놓치지 않아야 한다. 세상에 대한 작은 호기심은 때때로 세상을 바꿀 수 있는 큰 아이디어로 돌변하고는 한다.

**뱅크샐러드를 만든
8할은 호기심**

뱅크샐러드를 만들어낸 김태훈 레이니스트 대표의 성공 스토리를 보면 호기심과 작은 아이디어가 얼마나 중요한지 알 수 있다. 김 대표는 대학생 시절부터 모바일 앱을 여러 개 만들어 성공시킨 경험이 있다. 뱅크샐러드의 전신, 또는 전전신이라고 할 만한 앱들이다. 예컨대 김 대표가 과거에 만든 앱 중에는 공약 블라인드 테스트 앱이 있었다. 선거 후보자의 정당을 알려주지 않고 공약만으로 앱 이용자의 성향에 가장 가까운 정당과 후보자를 제시해주는 앱이었다. 이 앱은 이용자만 50만 명에 이를 정도로 인기를 모았다. 정치와 관련된 모바일 앱이 대부분 이용자들에게 외면받는 현실을 생각하면 작지 않은 성공이었다. 경영학과 출신인 김 대표가 왜 정치와 관련된 모바일 앱을 만든 걸까? 그는 단지 호기심 때문이었다고 설명한다.

"어떤 의도를 가진 건 아니었습니다. 그냥 궁금했습니다. 정치는 대의민주주의가 제대로 실현돼야 작동할 수 있는 건데 어째서 사람들은 감정적으로 움직이고 선택을 하는 건지 궁금했습니다. 누구의 공약인지만 알려주면 사람들이 옳은 답을 찾을 수 있을지 테스트해보고 싶었습니다. 정치와 관련된 사람들의 생각이나 행동에 대한 호기심이 있었고 그 문제를 풀고 싶어서 만든 앱입니다."

공약 블라인드 테스트 앱은 사람들의 관심을 끄는 데 성공했지만 이렇다 할 수익화 모델이 없었다. 어느 정도 호기심을 푸는 데 성공한 김 대표는 미련 없이 공약 블라인드 테스트 앱을 접었다. 그다음으로 김 대표가 관심을 가진 분야는 금융 시장이었다.

"정치만큼이나 정보의 비대칭 문제가 심각한 분야가 금융 시장입니다. 금융 상품만 봐도 예금이나 적금은 금리가 높은 상품이 유리한데 그렇지 않은 상품을 선택하는 사람이 많습니다. 제대로 된 정보를 가지고 자신에게 맞는 금융 상품을 선택할 수 있는 환경이 아니기 때문입니다. 왜 금융 시장은 이런 환경인지, 어떤 문제가 있는 건지, 어떻게 해결할 수 있을지 호기심이 생겼습니다."

처음 뱅크샐러드를 만들었을 때만 해도 레이니스트의 멤버는 6명에 불과했고, 김 대표가 가진 돈은 4,000만 원에 정부에서 나오는 창업 지원금 약간이 유일했다. 이제는 뱅크샐러드를 운영하는 인력만 100명이 훌쩍 넘고 누적 투자 유치액은 700억 원이 넘는다.

처음에는 여느 학생이 만든 스타트업과 다를 게 없었다. 김 대표는 레이니스트를 만들고 처음 4년 동안은 일부러 투자를 받지 않았다고 말했다. 김 대표는 그 4년의 시간을 문제를 찾고 푸는 시기였다고 회상한다.

"아이가 블록을 쌓듯이 문제를 찾고 풀고를 반복했습니다. 4년이 지난 지도 모를 정도로 몰두했죠. 아이템과 사업 계획이 자주 바뀌었고 그럴 때마다 함께 하던 동료들이 나갔지만 신경 쓰지 않았습니다. 호기심과 자신감이 4년의 시간을 버티는 원동력이었습니다."

그렇게 탄생한 뱅크샐러드는 이제 국내 핀테크 서비스 가운데 가장 유망한 앱으로 평가받는다. 금융권에서는 토스를 서비스하는 비바리퍼블리카와 뱅크샐러드를 최고 유망 기업으로 꼽고 있다.

김 대표는 뱅크샐러드를 '고객을 대신해 고객의 데이터를 분석

하고 금융 회사들에 전달해주는 서비스'라고 설명한다. 정보 비대
칭에 따른 금융 시장의 비효율을 개선하고 소비자와 금융 회사 모
두에 혜택을 주는 서비스라는 설명이다. 이 모든 게 호기심에서 출
발한 것이다. 김 대표는 "처음에는 사소한 문제를 풀기 시작했습니
다. 사소한 문제를 풀어나가다 보니까 문제가 커지기 시작했고, 우
리가 찾는 답도 좀 더 근본적인 부분에 다가갈 수 있었습니다. 작
은 호기심, 작은 문제가 첫 걸음이었습니다"라고 말했다.

세상에 대한 관심을 키워라

작은 아이디어는 도대체 어디서 얻어야 하는 걸까? 방구석에 틀어박혀서 머리만 쥐어 짜낸다고 해서 새로운 아이디어가 번쩍하고 떠오를 리가 없다. 이웃집 부자들은 언제 어디서나 세상을 향해 안테나를 세우고 있어야 한다고 말한다. 새로운 아이디어의 원천이 언제 떠오를지 알 수 없기 때문이다.

'1020' 청년세대의 지지를 받는 패션 브랜드를 여러 개 운영하고 있는 서정은 드림워커 대표는 지난해 '베리구스(Verygoose)'라는 새로운 제품을 만들었다. 베리구스는 버려진 다운재킷이나 침구류에서 오리털을 추출해 만든 재활용 다운재킷을 말한다. 다운재킷 한 벌을 만드는 데 보통 약 20마리의 오리가 필요하다. 오리는 생후 10주부터 시작해 6주 간격으로 죽기 전까지 계속해서 털

을 뽑힌다. 이 때문에 오리털이 들어가지 않은 다운을 찾는 사람도 늘고 있다. 하지만 대체 소재를 활용한 다운은 여전히 인기가 없는 편이다.

이때 서 대표는 버려진 다운재킷 속의 오리털을 재활용하는 아이디어를 냈다. 전국에서 2,700킬로그램 정도의 중고 오리털 의류와 침구류를 사들였고 이를 활용해 545벌의 베리구스를 만들었다. 서 대표의 베리구스는 크라우드 펀딩 서비스인 와디즈를 통해 출시됐고 목표치의 400%를 달성하며 많은 관심을 모았다.

버려진 옷에서 오리털을 모으는 아이디어는 어떻게 생각해낸 걸까? 서 대표는 동영상 공유 사이트인 유튜브를 이야기했다. 우연히 유튜브에서 오리털 뽑는 영상을 접하게 됐고 오리들의 희생을 줄이면서도 소비자의 만족도는 유지할 방법을 찾기 시작했다. 그 결과물이 재활용 다운재킷이었다.

이런 식으로 아이디어는 가만히 있을 때보다 무언가를 하고 있을 때 찾아오기 마련이다. 이웃집 부자들이 늘 새로운 사람을 만나고, 새로운 일을 도모하고, 책과 영화 같은 새로운 콘텐츠를 마다하지 않는 이유다.

기다리고
또
기다려라

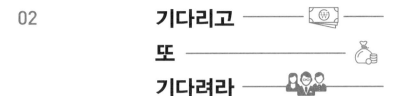

인생을 바꿀 기회는 좀처럼 찾아오지 않는다. 매일매일 회사와 집을 반복하며 사는 평범한 월급쟁이의 인생에서 일확천금의 기회를 잡는 것은 사막에서 폭우를 기다리는 것과 비슷한 일이다. 부를 쌓을 수 있는 기회가 언제 올지, 온다면 어떤 형태일지 우리는 좀처럼 예측할 수 없다.

하지만 분명한 것은 그 기회를 놓치지 않고 잡는 사람이 이웃집 부자가 될 수 있다는 사실이다. 그들은 말한다. 언젠가 반드시 한 번은 기회가 온다고. 그리고 기회를 잡는 건 비관론자가 아니라 기회가 올 것이라는 믿음을 가지고 미리 준비한 사람이라고.

지리산 산골에서 찾은 제2의 인생

증권가가 몰려 있는 동여의도(여의도공원을 기점으로 동쪽을 동여의도, 서쪽을 서여의도라고 부른다. 서여의도에는 국회를 비롯해 정당이나 정치 관련 기관이 밀집해 있다)는 생각보다 먹을 만한 음식이 많지 않다는 평가를 듣는 곳이다. 대한민국 전체를 통틀어도 소득수준이 높은 곳인 탓에 음식에 대한 사람들의 평가가 까다롭다. 매일매일 주가지수에 따라 사람들의 스트레스 수준이 에베레스트만큼 치솟는 곳이기 때문에 자극적인 음식에 대한 선호도도 높다. 이런 이유에서인지 동여의도에서는 오랜 시간 사랑받는 식당을 찾는 게 생각만큼 쉽지 않다. 음식점이 새로 생겼다가 사라지는 일이 잦다 보니 자연스레 동여의도 음식에 대한 평가는 박할 수밖에 없다.

에덴식당은 이렇게나 척박한 동여의도에서 단단한 입지를 자랑하는 음식점이다. 지리산 자락에서 나는 산나물을 이용한 산나물비빔밥이 에덴식당의 자랑이다.

2015년 6월에 처음 문을 열고 4년 남짓한 시간이 지났을 뿐이지만 여의도를 대표하는 '건강한 식당'으로 자리 잡았다. 이제는 여의도를 넘어 강남역 등 다른 곳에 분점이 생길 정도로 인기를 끌고 있다. 여의도 본점의 월 매출만 1억 원 가까이 된다.

지리산에서 직접 채취한 산나물을 이용한 산나물비빔밥전문점이라고 하면 카운터를 지키고 있는 노부부의 모습을 생각하기 쉽지만 에덴식당을 이끄는 건 40대의 인상 좋은 장혁 사장이다. 더욱이 장 사장이 몇 년 전까지만 해도 여의도의 증권사에서 파생상품 투자를 하던 증권맨이라는 사실을 알게 되면 지금 장 사장의 모습에 더욱 놀라울 수밖에 없다. 미국 증권가를 다룬 영화 〈더 울프 오브 월 스트리트〉의 레오나르도 디카프리오가 〈카모메 식당〉의 고바야시 사토미처럼 변했다고 하면 누가 믿을 수 있을까? 아무튼 직업만 보면 그렇다.

여의도의 잘 나가는 증권맨이 어쩌다 산나물비빔밥전문점을 운영하게 된 걸까? 장 사장의 이야기는 2009년 글로벌 금융위기 직후로 돌아간다. 당시 마흔 살이 된 장 사장은 다니던 증권사를 그만두고 개인 투자에 나섰다. 3년 동안 개인투자자로 활동했지만 수익은 신통치 않았고 그보다도 건강을 크게 해쳤다. 1분, 1초가 '수익이냐', '손해냐'로 직결되는 전업투자자 생활이 장 사장의 건강을 해친 것이다. 이 때문에 장 사장은 트래킹을 하면서 건강을 돌보게 됐다. 처음에는 가까운 곳에서 시작해 주말이면 걷기 좋은 길로 소문난 지방까지 찾아다녔다. 하루는 전라남도 구례를 찾았다가 화엄사 앞에 민박을 하게 됐다. 지리산 자락까지 왔으니 산나물비빔밥이나 먹자는 생각에 민박 주인에게 맛집을 추천받았는데, 그 주인이 추천한 식당이 에덴식당이었다. 구례 화엄사에서 다시 차로 30분을 가야 나오는 산골짜기에 있는 식당이었다. 장 사장은 그날 에덴식당에서 처음 산나물비빔밥을 먹었던 순간을 아직도 잊지 못한다고 말한다.

"이건 인생을 걸고 만든 음식이구나…, 음식을 먹고 이런 감동을 느낄 수 있을까 싶을 정도의 감동이었습니다."

그렇게 처음 구례 에덴식당을 알게 된 후로 장 사장은 한 달에 두 번씩 에덴식당을 찾았다. 토요일 새벽 일찍 집에서 출발해 점심을 에덴식당에서 먹고 트래킹을 한 뒤, 다시 일요일 점심을 에덴식당에서 먹고 서울로 돌아오는 식이었다.

건강을 되찾은 장 사장은 다시 증권사에 들어가 증권맨으로 지냈다. 그러던 어느 날, 장 사장의 인생에 전환점이 찾아왔다. 구례 에덴식당을 지키던 노부부의 건강이 나빠지면서 식당 문을 닫게 된 것이다. 에덴식당이 문을 닫던 날, 지역 신문에 기사가 날 정도였다. 장 사장은 '증권사는 내가 없어도 돌아가는 곳이지만 에덴식당은 내가 이어받지 않으면 대가 끊길 수 있다'라고 생각했다. 산나물이라는 아이템에 대한 확신도 있었다. 투자자의 관점에서 보면 한국은 갈수록 고령화가 되고 있고 고기보다는 산나물 같은 건강식에 대한 관심이 계속 커질 것이라고 판단했다.

결국 장 사장은 2015년 2월에 회사를 그만두고 지리산으로 향했다. 몇 개월간 사업 준비를 하고 지리산에서 산나물을 서울로 가져오는 시스템을 만든 결과, 마침내 지리산 자락에 있던 에덴식당을 여의도에 재현하는 데 성공했다. 처음 에덴식당의 산나물비빔밥을 접하고 그걸 자신의 사업 아이템으로 만들기까지 10년에 가까운 시간이 필요했다. 하지만 장 사장은 서두르지 않고 자신이 좋아하는 음식을 즐겼으며 그것을 자신의 사업으로 승화시킬 수 있었다. 물론 에덴식당과 장 사장의 사업은 여전히 발전하고 있다.

처음에는 음식 장사가 이렇게 힘들 줄 몰랐다고 장 사장은 털어놨다. 정보기술(IT)이나 금융 쪽에서만 일했던 자신의 입장에서 국내 외식업의 낮은 부가가치는 충격적인 수준이었다고 한다.

"처음 가게를 오픈했을 때는 하루에 11시간을 서서 정신없이 일했습니다. 그런데도 첫 달에는 300만 원의 적자가 났습니다."

메뉴 구성부터 직원 관리까지 모든 게 처음이었던 만큼 최적화하는 데 또 시간이 필요했던 것이다.

지금도 장 사장은 고민이 많다. 매년 치솟는 최저 임금과 임대료 문제는 아무리 몸에 좋고 맛있는 산나물비빔밥을 만들어도 좀처럼 해결되지 않는 난제다. 그렇지만 장 사장은 꾸준하게 하는 것이 무엇보다 중요하다고 말한다. 그는 산나물이 밥상에 오르기까지 몇 번의 손을 거쳐야 하는지 아느냐고 필자들에게 물었다. 필자들이 고개를 가로젓자 그는 두 손을 펼쳐 보이며 "일곱 번"이라고 말했다. 봄에 생나물을 채취해서 직접 삶고, 그걸 세 번에 걸쳐 씻고 짜는 과정을 반복한 뒤 건조를 한다. 건조가 끝나면 나물 줄기에서 딱딱한 부분을 일일이 수작업으로 떼어낸 뒤, 그제야 서울로 올린다. 서울에서 다시 한 번 불리고 삶고 볶는 과정을 거쳐야 산나물로 밥상에 오를 수 있게 된다. 주방에서 손님의 테이블까지 서빙하는 것도 당연히 사람의 손을 거친다. 산나물 하나도 맛있고 건강한 음식이 되기까지 이렇게나 많은 손을 필요로 한다. 장 사장의 이야기는 성공이란 게 하루아침에 가능하지 않다는 것을, 그렇게 끈기 있게 기다린 끝에 얻는 성공과 부야말로 몸에 좋고 오래 갈 수 있다는 사실을 보여준다.

누구도 하루아침에 부자가 되지 않았다

필자들이 만난 이웃집 부자들은 '끈기'라는 성품을 디폴트(Default, 기본 설정)로 타고난 사람들 같았다. 뒤에서 자세하게 살펴보겠지만 이들은 실패를 두려워하지 않는다. 오히려 실패를 성공으로 가는 관문으로 여기는 듯 했다.

당연히 오늘 시작해서 내일 돈을 벌 수 있다는 생각을 하는 사람은 아무도 없었다. 다들 짧게는 몇 년, 길게는 10년을 보면서 계획을 세우고 자산을 불렸다. 에덴식당의 장 사장처럼 몇 년에 걸쳐 한 달에 두 번씩 산나물비빔밥을 먹기 위해 지리산 자락을 오가는 불편을 감수한 경우도 있고, 전인수 팀장이나 홍춘욱 전 팀장처럼 자신의 투자전략에 믿음을 가지고 하루하루 수행을 하듯 자산을 불려나간 이들도 있다. 여의도에서 슈퍼 개미로 유명한 한 개인투자자는 "원래 돈을 버는 투자는 재미가 있을 수 없습니다. 재미가 있다면 도박이지 투자가 아닙니다. 투자는 재미없고 지루하고 견디기 힘든 것"이라고 말했다.

　지금은 입시교육의 최고 전문가로 이름을 날리는 이만기 유웨이 중앙교육 소장은 원래 고등학교에서 국어를 가르쳤다. 언제 학원가에 뛰어들 생각을 했느냐는 질문에 이 소장은 "더는 고등학교에서 할 게 없다고 생각했을 때였습니다. 이미 실력으로는 일타강사(일등 스타강사의 줄임말)가 될 수 있다고 판단했습니다. 그리고 학원가로 옮기자마자 일타강사가 됐습니다"라고 답했다. 자신의 실력을 믿고 꾸준히 발전에 발전을 거듭하다 한순간의 기회를 놓치지 않는 것이 이웃집 부자를 만든 비결이다.

03

하고 싶은 걸 하라, 내 재능을 흐름과 연결하라

《하고 싶은 대로 살아도 괜찮아》라는 책이 있다. 이 책은 사회가 강요하는 고정관념에 매몰되지 않고 자유롭게, 나답게 살 수 있는 방법을 알려준다. 자기계발 서적의 홍수 속에 작은 구명조끼 같은 책이다. 그런데 이러한 책들을 읽어도 그때뿐이다. 현대 사회에서, 더군다나 대한민국 서울에서 살아가면서 타인의 시선에서 벗어난다는 건 참으로 어려운 일이다.

나답게 살면서도 다른 사람들의 눈높이에 부끄럽지 않게 살 수는 없는 걸까? 조금 더 구체적으로 물어보자. 내가 하고 싶은 일을 하면서 부자가 될 수는 없는 걸까? 정답은 당연히 '그렇지 않다'이다. 하고 싶은 일을 마음껏 하면서 남부럽지 않게 자산을 모으는 이웃집 부자도 많다. 일과 재미를 모두 잡은 사람들은 도대체 어떤 비결이 있는 걸까?

**성공과 실패의
롤러코스터를
견딘 힘은 '재미'**

서정은 드림워커 대표는 '데이라이프'라는 가방 전문 브랜드를 비롯해 여러 개의 패션 브랜드를 운영하고 있다. 30대 중반의 나이지만 사업 경력은 15년에 이르는 베테랑이다.

데이라이프 홈페이지에 들어가면 다른 패션 쇼핑몰과는 사뭇 느낌이 다른 걸 알 수 있다. 예쁘고 귀여운 모델이 데이라이프 백팩을 매고 포즈를 취하는 건 다르지 않지만, 오로지 제품만 강조하려고 하는 다른 패션 쇼핑몰과 달리 데이라이프 홈페이지에는 가방을 통해 전달하려는 메시지가 뚜렷하게 나타난다. 예컨대 몇 년 전에 진행된 '꿈 깨지 맙시다, 패치컬렉션'의 경우 10대 소녀들의 일상 속에서 소녀들이 가진 꿈을 지켜주겠다는 메시지를 보여준다. 가방은 이런 메시지를 표현하는 하나의 도구일 뿐 중심이 되지 않는다. 이런 식으로 홈페이지를 꾸며도 가방이 제대로 팔릴까 싶지만 데이라이프는 10대 소녀들을 중심으로 단단한 팬덤(Fandom)을 형성하고 있다.

서 대표가 드림워커 경영 전면에 나선 건 2017년의 일인데 당시만 해도 뿌리 약한 나무처럼 흔들리던 회사가 1년 반 만에 단단하게 자리 잡았다. 매출액 자체도 자체지만 성장세가 빠르다.

"드림워커를 다시 경영하게 되면서 어떤 일을 해야 할지에 대해 고민을 많이 했습니다. 제가 드림워커 경영을 시작할 때만 해도 데이라이프는 아무런 정체성이 없는 패션 브랜드였습니다. 가방만 파는 게 아니라 코트에서 패딩까지 돈이 되는 건 다 팔고 있었습니다. 그때 결정한 게 가치 있는 메시지를 던지는 회사가 돼야 한다는 점이었습니다. 가방 전문 브랜드로 탈바꿈하면서 브랜드에 메시지를 녹이는 작업을 했습니다. 우리가 타깃으로 하는 소비층이 우리의 메시지에 공감하기만 하면 팬덤이 생기고 자연스럽게 지속 가능성도 커질 것이라고 판단했습니다."

인터넷 쇼핑이 보편화되면서 전국에 수많은 패션 브랜드가 생기고 사라지고 있다. 이 와중에 자신만의 차별점을 가지지 못한 패션 브랜드는 사람들에게 아무런 인상도 남기지 못하고 사라지기 마련이다. 이렇게 치열한 전장에서 서 대표는 15년을 버텼다. 서울 성수동의 드림워커 사무실에서 만난 서 대표는 "좋아서 한 일이 여기까지 왔습니다"라고 말했다. 좋아서 하는 일이라는 서 대표의 말은 겉치레가 아니었다. 10여 명이 함께 일하는 사무실은 서 대표를 중심으로 일사분란하게 움직이고 있었다. 서 대표는 새로운 사업 아이디어에 대해 이야기하며 때로는 진지하게 때로는 천진난만한 표정을 지어보였다.

서 대표가 처음 패션 사업에 뛰어든 건 정확하게 수능시험이 끝나고 일주일 뒤부터였다. 서 대표는 학창 시절 때부터 옷과 패션에 관심이 많았다고 했다.

"집안 분위기가 굉장히 학구적이었는데 저는 공부를 좋아하는 편은 아니었습니다. 그럼에도 인정받고 싶은 마음이 컸고 그게 사업으로 이어졌습니다. 어릴 때부터 옷과 패션에 관심이 많았기 때문에 자연스럽게 패션 사업을 하게 됐습니다."

패션 사업에 뛰어들었지만 서 대표가 패션을 전공한 건 아니었다. 그저 재밌어서 패션 커뮤니티에 직접 만든 디자인 도안을 올리기 시작했고, 거기에 관심을 보이는 사람들에게 옷을 만들어 팔았는데 좋은 반응을 얻었다. 지금은 스트리트 패션(Street Fashion)이 하나의 장르처럼 굳어졌고 많은 사람이 익숙하게 접하지만 서 대표가 처음 사업을 시작했을 때만 해도 스트리트 패션은 많은 사람에게 생소한 브랜드분야였다. 생소함을 무기로 서 대표의 패션 브랜드는 큰 인기를 끌었고 압구정에 오프라인 매장을 열기에 이르렀다. 대형 패션 브랜드와 콜라보레이션을 할 정도였다.

20대 초반의 나이에 큰 성공을 거머쥐었지만 머지않아 시련도 찾아왔다. 패션을 넘어서 IT를 비롯한 여러 분야로 사업을 확장했는데 20대 초반의 사업 경험이 전무한 청년 혼자의 힘으로는 감당하기 힘든 일이었다. 결국 서 대표는 수억 원의 빚을 지고 사업을 접었다.

이후 몇 년 동안 어려운 시기를 보내던 서 대표는 마지막이라는 심정으로 다시 패션 브랜드 사업에 도전했다. 스무 살 때부터 쌓아 온 네트워크가 큰 힘이 됐다. 경쟁사가 될 수 있는 다른 패션 브랜드의 MD들이 서 대표의 재기를 위해 도움을 아끼지 않았고, 결국 서 대표는 2010년에 데이라이프를 론칭했다.

베테랑 MD들의 도움으로 최신 트렌드를 꿰고 있던 서 대표의 새로운 가방 브랜드는 출시 한 달 만에 수십억 원의 총판 계약을 따내며 승승장구했다. 서 대표는 "당시에는 오로지 돈을 버는 데 집중했습니다. 한 번 망하고 재기하기 위해 시작한 사업인 만큼 오로지 많이 파는 데 집중했습니다. MD들에게 받은 최신 트렌드 데이터를 분석해서 3종의 가방을 만들었고 그게 큰 인기를 끌었습니다"라고 설명했다. 데이라이프의 성공을 이끈 서 대표는 군 문제를 해결하기 위해 입대를 했고, 그 뒤로도 한동안 회사 일에는 손을 떼고 직원들에게만 맡겼다. 하지만 2016년에 다시 찾은 데이라이프는 악화일로에 있었다. 서 대표는 고민 끝에 데이라이프를 다시 가방 전문 브랜드로 탈바꿈하기로 하고 회사 이름도 드림워커로 바꿨다. 그는 "브랜드를 만드는 건 영화를 만드는 것과 똑같습니다. 둘 다 전하려는 메시지가 있고 그걸 이야기로 풀어내야 합니다. 이야기를 전달하기 위해 영상, 음악, 그래픽 같은 요소를 쓰는 것도 똑같습니다. 유일하게 다른 점이 있다면 영화에는 엔딩이 있지만, 브랜드에는 엔딩이 없다는 점입니다. 엔딩이 없도록 하는 게 바로 경영이고요"라고 강조했다.

이렇게만 보면 서 대표가 자수성가형 부자의 대표적인 캐릭터인 '엄근진('엄격', '근엄', '진지'의 앞글자를 따서 만든 합성어)'일 것만 같다. 하지만 실제로 만나본 서 대표는 엄근진이 아니라 어디로 튈지 모르는 개구쟁이 같은 분위기를 갖고 있었다. 15년이라는 긴 시간

동안 성공과 실패를 반복해 겪으면서도 중심을 잃지 않을 수 있는 비결, 그 비결이 바로 '재미'였다. 서 대표는 사업에 대한 이야기를 할 때는 한참 심각한 표정을 짓다가도 이야기가 조금만 다른 주제로 새어나가면 웃음기 가득한 얼굴로 "원래는 노는 걸 좋아합니다"라고 말했다. 내가 정말 재미있는 일을 하다 보면 지속 가능할 것이고 지속 가능하다면 언젠간 성공할 수 있다는 설명도 덧붙였다.

만화를 그려도 판타지 소설을 써도 부자가 될 수 있다

서 대표가 유독 특별한 케이스일까? 그렇지 않다. 최근 젊은 이웃집 부자들 중에는 서 대표처럼 자신이 좋아서, 재밌어서 하는 일을 통해 큰돈을 벌고 성공까지 거머쥔 사례가 많다.

1장에서 본 것처럼 돈을 벌 수 있는 수단이 다양해지면서 가능해진 일이다. 예컨대 그림 그리는 걸 좋아하는 사람은 직장생활을 하면서 틈틈이 웹툰이나 일러스트를 그리는 것만으로도 큰돈을 벌 수 있다.

2018년에 '올해의 이모티콘'으로 선정된 '옴팡이'를 만든 사람은 애소 작가다. 애소 작가는 만화 그리는 걸 좋아하는 평범한 대학생이었지만 옴팡이가 큰 인기를 얻으면서 이제는 작가로서의 명성과 부를 함께 누리고 있다. 그녀는 언론 인터뷰에서 "작가 자신이 애정을 가지고 만든 캐릭터여야 다른 사람도 애정을 느낄 수 있습니다"라고 말했다. 내가 좋아하는 것, 재미를 느끼는 일을 하는 게 이렇게 중요하다.

작은 중소기업을 다니던 U씨도 애소 작가와 비슷한 경우다. U씨 같은 경우 학창 시절 때부터 소설을 좋아해서 직장인이 된 이후에도 꾸준히 자신의 블로그에 SF나 판타지 장르의 소설을 올렸다. 그러다 주변 사람들의 추천으로 웹소설에 뛰어들었는데 지금은 전문작가로 활동하고 있다. 연 수입만 억대로 중소기업에 다닐 때보다 4배는 늘었다는 게 U씨의 설명이다. 하지만 U씨는 수입이 늘어난 것보다 하기 싫은 일을 억지로 하지 않아도 되는 즐거움, 하고 싶은 일만 해도 된다는 기쁨이 더 크다고 말한다.

물론 재미라는 것이 취미처럼 해도 된다는 뜻은 아니다. 농구선수 서장훈 씨는 여러 번의 강연에서 "'열심히 하는 사람은 재미있게 하는 사람을 못 이긴다. 즐기면서 하라'는 말은 기성세대의 거짓말입니다. 피 토하듯 열심히 해야 최고가 될 수 있습니다"라고 말했다. 필자들이 말하는 이웃집 부자들의 경우도 사실 똑같다. 이들은 본인이 재미를 느끼는 분야를 때로는 고통까지 느껴가며 뛰어넘은 사람들이다.

04 티끌 모아 태산은 비유가 아니라 현실이다

　　많은 사람이 부자가 되고 싶어 하지만 막상 부자가 되기 위해 무언가를 실제로 하는 이는 드물다. 왜 그럴까? 여러 가지 이유가 있겠지만 부자가 된다는 게 아무리 노력해도 불가능한 일처럼 느껴지기 때문일 것이다. 매달 통장에 꽂히는 월급은 정해져 있고 나가야 할 돈은 한두 푼이 아니다. 내 수입과 지출이 뻔한데 언제 돈을 모아서 부자가 될 수 있겠느냐고 스스로 묻고는 포기한다. 때로는 부자가 되는 걸 가로막는 가장 큰 장애물은 나 자신일 수 있다.

　필자들이 만난 이웃집 부자들은 이런 장애물을 넘어선 이들이다. 이들은 스스로 부자가 될 것이라는 확실한 믿음을 가지고 있었는데 그런 믿음이 자신들을 진짜 부자로 만들어주는 가장 강력한 원동력이라는 걸 이해하고 있었다. 티끌을 모으면 정말 태산이 될 수 있다는 사실을 이들은 자신들의 삶을 통해 보여준다.

**한 달에
80만 원씩만 모아도
아파트 산다**

평범한 주부에서 여러 채의 집을 보유해 이웃집 부자가 된 곽상희 미오백 대표의 이야기를 들어보자. 미오백은 교육컨설팅 업체로 곽 대표는 '엄마'와 '부동산'을 주제로 다양한 교육컨설팅 사업을 하고 있다. 곽 대표 본인도 스물여섯에 결혼하고 현모양처가 되고 싶어 한 평범한 워킹맘이었다.

"1996년에 결혼했는데 그때만 해도 월세가 많지 않았고 전세대출제도도 제대로 없었고 집값도 당연히 지금처럼 비싸지 않았죠. 결혼할 때 괜찮은 집에서 시작할 수 있을 줄 알았는데 화곡동의 다가구주택 투룸에서 시작했어요. 사람한테 콩깍지가 씌면 이렇게 돼요."

곽 대표와 남편은 한 제과회사 연구소에서 만나서 결혼까지 갔다. 처음 결혼하고 나서 곽 대표가 제일 먼저 한 것 중 하나는 남편의 신용카드를 자른 일이다. 곽 대표는 어릴 때부터 절대 외상이나 빚지고 살지 말고, 적금을 착실하게 해서 모으라는 말을 듣고 자랐다고 한다. 그런데 남편에게는 약간의 마이너스통장이 있었고 신용카드도 있었다. 곽 대표는 가지고 있던 돈을 모두 모아서 마이너스통장을 갚고 신용카드도 없앴다. 빚을 지지 않는 생활이야말로 꾸준히 돈을 모을 수 있는 첫 번째 원칙이다.

곽 대표와 두 시간 남짓 인터뷰를 하면서 든 생각은 '이 사람은 언제 부자가 된 거지?'라는 의문이었다. 곽 대표는 결혼할 무렵부터 지금까지의 삶을 시간 순서대로 나직하게 풀어냈는데 거기에는 드라마틱한 성공 스토리나 스펙터클한 반전 같은 건 없었다. 시냇물이 강물이 되고 바다가 되듯이 그저 물 흐르듯 이야기도 술술 흘러갔다. 빨간 벽돌을 쌓아올린 화곡동의 다가구주택 투룸에서 시작한 곽 대표가 20년의 시간 동안 일산을 거쳐 목동에 정착하기까지의 이야기가 그렇게 이어졌다.

결혼하고 회사를 그만둔 곽 대표는 피아노학원을 열 수 있는 자격증을 땄다. 곽 대표는 인터뷰 내내 돈을 모으는 게 얼마나 중요한지, 종잣돈을 만드는 것이 결국 가장 중요하다는 이야기를 계속 반복했다. 곽 대표는 집에서 동네 아이들을 모아 피아노를 가르쳤는데 이때 한 달에 80만 원 정도를 벌었다고 한다. 남편의 수입으로 생활비를 쓰고 자신이 번 돈은 한 푼도 쓰지 않고 고스란히 모았다. 이 돈은 나중에 곽 대표가 일산에 아파트를 살 때 요긴하게 쓰인다.

현장에 나가서 부동산 매물을 확인하는 것을 '임장'이라고 한다. 부동산 고수들은 모두 임장의 중요성을 누누이 강조하는데 곽 대표도 마찬가지였다. 곽 대표는 아이를 낳고 자전거를 가르칠 때 일부러 일산의 호수공원으로 갔다. 집 근처에 목동 파리공원이 있었지만 차를 몰고 일부러 일산까지 간 것이다. 당시 호수공원 근처에는 일산에 지어지는 아파트의 모델하우스가 많았다. 곽 대표는 자연스럽게 일산 일대의 아파트 정보를 모을 수 있었고 그러다 괜찮은 아파트가 나오자마자 그동안 모은 돈에 대출까지 받아 과감하게 아파트를 샀다.

"당시 일산 아파트 가격이 1억 5,000만 원 정도였는데 빚만 1억원 정도를 냈습니다. 하지만 몇 년 지나지 않아 집값이 3억 원 정도까지 뛰었고 미련 없이 팔고 나왔죠. 그 첫 거래에서 굉장히 많은 걸 배웠습니다."

곽 대표는 어릴 때 꿈이 '내 집 마련'이었다고 말했다. 목동 일대가 논바닥에서 서울에서 가장 비싼 아파트 단지로 변하는 걸 지근거리에서 지켜봤다. 그 과정에서 내 집 하나가 없다는 게 가슴에 박혔던 걸까? 결국 돌고 돌아 곽 대표가 사는 곳은 목동의 한 아파트다. 지금 곽 대표는 목동의 아파트 외에도 아파트 2채를 더 갖고 있다. 수익형 부동산에도 투자를 하고 있는 것이다.

이 모든 것의 기반은 피아노를 가르치면서 모은 월 80만 원의 돈이었다. 곽 대표는 내 집 마련에 성공한 뒤에도 계속 새로운 일을 찾아 했다. 목동에서는 학교 과학실의 실험 조교를 했는데 당시 월급이 88만 원 정도였다고 한다. 피아노 교습을 할 때와 비슷한 수입이다. 곽 대표는 이 돈도 한 푼도 쓰지 않고 고스란히 모아서 아파트 투자를 할 때 활용했다.

"계산을 해보니 8년 정도 모으면 약 1억 원이 되더라고요. 그래서 8년 동안 모아보자고 생각했습니다. 결국 그 일을 13년을 했어요. 당연히 1억 원 넘게 모았고요. 이런 식으로 작은 돈이라도 꾸준히 모으면서 종잣돈을 모은다고 생각하는 게 중요합니다. 남편의 수입이 있었으니까 가능한 일이었고 운도 좋았지만 결국 생각대로 됐죠."

작은 돈은 복이 될 씨앗이다

곽 대표는 이제 남부럽지 않은 자산을 모은 부자가 됐지만 일상생활에는 큰 변화가 없다고 한다. 글로벌 코스메틱 브랜드인 메리케이에서 뷰티컨설턴트로 일하면서 여전히 생활 전선에 나서고 있고, 지금도 지인들의 부동산 투자를 도우며 현장을 계속 챙기고 있다.

곽 대표의 이야기에서 투자든, 생활이든 자신만의 루틴을 지키는 원칙이 확고하다는 점이 흥미로웠다. 우선 생활의 측면에서 보면 저녁 약속을 절대로 잡지 않는다고 했다. 아무리 밖에서 돈을 많이 벌어도 자신의 기본적인 정체성은 '엄마'라는 것이다. 돈은 조금 덜 벌어도 상관없으니 가족이 건강하고 행복하게 사는 것이 가장 중요하고, 그렇게 하기 위해서는 가족과의 저녁 식사 시간만큼은 지킨다는 것이 곽 대표의 지론이다.

투자의 관점에서 보면 투자 대상을 정하는 기준이 매우 확고하다. 10억 원 이상의 아파트는 관심을 가지지 않는다고 한다. 10억 원이 넘는 아파트는 집이 아니라는 생각에서다. 대신 강남까지 1시간 이내에 갈 수 있고 평지에 있는 아파트만 고른다고 한다. 생활의 편의성도 투자 대상을 고를 때 빠질 수 없는 중요한 기준인 것이다.

또한 작은 돈을 무시하지 말고 꾸준히 모으는 것이 얼마나 중요한지에 대해 입이 마를 정도로 이야기했다. 곽 대표는 친한 지인들에게 '복이 될 씨앗'이라며 소액을 넣은 돈 봉투를 주고는 한다. 작은 씨앗이 잎이 무성한 나무가 되듯이 작은 돈이 큰돈이 될 수 있다는 믿음을 주변 사람들에게까지 전달하는 것이다.

"통장이 여러 개 있습니다. 통장마다 이름을 정합니다. 제가 이루고 싶은 목표를 통장 이름으로 정하는 겁니다. 그렇게 되면 통장을 볼 때마다 그 목표를 다시 한 번 되새기게 되죠. 매달 10만 원씩 소액을 넣어서 연말에 꺼내 보는 통장도 있어요. 부동산 투자를 하다 보면 당연히 빚을 질 때가 많습니다. 매달 빚만 갚다 보면 지칠 때가 있어요. 빚을 갚는 데 돈을 쓰는 것이 적금을 드는 것보다 효율적이지만 일부러 적금을 들고는 합니다. 지치지 않기 위해서죠. 지치지 않고 꾸준히 하는 게 중요합니다."

**일확천금을
노리지 마라**

증권사 리서치센터장 출신의 은퇴자 L씨
는 남들이 보기에는 심심한 주식에만 투
자해 많은 돈을 벌었다. L씨가 사는 종목
은 배당 수익률이 4% 이상 나오는 배당주다. 우면산 터널, 지하철
9호선 등 인프라에 투자한 뒤 분배금을 지급하는 맥쿼리인프라도
주요 투자처였다. 2019년 현재는 주가가 많이 올라 배당 수익률은
많이 떨어졌지만, 2010년 전후로만 해도 맥쿼리인프라의 배당 수
익률은 연 7~8%였다. L씨가 주변인들에게 맥쿼리인프라를 사라
고 추천하면 상대방의 반응은 한결같았다.

"고작 6% 받아서 뭐하려고?"

하지만 아니다. 꼬박꼬박 재투자하면 수익률은 극대화된다. 블
룸버그의 보도에 따르면 주요국 중 호주와 홍콩, 유럽, 대만, 영국,
중국은 2012년부터 2018년까지 주식 투자 수익률이 60% 이상을
기록했는데, 이 가운데 절반가량이 배당 수익이었다. '배당은 덤'
이라는 인식과 달리 주 수익원이었던 것이다. 한방에 부자가 되려
면 안 되고, 하루하루 차곡차곡 쌓아나가야 한다.

05 부자가 되기 전에 최고가 되어라

세상에 부자는 많다. '많다'는 상대적인 개념이지만 최소한 한 분야의 최고 전문가보다는 부자가 많은 것이 확실하다. 어떤 분야에서 최고가 되는 사람은 당연히 부자보다 적을 수밖에 없다. 최고가 되는 건 지난한 과정을 거쳐야 하는 일이다. 그래서일까? 최고가 된다면 부자도 될 수 있다. 최고의 전문가가 된다는 건 다시 말해서 부와 명예가 뒤따라온다는 말이기도 하다. 그래서 부자가 되기 전에 최고가 되라는 말이 있는 것이다.

이런 이야기를 하면 "부자가 되는 것도 어려운데 어떻게 최고가 되라는 거냐?", "최고가 되는 건 타고난 재능을 가진 천재들이나 가능한 일이 아니냐?"라는 말이 나오기 마련이다. 맞다. 그런 경우도 분명히 있다. 세계적인 스포츠 스타인 리오넬 메시나 르브론 제임스를 보면 그들의 노력만큼이나 타고난 재능도 반짝반짝 빛나는 걸 알 수 있다. 그들은 자신의 분야에서 최고가 됐고 당연히 어마어마한 재산도 모았다.

하지만 한 분야의 전문가가 된다는 건 하늘의 별을 따는 것처럼 불가능하지만은 않다. 주변에서도 얼마든지 최고가 되는 사람들을 찾아볼 수 있다. 또한 우리가 최고가 될 수 있는 분야를 만들면 된다. 남들이 공략하지 않은 시장을 개척하면 그만이다. 예를 들어, 부동산 전문가의 경우 과거에는 실전 고수만 있었지만 요즘에는 여의도학파로 대변되는 애널리스트 출신 부동산 전문가가 많아지고 있다. 워킹맘 부동산 전문가, 전업주부 부동산 전문가도 있다.

주식 전문가의 경우에도 마찬가지다. 예전에는 주식 전문가라고 하면 주식 투자를 잘하는 사람만 생각했는데 최근에는 회사채와 공모주, 배당주 등으로 그 분야가 다변화됐다. 2010년대 이후로 뜨는 전문가의 분야가 바로 자산 배분(전문가)이다. 국내 회사채를 사면서 달러를 같이 산다든지, 부동산을 매수하면서 미국 주식을 산다든지, 국내 코스닥 주식을 사면서 미국 국채를 산다든지 하는 리스크 헤지(Hedge)전략이 각광받고 있다. 코트라(KOTRA) 프랑크푸르트무역관의 강환국 차장은 개인 투자자 자격으로 《할 수 있다! 퀀트 투자》라는 책을 쓰기도 했다.

물론 새로운 분야를 개척만 한다고 되는 것은 아니다. 그들은 최고의 자리에 오르기 전까지는 대부분의 사람들과 마찬가지로 평범해 보였다. 다만 최고가 되기 위해 매일 같이 최선의 노력을 다

하는 걸 모두가 몰랐을 뿐이다. 최고가 된 뒤에는 자연스럽게 많은 부도 따라오기 마련이다. 이웃집 부자가 탄생하는 것이다.

**학원으로
옮길 때부터 일타**

이만기 유웨이중앙교육 소장은 한국 최고의 입시 전문가 중 한 명이다. "이영덕 대성학력개발연구소장이 입시분야의 일타"라며 손을 가로젓지만 최고 전문가라는 수식어가 어색하지 않은 건 확실하다. 얼마 전 드라마 〈스카이 캐슬〉이 인기를 끌면서 입시 코디네이터에 대한 관심이 커지자 이 소장을 찾는 사람도 덩달아 많아졌다. 드라마 속 입시 코디네이터의 원조가 이 소장이었기 때문이다.

이 소장은 처음부터 입시 전문가로 활동하지 않았다. 원래는 고등학교에서 국어를 가르치는 평범한 교사였다. 이 소장은 1986년부터 2002년까지 문일여고에서 국어를 가르쳤다. 고등학교에서 담임을 맡다 보니 자연스럽게 입시 공부를 하게 됐고, 이때 쌓은 자산이 지금의 이 소장을 만들어줬다. 지금은 최고의 입시 전문가로 유명하지만 학교에 있을 때만 해도 이 소장의 주 종목은 국어였다. 2002년에 메가스터디의 스카우트를 받고 학교를 나왔을 때도 언어·논술 강사가 주 업무였다. 하루아침에 안정적인 직장인 학교를 떠나 학원으로 갔는데 어려움을 겪지 않았느냐는 질문에

이 소장은 웃으며 답했다.

"메가스터디로 옮길 때 이미 언어에서는 일타강사였어요. 학교에 있을 때부터 EBS 강의를 하면서 이름을 날렸죠. 학원으로 옮기면서 EBS 후광의 덕을 많이 봤습니다. 학원에서는 일타강사가 돼야 합니다. 다행히 저는 넘어오자마자 일타가 됐죠. 아마추어 챔피언을 지내다가 프로에 뛰어들었는데 바로 프로에서도 챔피언이된 셈입니다."

학원가의 일타강사가 벌어들이는 수입은 고등학교 교사의 월급과는 비교가 되지 않는다. 이 소장도 2002년에 학원으로 옮기면서 기존에 학교에서 받던 연봉의 20배 정도는 받았다고 한다. 단숨에 부자의 반열에 올라선 것이다. 이 소장은 인터뷰를 하는 내내 재산이나 돈에 대해서는 별 관심이 없는 태도였다. 어차피 최고가 되면 돈은 따라온다는 것이 그의 지론이다. 그러면서도 자신을 처음 스카우트한 손주은 메가스터디 회장에 대해서는 감사의 마음을 표시하기도 했다.

평범한 고등학교 교사가 어떻게 입시 학원가를 주름잡는 일타강사가 될 수 있었던 걸까? 비결을 묻는 질문에 이 소장은 뜻밖의 대답을 했다.

"저는 공부를 잘하던 사람이 아니었습니다. 서울의 유명 대학을 나오지 않았습니다. 그래서 공부를 못하는 아이들의 마음이나 심정을 정확하게 꿰뚫어 보는 걸로 유명했어요. EBS 강의할 때부터 그런 부분이 유명했습니다. 강의를 하다가 갑자기 '여러분 이렇게 생각했죠? 그래서 3번 보기를 고른 거죠? 그러면 안 되는 겁니다' 라고 말하고는 했어요. 그런데 방송을 보던 아이들이 그럴 때마다 자기 마음을 들킨 것처럼 놀랐다고 합니다. 제가 그렇게 생각했던 적이 있으니까 그 마음을 알았던 거죠. 공부를 잘하는 아이들은 그렇게 생각하지 않으니까요."

이 소장의 사무실은 고속버스터미널 근처에 있다. 목 좋은 곳에 있는 사무실이지만, 전체 사무실에서 이 소장이 따로 쓰는 소장 사무실은 두 평 남짓한 소박한 공간에 불과했다.

책장에는 수십 년 전에 나온 책과 책자들이 잔뜩 꽂혀 있는데 모두 이 소장이 직접 모은 자료들이다. 이 소장은 인터뷰를 하다가도 10년 전 수능시험 이야기가 나오면 그때 자료가 모여 있는 책자를 꺼내서 직접 보여주며 설명했다. 꾸준한 공부와 노력만이 최고의 자리를 유지할 수 있는 비결이라고 말했다.

"학창 시절에 국·영·수 공부는 안 했지만 지금 자리에 오기까지 입시 공부는 한순간도 빼놓지 않고 꾸준히 하고 있습니다. 그래서 입시 전문가 중에 일타는 아니지만 입시제도가 어떻게 바뀔지에 대해서는 제가 가장 잘 맞춘다고 자신합니다. 학원은 학교와 달리 오로지 경쟁과 생존이 중요한 공간입니다. 꾸준히 책과 자료를 모으고 읽고 공부하지 않으면 안 됩니다. 최근에는 스위스 교육재단인 국제바칼로레아기구가 주관하는 '인터내셔널 바칼로레아(IB)'

에 대해서 공부하고 있습니다. 공부할 필요가 있습니다."

공부 말고 다른 비결은 없냐는 질문에 이 소장은 한참 고민하다 "첫째도 공부, 둘째도 공부"라는 조금은 허무한 답을 내놨다. 공부 다음으로 중요한 건 얼마나 준비를 철저하게 하느냐라는 점도 말했다.

이 소장은 EBS 강의를 할 때부터 실제와 똑같은 리허설을 하는 걸로 유명했다. 90분짜리 강의가 잡혀 있으면 강의 전에 90분 동안 실제로 강의하듯이 리허설을 하는 것이다.

"이 대목에서는 이런 말을 하고 저 대목에서는 저런 농담을 하는 것까지 완벽하게 정해놓고 강의를 했습니다."

이 소장은 학원으로 옮기기 전에 EBS 강의를 할 때부터 일타강사였고 학원으로 옮긴 뒤에도 일타강사였다. 2010년에 언어강의를 그만둔 뒤로도 입시 전문가로 여전히 최고라는 평가를 듣는다. "잘할 수 있는 걸 계속 하는 게 맞는다는 생각을 합니다. 지금은 제가 몸담은 유웨이중앙교육을 어떻게 키울 것인지가 가장 큰 관심사입니다"라는 이 소장의 말을 들으며 인터뷰를 마쳤다.

**최고에게 배운 자,
최고가 된다**

라임자산운용은 최근 몇 년 사이 여의도 증권가에서 가장 빠르게 성장하고 있는 자산운용사다. 2012년 처음 투자자문사로 시작해 불과 몇 년 만에 수조 원의 돈을 굴리는 자산운용사로 성장했다. 좀처럼 새 얼굴이 나타나지 않는 한국의 금융투자업계에서 가장 주목받는 회사다.

라임자산운용을 만든 원종준 대표는 1979년생으로 이제 갓 40대에 접어든 젊은 금융인이다. 필자가 원 대표를 처음 만난 건 현재의 라임자산운용이 투자자문사 시절이던 2013년이다. 그때만 해도 원 대표는 이제 막 사업을 시작한 젊은 기업인이었다. 하지만 6년이 지난 지금은 여의도를 대표하는 금융 투자회사로 거듭났고 대형 증권사나 자산운용사 대표와 나란히 설 정도로 성장했다. 매일매일이 치열한 경쟁의 연속인 증권가에서 원 대표와 라임자산운용이 두드러지는 성과를 낼 수 있었던 비결은 뭘까?

원 대표는 학생 시절 때부터 금융투자업계를 꿈꿨다고 한다. 연세대학교 경영학과에 재학 중일 때부터 이미 주식 투자를 시작했고, 금융 투자 상품을 연구하는 학회에 가입해 활동하기도 했다. 매일 경제지와 종합지 등 신문을 읽으면서 세상의 흐름이나 트렌드를 공부하는 것도 게을리 하지 않았다. 하지만 원 대표가 처음부터 자기 사업을 한 건 아니다. 2005년에 대학을 졸업하고 2012년 라임투자자문을 설립하기까지 7년의 시간이 빈다. 이 시간 동안 원 대표는 은행과 자산운용사에서 근무하며 현장 경험을 쌓았다.

"우리은행, 트러스톤자산운용, 브레인자산운용의 순서로 직장생활을 했습니다. 특히 브레인자산운용에서 많은 걸 배웠습니다. 그때를 생각하면서 타산지석으로 삼는 것이 많습니다."

브레인자산운용은 한국 금융투자업계 역사의 한 장을 쓴 '자문형 랩' 돌풍의 주인공이다. 지지 않는 펀드매니저로 유명했던 박건영 대표가 2009년에 설립했다. 박건영 대표는 자문사가 지정해준 종목에 투자하는 상품인 자문형 랩 돌풍을 일으켰고 한때 어마어마한 수익률을 앞세워 국내 자문형 랩 수탁고의 절반을 운용하기도 했다. 원 대표는 이 시기에 박 대표 밑에서 일하며 자문형 랩의 흥망성쇠를 지켜봤다. 성공도, 실패도 원 대표에게는 소중한 배움의 기회였다.

"한국의 금융 투자 상품을 보면 몇 년에 한 번씩 히트 상품이 나옵니다. 1999년에 바이코리아펀드가 있었고, 2000년대에는 일명 박현주펀드가 유명했죠. 차이나펀드와 브릭스펀드처럼 지역에 투자하는 펀드도 있었고, 제가 브레인자산운용에 있을 때는 7공주나 차화정(자동차, 화학, 정유 관련 종목을 일컫는 합성어)이라는 말이 유행처럼 쓰였습니다. 그런데 이런 금융 투자 상품들의 공통점이 잘 나가다가 결국 어려워진다는 점입니다. 잘됐을 때 변화하지 않고 그 자리에 멈췄기 때문입니다. 라임투자자문도 처음에 롱숏펀드가 잘됐는데 그때 멈췄으면 마찬가지로 어려움을 겪었을 겁니다. 잘 나갈 때 롱숏펀드에 안주하지 않고 헤지펀드로 보폭을 넓힌 게 주효했습니다."

원 대표는 2015년 12월에 라임투자자문을 국내 최초로 자산운용사로 전환하고 새로운 헤지펀드 상품들을 선보이며 제2의 도약기를 맞았다. 2017~2018년 2년 동안 라임자산운용의 성과가 입소문이 나면서 2019년 초에는 수탁고가 5조 원을 넘어섰고, 이제는 경쟁 운용사를 따돌리며 월등한 성과를 내고 있다. 최고의 밑에서 배운 끝에 최고가 된 셈이다.

원 대표는 지금도 변화를 꿈꾼다. 매일 같이 신문과 뉴스를 보면서 세상의 변화를 예측하고 어디에 투자해야 할지에 촉각을 기울이고 있다. 원 대표가 최근 관심을 가지는 이슈는 지방 인구의 감소다.

"단순히 출산율이 낮아지고 고령화되는 인구 구조 변화도 있지만 그보다 당장 영향이 큰 부분은 지방 인구의 급감입니다. 이렇게 되면 지방의 상업시설이 굉장히 위험해집니다. 대형마트는 보통 10년씩 임차 계약을 맺는 경우가 많은데 매출이 뚝 떨어지면 대형마트의 경영진이 위약금을 내더라도 계약 기간을 다 채우지 않고 철수할 가능성이 커지고 있습니다. 이런 변화가 세일 앤 리스백(Sale and Leaseback, 부동산을 팔고 다시 임대해 사용하는 것)과 연결되기 때문에 금융투자업계에서도 관심을 가져야 합니다. 이런 변화에 계속 관심을 가지고 지켜보고 있습니다."

내가 최고가 될 수 있는 영역을 발굴해라

독일에서 유년기를 보낸 강환국 차장은 2006년 함부르크대학 졸업 논문을 쓰면서 퀀트 투자를 알게 됐다. 퀀트 투자는

'공개된 지표를 활용해 명확한 매매규칙을 따르면 돈을 벌 수 있는' 기법을 말한다.

주식을 잘 모르는 사람은 언뜻 차트를 보고 매매하는 기술적 분석과 혼동하는데, 이와는 완전히 다르다. 퀀트는 포트폴리오를 만드는 것이라고 이해하면 된다. 강 차장이 최근 제안한 것은 '타이거 포트폴리오'다. 투자 자산의 3분의 1을 한국 우량 가치주에 투자하는 '타이거 우량 가치 ETF'에, 또 3분의 1을 '미국채 10년 선물 ETF'에, 나머지 3분의 1을 예금에 투자할 경우 2002~2018년 7월 구간에 복리로 평균 8.76%를 벌었고, 최악의 순간이라고 해도 고작(?) 11.35% 손해 보는데 그쳤다고 한다.

강 차장은 주식 투자를 시작한 2006년부터 2017년까지 글로벌 금융위기가 발생한 2008년을 제외하고는 한 해도 손실을 낸 적이 없다고 한다. 11년간 6개월에 한 번 정도 주식을 매매하면서도 연 복리 15%의 수익을 거둬 모든 생활비를 투자 수익으로 해결하고 있다. 그런데 만약 강 차장이 주식 고수라는 콘셉트만으로 책을 쓰고 강연을 했다면 말이 먹혔을까? 주식 투자자들은 연 15%의 수익에 만족하지 않는다. 그만큼 버는 사람은 거의 없지만, 그럼에도 투자자들의 눈높이가 높기 때문이다. 하지만 강 차장은 퀀트 전문가라는 시장을 만들었고, 거기에서 최고가 되었다. 연 10%대 수익을 노리는 합리적인 투자자들의 세상을 강 차장이 만들었다고 이해할 수 있다.

06 부동산은 발로 뛰어야 보인다

        우리나라만큼 부동산 전문가가 많은 나라도 없을 것 같다. 부동산이 자산을 늘리는 주된 수단으로 각광받다 보니 누구나 부동산 투자에 한두 마디는 할 수 있을 정도로 전문가가 됐다. 그만큼 부동산을 이용해 부자가 된 사람도 많고, 어지간해서는 부동산 고수라고 부르기도 어렵다.

  최근에는 조금 상황이 달라졌다는 분석도 있다. 부동산 시장이 예전만 못하다는 것이다. 실제로 문재인 정부가 두 번째로 대규모 부동산 대책을 내놓은 2018년 9월 13일 이후 부동산 시장은 확실히 기세가 꺾인 것으로 보인다. 대출을 조이는 금융정책이 주효했다는 분석도 나온다. 이유야 어떻든 부동산 대세 하락론이 그 어느 때보다 힘을 얻고 있다.

  하지만 필자들이 만난 이웃집 부자들은 부동산 시장에 대한 비관론에 동의하지 않았다. 서울 집값이 이 정도 수준인 게 맞는지, 아닌지에 대한 의견은 다를지언정 지금보다 더 오를 것이라는 데에는 이견이 없었다. 그들은 여전히 부동산이야말로 부자가 되는 가장 확실한 투자수단이라는 데 동의했다.

그렇다면 도대체 어떻게 해야 부동산으로 부자가 될 수 있는 걸까? 서울 집값을 보면 말 그대로 억 소리가 날 정도로 비싸다. 애초에 저런 아파트를 사는 사람은 모두 부자가 아닐까 싶을 정도다. 부자가 돼야만 부동산 투자를 시작할 수 있다면 부동산을 이용해 부자가 된다는 건 말장난처럼 들리기도 한다. 하지만 이웃집 부자들은 여전히 방법이 있다고 말한다. 평범한 은행원이지만 건물주를 꿈꾸는 전인수 KB국민은행 팀장의 이야기를 들어보자.

**VIP 고객 관리에서
시작한 부동산 투자**

전 팀장은 단돈 5,000만 원으로 신혼생활을 시작했다. 평창동에 있는 다세대빌라의 원룸을 산 것이 첫 시작이었다. 당시 전 팀장 부인의 꿈은 34평짜리 브랜드 아파트에 들어가는 것이었다. 다세대빌라 원룸과는 거리가 멀었다. 지금은 34평짜리 브랜드 아파트를 거쳐 평창동 단독주택에 살고 있다. 다세대빌라 원룸에서 단독주택에 오기까지 20년의 시간이 걸렸다. 도대체 어떤 비결이 있었던 걸까?

전 팀장은 세검정지점에서 근무한 기간이 중요한 전환점이 됐다고 말한다. 2001년부터 2006년까지 KB국민은행 세검정지점에서 일했는데 평창동과 홍지동, 구기동 일대의 고객들이 세검정지점을 이용하는 주 고객들이었다. 이 일대는 소위 말하는 부촌으로 지금도 단독주택과 고급 빌라가 즐비하다. 은행 지점의 고객 관리는 기본적으로 자산 관리 상담을 얼마나 잘해주느냐에 따라 성과가 천차만별이다. 전 팀장도 VIP 고객을 관리하기 위해 처음 부동산에 관심을 갖고 공부를 시작했다. 교육대학원에서 국어교육을 전공하다가 부동산대학원에 다시 입학했다. 그러다 기업여신을 담당하게 됐는데 여기서도 마찬가지로 부동산이 중요하다는 걸 깨달았다.

"기업여신을 하려면 기업 대표나 임원들을 계속 만나야 하는데 결국 VIP 관리를 하는 것과 다를 게 없었어요. 이분들이 부동산 투자에 관심이 많으니까 그런 이야기를 같이 해야 되고, 부동산 투자에 따르는 세무나 회계와 관련된 상담도 해줘야 되고요. 또 기업이 대출을 위해 담보로 내놓는 것 중에 부동산이 많으니까 그런 부분에서도 부동산에 대한 공부가 반드시 필요했죠. 이러니저러니 부동산을 많이 알아야 했습니다. 부동산대학원을 1년 정도 쉬다가 이때 다시 복학해서 공부를 했죠."

지금 전 팀장은 자타가 공인하는 최고의 수익형 부동산 전문가로 손꼽힌다. 본업은 은행원이지만 은행 일 못지않게 부동산과 관련한 상담문의를 많이 받는다. 주말이면 전 팀장을 찾는 지인들과 함께 부동산을 보러 임장을 다니느라 일정이 꼭 차 있을 정도다. 하지만 처음부터 전 팀장이 고수였던 건 아니다. 전 팀장은 현장을 모르고 책상에서만 부동산을 공부한 한계가 오래지 않아 찾아왔다고 말한다.

"은행원으로 오래 살아남기 위해서라도 부동산 전문가가 돼서 내 몸값을 높여야겠다고 판단했습니다. 결국 그렇게 하려면 발품을 팔아야겠다고 결심했고, 2008년 정도부터는 꾸준히 현장을 다니고 있습니다."

34평 브랜드 아파트의 꿈

당장 거래를 하지 않더라도 현장을 자주 다니다 보니 프락치로 오해받은 일도 있었다. 헬리오시티 열풍이 불기 전에 전 팀장은 가락시영아파트단지에 매주 임장을 갔다. 그런데 전 팀장이 실제 거래를 하지도 않으면서 자주 찾아오자 그 일대의 공인중개사사무소에 전 팀장이 사실 구청에서 보낸 염탐꾼이라는 소문이 돌았다. 어느 날은 전 팀장이 찾아가도 모두 문전박대만 할 뿐이었다. 결국 전 팀장이 자신의 본업을 밝히고 열심히 설명하고 나서야 오해가 풀렸고 지금은 그때 만난 중개업소 사장들과 '형', '동생'하며 계속 연락을 주고받는 사이가 됐다.

"부동산을 잘 고르는 노하우는 별 게 없어요. 단기간에 안 됩니다. 정릉동에서 부동산을 사고 싶으면 1, 2년은 그 동네를 다녀야 해요. 부동산 사장님들을 만나서 형님, 누님, 어머님으로 모시면서 동네에 대해, 부동산에 대해 설명을 들어야 합니다. 작은 팁이라면 최근에 문을 연 중개업소는 가지 않아요. 중개업소에 들어가면 자격증명서부터 살펴봅니다. 최소한 10년, 20년은 그 동네에 있었던 중개업소를 이용합니다."

부동산에 대한 공부를 하면서 전 팀장 아내의 꿈도 조금씩 실현됐다. 다세대빌라 원룸에서 신혼생활을 시작한 전 팀장은 이후 홍제동의 17평 아파트로 옮겼고, 그다음은 무학동에 있는 24평 아파트로 이사했다. 이후 재개발지구에서 조합원 지분을 샀고 중도금 납부를 위해 반지하 원룸으로 이사를 간 끝에 아내가 원하던 34평 브랜드 아파트에 들어갈 수 있었다.

보통의 사람이라면 여기서 이야기가 끝날 것이다. 서울 시내 34평 브랜드 아파트에 입주한 것도 월급쟁이로서는 대단한 성과다. 하지만 전 팀장의 가족이 서울 시내 34평 브랜드 아파트에서 지낸 기간은 2년이 채 되지 않는다. 전 팀장이 아파트 상가를 매입하기로 결정하면서 어렵게 분양받은 아파트는 전세를 주고 전 팀장의 가족은 24평 아파트에 전세를 얻어 나온 것이다. 전 팀장은 아파트 상가를 매입한 뒤 공간을 나눠 약국과 부동산에 임대를 줬다. 이 상가 투자로 쏠쏠한 수익을 냈다. 그때부터 전 팀장은 수익형 부동산 투자에 본격적으로 나섰다.

"아파트가 공산품이라면 단독주택은 수제품입니다. 수제품은 어떻게 만드느냐에 따라서 가치가 천차만별이죠. 저평가된 단독주택을 찾아서 매입한 뒤, 리모델링해서 매입한 가격보다 비싸게 파는 일을 했습니다. 꼬박꼬박 월세를 받을 수 있는 상가도 좋은 투자처죠. 이런 식으로 부동산으로 자산을 불려 나갔습니다."

은행원은 일반적인 직장인보다 급여수준이 높다. 그렇다고 해서 모든 은행원이 부자가 되는 건 아니다. 지출을 제대로 관리하지 못하거나 투자에 실패해서 버는 것보다 나가는 돈이 많은 경우도 많다. 전 팀장은 이제 주말마다 작은 건물을 짓기 위한 땅을 찾아보러 다닌다. 건물주라는 꿈을 이루기 위해서다. 전 팀장과 여느 평범한 직장인을 가른 차이는 별 게 아니다. 부동산 투자를 더 잘 하기 위해 주말을 반납해가면서 다녔던 수많은 현장이 지금의 전 팀장을 만들었다.

전 팀장은 이번 주말에도, 다음 주말에도 어디선가 부동산을 보고 있을 것이다. 자신이 형님, 누님으로 모시는 중개업소 사장님을 만나러 작은 선물을 들고 바쁘게 서울 곳곳을 누비고 있을 것이다. 가만히 소파에 앉아서 휴대전화로 부동산 가격을 검색하고 후기를 읽는다고 좋은 집을 살 수는 없다. 답은 현장에 있다.

07

많이 오른 건 떨어지고 많이 떨어진 건 오른다

이러나저러나 주식은 지금도 부자를 꿈꾸는 사람들이 가장 많이 찾는 투자수단이다. 주식으로 쏠쏠한 용돈벌이를 하는 직장인도 많고 때로는 대박을 쳐서 강남 아파트를 샀다는 사람도 찾아볼 수 있다. 우리 주위에서 가장 흔하고 또 드라마틱한 성공 스토리가 나오는 곳이 바로 주식 시장이다. 하지만 성공만큼이나 실패나 절망, 분노도 넘치는 곳 역시 주식 시장이다.

필자들은 경제기자로 10년 넘게 일하고 있지만 막상 주식으로 큰돈을 만졌다는 경제기자는 의외로 찾아보기 힘들다. 정보도 빠르고 경제 전반에 대한 지식이 많아도 주식은 언제나 실패할 가능성이 큰 투자수단이다.

주식으로 돈을 번 사람은 주변에 적지 않다. 문제는 이들에게 배울 만한 게 있느냐다. 코스닥 시장에서 말 그대로 도박 같은 베팅

110   Chapter 2

끝에 큰돈을 번 사람에게 무언가 인사이트를 얻기란 힘든 노릇이다. 그런 이들은 찰나의 운이 돕지 않았다면 지금은 서울역 무료급식소를 전전하는 누군가와 다를 게 없다. 그런 의미에서 지금 소개하는 홍춘욱 전 키움증권 투자전략팀장은 다른 주식 부자들과 확연하게 구분된다.

홍 전 팀장 역시 주식 시장에서 꾸준한 투자를 통해 많은 자산을 쌓았는데, 그의 투자법은 확실한 인사이트를 제공한다. 주식으로 자산을 모은 이웃집 부자 가운데 배울 만한 게 있는 사람을 찾는다면 홍 전 팀장만큼 제격인 사람도 없다.

달러에 투자해라

"저는 완전히 흙수저죠. 부모님이 지방에서 사업을 했는데 외환위기 전후로 어려워지면서 집도 넘어가고 정말 힘들었습니다. 그때 막 증권사 애널리스트 생활을 시작하고 결혼도 준비하고 있었는데 살고 있던 전셋집도 빼서 부모님을 도와드려야 했습니다. 결국 2000년에 결혼하면서 13평짜리 전세 아파트에서 시작했는데 그때 전세금이 4,000만 원인가 그랬어요. 그래도 증권사 애널리스트라는 직업이 확실했고 아내도 돈을 버니까 같이 열심히 모았고 2003년에 신도시 아파트를 대출 끼고 샀고, 그 뒤 2007년에는 인(In) 서울에 성공했죠. 아내와 함께 정말 열심히 모았습니다."

여기까지만 이야기를 들어보면 홍 전 팀장은 고소득 전문직이 월급을 잘 모아서 아파트로 부를 쌓은 경우로 보인다. 하지만 홍 전 팀장이 모은 자산은 수입이 많기로 소문난 여의도 증권가의 애널리스트 중에서도 손에 꼽힐 정도다. 지금 홍 전 팀장이 모은 자산은 2000년에 처음 전셋집을 구할 때 시작한 돈의 수십 배에 이른다. 그저 월급을 열심히 저축한 것만으로는 모을 수 없는 수준이다. 도대체 비결이 뭔지를 묻는 질문에 '환(換)'이라는 한 글자를 단호하게 말했다.

홍 전 팀장은 1996년 교보증권에서 처음 애널리스트 생활을 시작했다. 그 전에는 한국금융연구원에서 일하다 더 좋은 급여를 약속받고 증권사로 이직했다. 1996년 당시만 해도 한국경제는 대단한 호황기였다. 국제통화기금(IMF) 외환위기가 터지기 불과 1년 전이었지만 겉보기에 한국경제는 탄탄대로를 달리는 듯 했다. 홍 전 팀장도 그때는 위기의 징후를 전혀 눈치 채지 못했다고 한다. 그런데 1997년 12월에 거짓말처럼 외환위기가 터졌고 한국경제의 견조함은 봄날의 아지랑이처럼 사라졌다. 바로 그때 홍 전 팀장은 환의 중요성을 깨달았다. 그리고 외환 시장에 대한 공부를 시작했다.

"주식 시장을 공부해보니까 결국 외국인이 중요하다는 걸 알게 됐죠. 외국인이 주식을 사면 한국 주식 시장은 움직일 수밖에 없습니다. 그런데 외국인을 움직이게 하는 힘이 뭐냐면 바로 달러예요.

달러의 가치가 오르면 신흥 시장에 돈이 안 돕니다. 원자재 시장도 마르고 한국도 수출이 어려워지죠. 그러다가 미국이 통화정책을 바꿔서 금리를 인하하면 미국에 있던 달러가 밖으로 나오고 한국 주식 시장에도 다시 돈이 돕니다. 그런 일을 계속 반복해서 겪다 보니 깨달은 거죠. 환율의 움직임과 주식 투자를 연결하면 손해 볼 일이 없겠구나 하고 깨달은 겁니다."

증권사 애널리스트는 개인적으로 주식 투자를 할 수가 없다. 가능은 하지만 굉장히 까다롭다. 이 때문에 홍 전 팀장이 본격적으로 주식 투자에 나선 것도 2007년 KB국민은행으로 이직하면서부터였다. 증권사를 나오면서 주식 투자가 자유로워졌고 은행에서 받는 수입을 유동성으로 활용하면서 적극적인 투자에 나설 수 있게 된 것이다. 이때 홍 전 팀장이 택한 투자전략이 앞에서 이야기한 달러의 움직임을 이용한 것이다.

"일단 유동성이 생기면 최대한 달러를 삽니다. 주식 시장에서 패닉이 발생해서 주가지수가 하락하면 환율은 오릅니다. 환율이 오르면 당연히 가지고 있는 달러 자산의 가치는 오르게 되죠. 그걸 지켜보다가 어느 정도 수준이 됐다고 판단이 되면 달러를 팔고 주식을 삽니다. 이때 수익성이 좋은데도 주가가 아주 부진한 기업들의 주식이 투자 대상입니다. 그런 종목을 사서 다시 장기 투자하는 마음으로 가지고 있습니다. 그러다 주식 시장이 다시 회복되면 수익성은 좋은데 저평가되어 있던 종목은 주가가 오르게 되죠. 그러면 다시 팔고 유동성이 생긴 걸로 달러를 삽니다. 이런 과정을 반복하는 겁니다.”

홍 전 팀장은 이런 투자 방식을 '평균 회귀전략'이라고 불렀다. 결국 많이 빠진 건 오를 수밖에 없고, 많이 오른 건 빠질 수밖에 없다는 단순한 진리를 투자에 적용한 것이다. 대신 주식에만 몰빵하는 게 아니라 달러 같은 외환을 활용해서 리스크를 분산하는 것이 핵심이다. 그는 달러에 대한 믿음을 인터뷰 내내 여러 차례에 걸쳐 드러냈다.

“달러는 위기에 강합니다.”

“달러를 들고 있으면 위기가 올 때 오히려 수익이 납니다.”

여의도 증권가에서 일하는 사람들을 보면 늘 극심한 스트레스에 시달리고 있다. 매일매일 자신들의 자산이나 고객이 맡긴 자산의 가치가 10%, 20%씩 움직인다고 생각해보라. 거기에서 자신의 수입과 평판이 결정된다. 그들은 백척간두에서 매일 보이지 않는 적과 합을 겨루는 셈이다. 그에 비하면 홍 전 팀장은 여유가 넘치는 표정이었다. 그 비결이 바로 외환이었다. 달러를 보유하고 있으면 주가가 떨어져도 스트레스가 덜하다는 게 그 이유였다. 증권사 애널리스트라는 본업은 힘들어져도 달러 가치가 오르니 개인 자산은 오히려 증가하게 된다. 홍 전 팀장은 “달러를 가지고 있으면 주식 시장에서 물리더라도 물 타기가 얼마든지 가능한 게 장점입니다. 언제 들어가야 할지 타이밍은 쉽게 알 수 없지만 최소한 달러를 가지고 있으면 언제든 리밸런싱(Rebalancing)이 가능하다는 게 큰 장점"이라고 말했다.

KB국민은행 딜링룸과 국민연금 기금운용본부 투자운용팀장을 거쳐 홍 전 팀장은 다시 증권가로 돌아왔다. 2015년 키움증권의 투자전략팀장으로 복귀하며 다시 애널리스트 생활을 이어갔다. 다시 주식 투자가 쉽지 않아진 셈이다. 키움증권으로 이직할 때 가지고 있던 유동성을 모아서 강북 뉴타운에 있는 아파트를 샀다. 주식 투자가 어려워진 상황에서 부동산을 보유하는 쪽으로 방향을 살짝 바꾼 것이다. 하지만 지금도 유동성이 생길 때마다 달러에 투자는 계속하고 있다. 홍 전 팀장은 한쪽으로 몰빵하기보다 언제나 리밸런싱을 염두에 두는 게 중요하다고 강조한다.

"한국 주식 시장은 5년이나 10년 주기로 출렁출렁합니다. 전문가들도 그걸 예측하기 힘듭니다. 결국 한 방향만 보지 말고 리밸런싱에 강한 포트폴리오를 만들어야 합니다. 달러만큼 위기에 강한 건 없습니다."

외국인을 이길 수는 없으므로 공부가 필요하다

증권사 애널리스트의 하루는 길다. 홍 전 팀장은 매일 새벽 4시 반에 일어나서 5시에는 출근하는 생활을 반복한다. 퇴근은 오후 5시쯤에 하고 저녁에는 아이들과 시간을 보낸다. 평균 회귀

전략도 중요하고 달러도 필요하지만 홍 전 팀장이 많은 개인투자자에게 꼭 전하고 싶다고 한 말은 따로 있다. 모두가 귀에 못이 박히도록 들었겠지만 역시나 '공부가 가장 중요하다'는 말이었다.

"한국 주식 시장은 개인투자자의 승률이 높지 않습니다. 지난 20년간 매매 주체별 순매수 상위종목 주가를 분석했더니 개인투자자가 플러스 수익을 낸 적이 딱 두 번 있었습니다. 외국인투자자가 키를 쥐고 있기 때문이죠. 외국인은 늘 개인투자자의 반대편에서 움직입니다. 그런데 우리는 외국인이 어떻게 움직이는지 알 수가 없죠. 그래서 공부를 해야 됩니다. 외국인의 움직임을 예측할 수 있는 유일한 지표인 달러를 봐야 하고 수급과 글로벌 매크로환경도 봐야 됩니다. 공부를 해야 합니다. 저는 집에 TV도 놓지 않았습니다. 주말에는 책만 봅니다."

끊임없는 공부의 힘일까? 홍 전 팀장은 2019년 봄에《50대 사건으로 보는 돈의 역사》라는 책을 냈다. 인물이 아닌 돈을 중심으로 역사와 경제를 설명한 이 책은 단숨에 경제경영분야의 베스트셀러가 됐다. 여의도 증권가를 대표하는 애널리스트이자 이코노미스트가 됐지만, 홍 전 팀장은 오늘도 돈에 대한 공부를 멈추지 않고 있다.

08 업의 본질을 고민하면 돈은 따라오기 마련

필자들의 직업은 '기자'다. 기자는 흥미로운 직업임에는 틀림없지만, 부자가 되겠다고 결심한 사람이라면 최대한 고르지 말아야 할 직업이기도 하다. 필자들은 저마다 십수 년의 기자 경력을 가지고 있지만, 기자를 하면서 부자가 된 지인은 한 손에 꼽을 수 있을 만큼 적다. 이 책이 이야기하는 이웃집 부자의 기준에서 보더라도 말이다.

기자는 동년배의 대기업 직장인보다 수입이 적다. 많은 정보를 빠르게 접할 수 있으니 투자로 재미를 볼 것 같지만, 들어오는 정보 중에 노이즈가 많아 투자 실패 사례도 적지 않다. 필자와 친한 어느 기자는 아파트 전세금을 빼서 주식 투자에 나섰다가 몇 달 만에 그랜저 한 대 값을 날리고 와이프에게 공인인증서를 압류당하기도 했다. 원래 사공이 많으면 배는 산으로 간다.

그렇다고 모든 기자가 재테크에 실패하거나 부자가 되기 위한 경쟁에서 뒤처지는 것만은 아니다. 어떤 기자는 재테크의 귀재가 돼 월급만으로는 꿈도 꿀 수 없는 많은 자산을 만들기도 하고, 어떤 기자는 회사라는 울타리를 벗어나 지식과 정보를 전달하는 크리에이터로 각광받기도 한다. 모두 평범한 월급쟁이에서 자신의 장점과 이점을 살려 부자의 반열에 올랐다는 점에서 배울 게 많은 이들이다. 이진우 기자는 후자를 대표하는 인물이다.

기자는 다른 사람의 시간을 절약해주는 사람이다

경제에 관심이 있는 사람이라면 이진우 기자를 모르는 이는 없을 것이다. MBC 라디오 〈이진우의 손에 잡히는 경제〉와 팟캐스트 〈김동환·이진우·정영진의 신과함께〉를 진행하는 이진우 기자는 한국을 대표하는 경제콘텐츠 크리에이터다. 아무리 복잡한 사안이나 개념도 청취자가 이해하기 쉽게 적절한 비유를 찾아내는 걸로 유명하다. '경알못(경제를 알지 못하는 사람의 줄임말)'을 위한 구세주라는 말도 있다. 지금은 〈이진우의 손에 잡히는 경제〉뿐만 아니라 팟캐스트와 방송, 각종 지면을 넘나들며 활동하고 있다.

그런데 엄밀히 말하면 이진우 기자는 '기자'가 아니다. 이진우 기자는 〈서울경제신문〉을 거쳐 경제뉴스 전문매체인 이데일리에서 오랫동안 기자로 일했다. 〈이진우의 손에 잡히는 경제〉를 처음 진행한 것도 이데일리에 있을 때였다. 하지만 지금은 언론사에 몸을 담고 있지 않다. 기자로 불리지만 기자는 아닌 것이다. 하지만 이진우 기자는 지금도 자신을 소개할 때 '기자'라는 타이틀을 애써 떼어내려 하지 않는다. 자신이 하는 일의 본질이 기자일 때와 다르지 않기 때문이다.

"저널리스트라는 업의 본질은 서비스입니다. 서비스업의 본질은 고객의 시간을 아껴주는 거죠. 알아야 할 정보나 지식을 거르고 고르고 소화하기 쉽게 가공해서 전해줄 테니 당신은 그걸 스스로 할 시간을 아껴서 당신이 더 잘할 수 있고 당신을 더 행복하게 만드는 일을 하라는 것, 그게 바로 저널리스트라는 서비스업의 본질입니다. 도배나 건축이나 빨래나 요리나 출판이나 다 마찬가지입니다. 스스로 할 수 있지만 직접 하려면 시간이 오래 걸릴 테니 나에게 맡기고 다른 일을 하라는 거죠. 경제에 대한 이야기를 전달하는 것도 같습니다. 글로 풀면 기자가 되는 거고 말로 풀면 방송이 되는 겁니다. 지금 제가 하는 일이 기자일 때와 다를 게 없는 이유입니다. 그래서 지금도 누군가가 저를 이 기자라고 부르면 굳이 아니라고 하지 않는 겁니다."

이진우 기자가 처음 방송을 시작한 건 5년차 기자였을 때다. 처음에는 경제기자로 출연해 경제 뉴스에 대한 브리핑을 하는 식이었지만, 다른 기자들보다 한 걸음 더 나아가려고 했다. 차이는 여기에서 생겼다.

"제가 어떤 부분을 브리핑하고 요약해서 정리해줘야 하는데 제가 잘 모르는 것이 많았습니다. 증권 뉴스를 전하더라도 정부정책이나 글로벌 산업 동향을 알아야 정확하게 이야기할 수 있었습니다. '반도체 가격이 왜 내려가느냐?'라고 묻는데 그냥 '수요보다 공급이 많아서요'라고 대답하면 틀린 말은 아니지만 청취자 입장에서는 아무런 호기심이 해결되지 않습니다."

청취자에게 조금이라도 더 정확하게, 더 쉽게 설명하기 위해 하나라도 더 찾아서 공부를 하다 보니 자연스럽게 방송에서 두각을 나타냈다. 경제 뉴스를 브리핑하는 라디오 프로그램은 많지만 〈이진우의 손에 잡히는 경제〉처럼 고정 팬층이 생긴 경제 프로그램은 찾기 힘들다. 업의 본질에 대한 고민, 그리고 끊임없는 노력이 낳은 결과다.

이 기자의 설명 중에 조중동(〈조선일보〉, 〈중앙일보〉, 〈동아일보〉 등을 지칭하는 말)에서 기자생활을 했다면 지금처럼 방송에서 두각을 나타내지 못했을 것이라는 말이 인상 깊었다. 이와 관련해서도 이해하기 쉽게 예를 들어 설명했다.

"정부 부처의 장관이 출입기자들과 밥을 먹는다고 칩시다. 보통 여섯 명이 한 테이블에 둘러앉으면 장관이 한 명, 대변인이 한 명이니까 기자는 네 명만 앉을 수 있습니다. 여기에는 조중동 기자가 들어간다고 보면 됩니다. MBC나 KBS 같은 방송기자나 연합뉴스 기자가 앉을 수도 있지만, 대략 주요 매체 기자를 조중동이라고 치면 그렇게 자리 배치가 됩니다. 그러면 남은 자리는 하나뿐입니다. 조중동이 아닌 나머지 매체 기자들이 그 한 자리를 놓고 경쟁하는 겁니다. 제가 조중동에서 기자생활을 시작했다면 인정받기 위해 그렇게 열심히 하지 않아도 됐을 겁니다."

최고의 재테크는 나에 대한 투자다

이진우 기자의 수입은 얼마나 될까? 이 기자는 정기적인 수입은 라디오 방송 진행료뿐인데 구체적으로 공개하는 건 다른 프로그램 진행자들과 비교될 수 있기 때문에 어렵다고 했다. 다만 방송업계에서는 이진우 기자 정도면 다른 기자나 언론인이 진행할 때와 비교할 수 없을 정도로 많은 출연료를 받을 수 있다고 보고 있다. 여기에 이진우 기자가 진행하는 팟캐스트 〈김동환·이진우·정영진의 신과함께〉는 팟캐스트 플랫폼인 '팟빵'에서 늘 종합 순위로 다섯 손가락 안에 든다. 경제분야 카테고리에서는 경쟁 상대가 없다. 이외에 방송 출연과 강연, 칼럼 기고 등 다양한 활동을 하고 있다. 이 기자는 인터뷰에 응하면서 자신을 '이웃집 부자가 맞다'라고 설명했다. 물론 인터뷰를 진행하는 동안에는 인터뷰에 쉽게 응한 것을 후회했지만 말이다.

기자는 초년병 시절에는 사회 곳곳을 돌아다니며 정보를 캐고 취재원을 만나 기사를 쓰지만, 연차가 쌓일수록 활동반경이 줄어들고 결국 편집국 안에서 후배 기자들이 쓴 기사와 씨름하는 경우가 대부분이다. 연차가 쌓일수록, 나이를 먹을수록 활동반경이 넓어지는 이진우 기자는 분명 다른 기자들과는 사뭇 다르다. 회사가 주는 월급에만 목매는 대부분의 직장인들과도 뚜렷하게 구분이 된다. 다만 이 기자는 자신의 수입에 대해서는 큰 의미를 두지 않고 있다고 설명했다. 여기서도 그의 설명은 명쾌하다.

"언론사에서 월급을 받을 때와 비교하면 삶의 수준이 달라질 만큼 아주 큰 차이는 없습니다. 시간의 여유는 기자 일을 할 때와 조금 다르므로 그 시간을 활용해서 돈을 더 벌려고 하면 더 벌 수는 있겠으나 그런 일들은 대부분 시간과 돈을 맞바꾸는 일이라서 그런 일을 계속 늘릴 수도 없습니다."

자신의 일이 '자유로운 시간 활용이 장점인 직업이지 고소득이 보장되는 직업은 아니'라고 분명하게 지적했다.

요즘에는 이 기자가 방송생활 초반에 그랬던 것처럼 직장생활을 하면서 부업처럼 방송 일을 겸하는 사람이 적지 않다. 유튜브나 트위치 같은 동영상 플랫폼에서 개인 방송을 하거나 팟캐스트를 하는 직장인이 늘고 있다. 동시에 회사와 갈등을 빚으면서 방송 일을 그만두거나 반대로 회사를 그만두는 경우도 많다. 이 기자는 이런 문제를 어떻게 해결했을까?

"방송 일을 하다 보면 소속 매체에서 취재 활동에 지장을 받거나 시간을 뺏기는 게 아니냐는 걱정을 하기도 하고, 출연료 수입을 어떻게 배분할지에 대한 이견이 생길 수 있습니다. 이걸 극복하려면 조직과 기자 개인이 적절한 지점을 찾아야 하고 서로에 대한 신뢰가 전제돼야 하죠. 그런 점에서 저는 운이 대단히 좋은 케이스라고 볼 수 있습니다. 언론사마다 변화를 이해하고 받아들이는 속도에 차이가 있는데 제가 있었던 매체는 그런 유연함이 충분한 곳이었습니다."

이 기자의 설명대로 직장생활과 방송 일을 겸직할 수 있었던 게 '운' 덕분이라고 할지라도 그 기회를 살린 건 이 기자의 노력이었다. 이 기자는 방송 일을 귀찮은 부업으로 여기지 않고 오히려 스스로를 발전하는 계기로 삼았다. 기자들은 대개 자신의 출입처에만 관심을 쏟고 다른 분야에는 관심을 두지 않는데, 방송을 한 덕분에 이 기자는 다양한 분야를 계속 공부하면서 균형감각을 유지할 수 있었다.

이 기자의 재테크론도 재미있다. 이것만큼은 반드시 해야 한다고 생각하는 재테크방법이 있다면 한 가지만 꼽아 달라고 물었더니 이 기자는 "자기계발"이라고 웃으며 답했다. 수많은 경제 전문가를 만나고 셀 수 없이 많은 경제 뉴스를 접하는 당대 최고의 경제콘텐츠 크리에이터에게 들은 답치고는 조금 허무하다. 하지만 이런 속마음을 알아챘는지 이 기자는 금세 친절한 선생님 모드로 돌아서서 설명해줬다.

"투자는 여유자금으로 하는 겁니다. 여유자금이란 당장의 생계와 관련이 없는 돈을 말하죠. 바꿔 말하면 어떤 상황이 닥쳐도 당장의 생계에 지장이 없다면 내가 보유하고 있는 모든 자산이 여유자금이 됩니다. 반대로 생계가 자주 불안해지면 내가 가진 자산은 여유자금이 아니라 투자에 쓸 수 없는 비상금이 됩니다. 결국 여유자금을 최대한 뽑아내는 게 투자의 레버리지를 높이는 첩경이라면, 어떤 상황이 닥쳐도 생계에 지장을 받지 않을 만큼 치열하게 자기계발을 해서 높은 연봉을 받으면 되는 겁니다. 연봉이 충분히 높고 안정적이라면 그만큼 여유자금도 많아지고 투자에서 수익을 낼 가능성도 커지죠."

너무 당연한 말처럼 들리지만 의외로 많은 사람이 간과하고 지나가는 부분이다. 자기 자신의 능력을 키워서 수입을 조금이라도 늘리고 소득 흐름을 안정적으로 만들어서 투자할 여유자금을 늘리는 것, 그리고 눈과 귀를 열어놓고 언제 어떻게 찾아올지 모르는 투자 기회를 놓치지 않는 것, 이게 바로 이진우 기자의 재테크 비법이다.

환경이 어려워진다면 오히려 기회일 수 있다

이진우 기자는 성공한 저널리스트이자 방송인, 크리에이터지만 끊임없이 자신의 미래와 업의 본질을 고민한다. 어떤 콘텐츠를 전달할 때 어떤 플랫폼이 더 적절할지, 지금의 플랫폼은 어떤 문제가 있고 어떻게 개선해야 할지, 나에게 정보를 구매할 고객보다 덜 무식하고 덜 게으르기 위해 부단히도 노력하고 있다. 그런 노력 덕분에 신문 기자에서 온라인 경제뉴스 전문 기자로, 온라인 기자에서 라디오 진행자로, 라디오 진행자에서 팟캐스트 진행자로, 계속 징검다리 건너듯 한 걸음씩 내딛을 수 있었던 게 아닐까?

최근 언론사를 둘러싼 환경이 어려워지고 기자의 자부심이 땅에 떨어지고 있지만, 이진우 기자는 이런 환경의 악화를 탓하지 말고 그 안에서 기회를 찾으면 된다고 잘라 말한다. "언론환경이 어려워진 이유는 아무나 미디어가 될 수 있는 시대가 돼서 그렇습니다. 언론사는 그 이유로 어려워지지만 기자들은 능력이 있다면 오히려 기회가 될 수 있습니다. 능력만 있다면 취재한 내용을 책으로 쓸 수도 있고 방송으로 낼 수도 있으며 유튜브로 제작할 수도 있습니다. 요즘처럼 언론환경이 좋은 시절은 없었습니다. 신문과 방송이라는 거대 조직을 거치지 않고도 독자와 직거래할 수 있는 기회가 열린 건 5년도 안 된 일입니다"라고 강조했다.

어떻게 해야 스타 기자가 되고 잘 나가는 방송인이 될 수 있느냐는 질문에 이 기자는 오히려 필자들에게 되물었다.

"독자들과 만날 공간은 수두룩한데 그럼에도 스타 저널리스트가 없는 건 기자들의 능력 부족이나 게으름 탓이 큽니다. 회사가 광고주에 휘둘리고 언론환경이 나빠져서 그런 게 아니라 시대의 눈높이가 기자들이 따라가기 어려울 만큼 확 올라가서 그런 것입니다.

현대 사회의 이슈는 원고지 10매로 압축할 수 있는 사안이 하나도 없습니다. 책을 쓸 능력은 안 되고 깊게 취재하고 싶지도 않고 그냥 원고지 10매 정도의 기사나 쓸 능력이나 열정만 있는데 이걸 회사가 쥐고 흔들고 왜곡하니까 화가 나고 언론환경이 어렵다고 스스로 결론 내리는 것이 아닐까요?"

이 기자가 언론사와 기자 사회에 대한 화두를 던진 셈이지만 실상은 모든 직장인이 고민해야 할 문제, 스스로 대답을 찾아야 할 질문이 아닐까 싶다.

09

내부자 수준으로 잘 아는 주식 5개를 만들어라

자신의 이름이 나오면 돈 꿔달라는 연락만 온다고 말하면서 실명을 넣지 말아 달라고 부탁한 전 펀드매니저 Y씨는 퇴사 10년 만에 약 100억 원을 모았다. 금액으로는 이 책에서 설정한 이웃집 부자를 넘어섰지만, Y씨는 7년이나 30억 원이라는 벽을 넘지 못하고 정체했다고 한다. 그 벽을 넘어서니 쑥쑥 불어났다는 것이다. Y씨는 "20~30억 원은 넘어서기가 상당히 힘든 벽"이라며 "내 얘기가 제일 중요할 것"이라고 거듭 강조했다.

Y씨는 '내가 열심히 일해서 왜 최대 주주한테만 퍼주는지 모르겠다'라고 생각하면서 퇴사했다. Y씨처럼 퇴사하는 사람이 모르긴 몰라도 매해 여의도에서만 수십, 수백 명은 될 것이다. 특히 2017년에는 증시가 호황이었기 때문인지 무수히 많은 펀드매니저가 왼손에는 성과급, 오른손에는 퇴직금을 거머쥐고 뛰쳐나왔다. 하

지만 그 사람들 대부분이 2018년 말에는 복귀를 꿈꿨다. 2017년 에 드라마틱하게 올랐던 증시가 2018년에는 고꾸라졌기 때문이다. 내 실력인 줄 알고 퇴사했는데, 알고 보니 지수가 오르면서 나타났던 착시였던 셈이다. 하지만 Y씨는 달랐다. 계속 승승장구했다. 그렇다면 Y씨가 살아남은 비결은 무엇일까?

Y씨가 첫 번째로 강조한 것은 '공부'다. 딱 5개 기업만 내부자 수준으로 속속들이 파악하라고 조언했다. 사례를 하나 들어볼까? 2019년 4월, 삼성전기가 패널레벨패키징(PLP) 사업부문을 삼성전자에 넘긴다는 언론 보도가 나왔다. PLP 사업은 적자가 지속됐는데 그것도 매해 1,200억 원 이상 적자였다. 투자자 대부분은 이런 뉴스를 접하면 '삼성전기가 적자 사업부를 털어냈으니 호재다'라는 정도만 생각하고 넘어간다.

그러나 Y씨는 그 이상을 생각할 수 있었다. 아니, 생각이 아니라 기본 정보가 아예 머리에 들어 있었다. 삼성전기가 PLP사업을 삼성전자에 넘기는 것은 삼성그룹 차원에서 PLP를 계속 하겠다는 의지가 있기 때문이라고 본 것이다. PLP는 반도체 칩과 메인 기판을 연결해주는 후공정 작업으로, 패키지기판(PCB) 없이 이를 적용할 수 있는 기술이다. 기기에서 반도체 칩이 차지하는 공간을 크게 줄일 수 있어 원가 절감효과를 최대화할 수 있다. 이윤태 삼성전기 사장이 이에 꽂혀 있었고, CEO 직속으로 팀을 두고 있을 정도로 관심이 큰 것으로 알려졌다.

Y씨는 이런저런 정보가 머릿속에 이미 들어 있었기 때문에 PLP 협력사를 사야 한다고 바로 판단했다. 대표적인 기업으로 코스닥 시장에 상장돼 있는 시가총액 1,000억 원 규모의 싸이맥스, 그리고 이오테크닉스가 있었다. 이 기업들은 실제로 공식 발표가 나오기 직전부터 20% 이상 올랐다. Y씨는 며칠 만에 수억 원의 투자 수익을 올렸다.

Y씨처럼 IT 기업 간 밸류 체인(Value Chain)을 속속 파악하고 있어 이벤트가 발생할 때마다 돈을 버는 전문가는 차고 넘친다. 2019년 4~5월에 미국이 화웨이에 대해 거래 금지를 요구했을 때도 마찬가지였다. 연기금 매니저 출신으로 투자자문사를 운영하는 양근모 코어에셋 대표는 화웨이 금수 조치가 나오자 에스넷을 추천했다. 에스넷은 시스코 장비로 LG유플러스에 SDN 스위치를 공급하는 회사인데, LG유플러스가 5G 사업을 화웨이와 함께 하면서 5G 특수를 누리지 못했던 상황이었다. 그러나 금수 조치 덕에 LG유플러스발(發) 매출이 새로 발생할 수 있는 기대감이 형성됐다. 에스넷은 4월만 해도 4,000원대였던 주가가 5월 한때 8,000원 이상으로 뛰었다. 남들이 무역 전쟁 때문에 빌빌댈 때 혼자 펄펄 날았던 셈이다.

"내부자만큼 잘 아는 기업이 5개 정도 있으면 직장 같은 거 다니지 않아도 얼마든지 먹고 살 수 있습니다. 그리고 또 하나 중요한 것이 애널리스트 리포트예요. 개인투자자들은 리포트를 불신하지만, 분명히 애널리스트는 리포트를 근거로 기관투자자에게 영업을 뜁니다. 내가 잘 아는 기업이고 좋아지는 시점에 긍정적인 애널리스트 보고서가 쏟아진다면? 그건 바로 몰빵해서 살 시점입니다. 내가 잘 아는 기업에 긍정적인 코멘트가 나오면 확신을 가질 수 있어요. 기업을 잘 알아야 확신을 가지고 덤빌 수 있습니다. 반드시 내부자 수준으로 기업을 꿰고 있어야 합니다."

주식 노트를 써라 Y씨는 집이 없다. 심지어 전세로도 살지 않는다. 월세로 살고, 100억 원이 넘는 투자금을 모두 주식계좌에 박아놓고 있다. "주식 시장이 불안해서 투자하지 못한다는 것은 겁쟁이이거나 잘 알지 못한다는 뜻입니다. 기업을 잘 알면 주가가 떨어지더라도 절대로 불안하지 않습니다"라고 강조했다. 2018년 10월 코스닥 폭락장 때도 Y씨는 주식을 원 없이 담는 시기로 활용했다고 한다.

Y씨는 개인투자자들이 주식 시장에서 돈을 벌지 못하는 이유로 자신의 원칙을 확립하지 않고 있기 때문이라고 했다. 개인투자자 대부분은 매번 똑같은 실수로 돈을 잃는다는 것이다. 좋은 종목을 골라놓고 불안해서 금방 파는 경우, 확신이 있었는데도 불안해서 조금만 먹고 도망치는 경우, 돌다리도 두드리듯 좀 더 기다렸다가 투자하려고 했는데 시기를 놓치고선 '그때 살 걸' 하는 후회 때문

에 계속 못 사는 경우, 달리는 말에 올라타야 한다는 인식이 너무 강해서 매번 고점만 잡는 경우, 주말 내내 공부해놓고 누군가가 언뜻 던진 "그 기업 곧 작전 들어간대"라는 말에 순간적인 욕심을 참지 못하고 테마주를 사는 경우 등등이다.

Y씨는 "주식이 잘 안 됐던 이유를 한 달만 일목요연하게 정리하면 내가 뭣 때문에 계속 벌지 못하는지 분명한 원인을 파악할 수 있습니다. 그 못된 버릇을 확실히 기록해놓고 고치면, 최소한 지수 상승률 이상은 먹을 수 있습니다. 잘 고쳐지지 않는다면 노트북에써 붙이면 됩니다. 그리고 계속 암기하듯이 원칙을 정립하면 됩니다"라고 거듭 강조했다.

현장의 후배들에게도 배워라

매니저로 일할 때도, 전업 투자자로 처음 나섰을 때도 잘 나아갔던 Y씨는 이내 벽에 부딪혔다. 수년간 30억 원을 넘지 못한 것이다. 특히 2011년부터 3~4년간 고전했다는 것이 Y씨의 설명이다. 그동안 증시 분위기가 나빴던 탓이 크겠지만, 주식으로 하루 벌어 하루 먹고사는 입장에서 "장이 안 좋으니 어쩔 수 없다"라고 할 수도 없는 노릇이었다. 원래 전업투자자가 됐는데 꾸준히 벌지 못하면 불안한 법이다. 이 불안감이 스스로를 옭아매 더 큰 슬럼프로 빠뜨릴 수 있다.

Y씨는 자신의 문제로 방에 틀어박혀 혼자 노는 성향을 꼽았다. 애초에 사람들과 부딪히기 싫어서 당시 열풍이던 투자자문사 설립보다 개인투자자로 나섰던 상황이다. 그만큼 혼자 있는 것을 좋아했지만 그래도 점점 나이가 들어가는 판국에 혼자 모든 판단을 내릴 수 없다고 봤다. 그리고 실제로 이 때문에 수년간 고전했을 것이라고 짐작했다.

Y씨는 새로운 트렌드를 놓치고 있다고 생각했다. 사례를 하나 들면 과거의 그는 엔터테인먼트분야에 대한 불신이 심했다. 툭하면 횡령 및 배임이 터지고, 주력 연예인이 사고를 치면 한꺼번에 붕괴하는 구조가 불안했던 것이다. 실제로 과거 팬텀엔터테인먼트와 같은 기업은 인기 연예인을 영입하면서 주가가 급등했지만 이내 고꾸라졌고, 이후 상장 폐지가 됐다.

"엔터테인먼트를 비롯한 콘텐츠업종은 내부 통제가 사실상 불가능하기 때문에 손대면 안 된다고 생각했는데, 업계 후배들을 만나 봤더니 그 업종에 대한 관심이 큰 거예요. 이렇게 고리타분하게 늙었다간 큰일 나겠다 싶었지요."

Y씨는 후배 매니저들에게 밥을 사고, 애널리스트를 만나고, 기업 탐방을 다니면서 견문을 넓혔다. 그렇게 투자 전문가인 자신을 개조한 덕분에 미국에서 불어 닥친 넷플릭스 열풍을 어렵지 않게 잡을 수 있었다. 국내 콘텐츠 주식에 집중 투자한 덕분에 단숨에 100억 원이 넘는 자산을 모았다.

"여태까지 잘됐던 성공전략도 계속 바뀝니다. 이를 테면 저평가를 계산하는 기준이 되는 주가순자산비율(PBR)도 이제는 의미가 없습니다. 미국의 경우 전체 자산 중 80%가 무형 자산입니다. 무형 자산이 주인데, PBR이 어떻게 의미가 있을 수 있을까요? 사고 한 번 터지면 무형 자산은 사라져버릴 수 있습니다. 전략은 계속 바뀌어야 하고, 그래서 공부가 중요합니다. 후배들을 만나 참신한 시각을 계속 배워야 합니다."

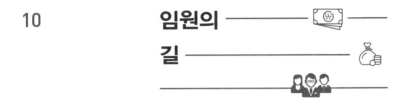

10 임원의 길

사업을 하기에는 부담스럽고, 재테크도 젬병이라고 느낀다면 현재 직장에 집중하는 방법도 있을 수 있다. 아예 작정하고 현 직장을 파고들어 임원이 되는 길을 노리는 것이다.

임원은 계약직이기 때문에 흔히 '임시 직원'이라고 놀리곤 하지만, 사실 이 책의 주 독자층일 월급쟁이들에게 있어서는 가장 보편적인 인생 목표라고 할 수 있다. 주변을 봐도 사회초년생 때만 해도 "무슨 임원?", "아, 그렇게 노인네처럼 늙고 싶지 않아", "그 전에(임원 달기 전에) 나가야지"라고 말했던 지인 중 상당수가 직장생활 십여 년이 넘어간 현재는 인생 목표로 임원이 되는 것을 잡고 있다.

아쉬운 현실이지만, 우리는 임원이라고 하면 존경심보다는 오너 일가의 집사쯤으로 인식하는 것이 사실이다. 재벌가 기업의 임원으로 일하면서 사모님한테 막말을 듣고 사는 것은 드라마에서만 존재

하는 일이 아님이 한진그룹 등을 통해 입증됐다. 이 정도까지는 아니더라도 오너 한마디에 지시 사항이 한순간 바뀌고, 바뀐 지시를 이행하느라 헐레벌떡 뛰어다닌 경험은 월급쟁이라면 대부분 있을 것이다. 10대 그룹 안에 들어가는 모 대기업 전무가 회장 해외출장에 따라가서 한 일이 버너로 라면을 끓인 것이라느니, 모 대기업은 회장의 조인트 까기(발길질) 때문에 무릎이 성할 날이 없다느니 하는 뒷얘기들은 임원이 되어봐야 뻔하다는 기분이 들게 한다.

임원은 경제부 기자로 일하는 필자들이 가장 흔하게 접하는 사람이기도 하다. 한 임원은 필자에게 "대기업에 입사한 아들에게 반드시 마흔 전에는 독립하라고 합니다. 임원이 되어봐야 성공한 인생이라고 하기는 어렵기 때문입니다"라고 말하곤 했다. 신문사에서 차장으로 일하다 한 대기업 홍보임원으로 이직했던 한 기자 선배는 오너 2세의 갑질 때문에 불과 사흘 만에 사표를 내던진 일이 있었다.

하지만 법인 차(車), 운전기사가 주어진다는 사실은 임원이 어느 정도는 매력이 있다는 느낌을 준다. 연봉도 당연히 높은 축에 든다. 2019년 초, 한국고용정보원이 발표한 〈2017 한국의 직업 정보〉 보고서에 따르면 기업 임원은 평균 연봉이 1억 3,000만 원으로 성형외과 의사(1억 3,600만 원)의 뒤를 이어 2위를 차지했다. 임원의 뒤는 피부과 의사(1억 2,000만 원), 도선사(1억 2,000만 원) 순이었다. 경제주간지 〈이코노미스트〉가 2019년 1월에 임원 100명에게 설문 조사해 보도한 기사에 따르면, 본인이 경제적 지위 상위 10% 안에 든다고 답한 비율이 83%에 달했다. 일단 경제적으로는 성공한 삶일 가능성이 높은 것이다.

물론 우리가 임원에 대해 갖는 부정적 생활 패턴은 그대로 드러났다. 자녀와 주 1시간 미만 대화한다는 비율이 73.1%에 달했고, 30%가 주 2회 이상 야근한다고 했다. 36%가 주 3회 이상 음주를 하며, 66%가 승진 이후 건강이 나빠졌다고 답했다. 29.6%는 부하 직원들이 야속하다고 생각하는 것으로 집계됐다.

임원에 대한 인식

당신 회사의 임원은 어떤 사람이냐고 묻는다면 대부분 부정적인 대답을 할 것이다. 일벌레라는 대답이 나올 수 있고, 무능력하다, 아부만 잘 한다 등등의 대답이 나올 가능성도 상당히 높다. 하지만 많은 임원과 회사원을 만나는 필자들이 느끼기에는 과거에 비하면 임원이란 생명체의 질이 상당히 개선됐다. 더디지만 우리 사회는 분명 선진국의 방향으로 한 발, 한 발 다가가고 있다. 과거처럼 반말로 지시를 하고 인격 모독을 하는 비율은 분명히 낮아졌다.

2013년 7월 우리투자증권(현 NH투자증권) 대표직에 올라 2018년 3월까지 역임했던 김원규 사장은 대다수 직원들이 "우리 사장님은 단점이 없다"라고 꼽았던 희귀 인물이다. 오죽하면 김 사장이 대표이사로 내정됐을 때 전 직원의 70%가 "나랑 친한 선배, 내가 제일 좋아하는 선배가 대표가 됐어"라는 말을 했다는 얘기가 나왔을까?

직원들에게 김 사장을 좋아하는 이유를 꼽았더니 이유가 분명했다. 성과를 확실히 챙겨주고, 솔선수범하며, 앞뒤 안 맞는 지시를 하지 않는다는 것이다. 사실 이는 당연한 건데, 그동안 우리 사회에서는 쉽지 않았던 일들이었다. 왜 임원의 지시가 오락가락할까? 임원이 자기 생각을 말했다가 오너의 생각이 자신과는 다르다는 것을 뒤늦게 알고 바꾼 사례가 태반일 것이다.

요즘 임원은 과거의 임원들보다 낫다는 필자들의 분석에 동의하는가? 동의하지 못하는 독자도 분명히 있을 것이다. 하지만 이는 분명 사실이다. 10년 전인 2008년만 해도 집에서 자고 있는데 술자리에 나오라는 선배의 전화를 받거나 임원 옆에는 가장 젊고 예쁜 여직원이 앉아야 하는 게 당연했다.

우리 사회는 분명 개선되고 있다. 동의하지 못한다면 이 책을 읽는 독자의 연령대가 비교적 낮거나, 아니면 운이 없게도 좋은 임원 밑에서 일하다가 평판이 나쁜 임원 밑에서 일하게 된 케이스일 것이라고 생각한다.

필자들은 사내 직원들로부터 좋은 평가를 받는 임원 3명에게 물어봤다. 그들이 과연 어떤 특징이 있는지 확인해보고 싶었다.

적폐 세력급 임원과 좋은 평가를 받는 임원 간 가장 큰 차이가 바로 위만 바라보지 않고 아래를 바라본다는 점이다. 그들은 최소한 좋은 선배가 되고 싶다는 의지가 있었다. 위에만 잘 보일 수 있다면 아랫사람이 무슨 소리를 하든지 신경 쓰지 않겠다고 생각하는 부류가 아니었다. 그리고 그들도 "요즘 임원은 과거와는 다릅니다. 예전 선배 임원들이야 놀고먹고 아부만 잘 하면 됐지만 요즘은 그렇지 않습니다"라고 힘주어 말했다.

임원들은 어떻게 본인에 대한 직원들의 평가를 알까? 대부분 익명 직장인 앱인 '블라인드'를 참고하고 있었다. 블라인드에는 임원 입장에서 보면 마음에 깊은 상처를 남기는 글이 가끔 올라오곤 하지만, 그래도 이를 감내하고 읽으면 개선할 점을 찾을 수 있다고 한다. 그리고 이제는 본인의 잘못을 개선하지 않으면 단명하고 말 것이라는 게 그들의 얘기였다. 블라인드 때문에 오너들도 임원에 대한 평직원들의 평가를 접할 수 있기 때문이다. 임직원에 대한 정보가 가감 없이 전달되기 때문에 임원들도 예전보다 훨씬 바른 몸가짐을 가져야 하는 것이다.

내가 임원이 된 비결 셋

한 기업체 사장은 자신이 임원이 된 비결로 투덜대지 않는 점을 꼽았다. 30여 년 근무하면서 자신의 성과를 인정받지 못한

때가 많았지만, 억울해도 참고 넘기다 보니 사장이 됐다는 것이다. 그는 이 같은 조언이 "요즘 세태와는 맞지 않다는 것을 잘 알고 있습니다"라고 하면서도 자신의 참을성이 가장 큰 강점이었다고 강조했다. 그리고 그런 성향을 가진 직원이 드물기 때문에 더더욱 돋보일 수 있을 것이라고 말했다.

또한 "아랫사람을 함부로 하는 시대는 지났습니다"라는 말도 했다. 직원들을 막 대하면 직원들 사이에서 금세 퍼지고, 윗사람도 금방 알게 되기 때문에 평판 관리에 노력해야 한다는 것이다. 과거에는 오너나 사장도 자신의 마음에 드는 임원은 인성이 다소 미흡해도 참고 넘겼지만, 달라진 세태 때문에라도 과거처럼 묵인하지는 않는다는 것이다.

그리고 퍼포먼스에 집중하라는 조언도 빼놓지 않았다. 과거에는 골프 잘 치거나 라인만 잘 타도 승진할 수 있었지만, 이 또한 시대가 달라졌다고 했다. 저성장 때문에라도 가만히 있다간 현상 유지는커녕 뒷걸음질을 치는 시대다. 무임승차는 그만큼 어려워졌고, 임원은 높은 수준의 성과를 요구받는다. 라인을 잘 타면 된다는 생각을 갖고 있는 임원 후보들에게 세상이 바뀌었다는 점을 알려주고 싶다는 것이 요즘 임원들의 조언이었다.

부자의 첫 걸음은 '지피지기'
자신에 맞는 전략을 짜야 한다.

많은 부자가 자산을 관리할 때 늘 귀를 기울이는 존재가 있다. 바로 은행의 프라이빗 뱅커(PB)다. 최근에는 변호사나 세무사와 직접 상담하는 부자도 늘고 있지만, 여전히 대부분의 부자가 자산 관리 상담을 하기 위해 은행의 PB를 찾는다. 부자를 가장 지근거리에서 만나 대화를 나누고 그들의 고민을 들어주는 PB야말로 한국 사회에서 부자에 대해 가장 잘 아는 이들이다. 부자는 어떤 사람들인지, 그들은 어떻게 자산을 모으는지, 그리고 부자가 되기 위해 어떻게 해야 할지 PB들을 만나 물어봤다.

Q 부자들은 어떤 사람인가?

A 물려받은 재산 없이 부자가 된 사람들을 보면 자기 분야에서 일가를 이룬 경우가 많다. 그런 사람들의 공통점은 주위에서

"쟤 뭐하는 사람이야?"라는 질문이 나오지 않는다. 자기만의 분야가 확실하고 뭘 하는지 분명한 사람이 부자가 된다.

부자들을 만나서 금융 투자에 대한 상담을 하다 보면 꾸중을 들을 때가 있다. 이런 금융 상품의 금리가 이만큼 높으니 투자하라고 권유하면 "저 그렇게 돈 벌지 않았습니다"라는 답이 돌아오기도 한다. 부자들은 자기 힘으로 땀을 흘리거나 노력을 해서 돈을 벌어야 된다고 생각하지 작은 이윤을 좇아서 높은 금리에 투자하지 않는다.

Q 그래도 부자가 되기 위해서는 조금이라도 높은 금리를 주는 금융 상품에 투자해야 하는 게 아닌가?

A 일반적으로 그런 설명을 한다. 급여의 반을 저축해서 종잣돈을 만들어 금리가 높은 금융 상품을 찾아서 투자하라는 말은 어디서나 들을 수 있다. 틀린 말은 아니지만 부자가 되겠다는 사람에게는 가슴에 와닿는 말이 아니다. 성실하게 예습, 복습을 잘하면 좋은 대학 갈 수 있다는 말이나 다를 게 없다. 물론 괜찮은 대학을 나와 중견 이상의 기업에 취직해서 외부에 빠져나가는 돈을 줄이고 잘 모은다면 은퇴 시점에 20억 원 정도를 모으는 건 불가능한 일이 아니다. 하지만 그 이상 나아가는 건 쉬운 일이 아니다.

100억 원 부자를 꿈꾸거나 젊은 나이에 20억 원 정도의 자산을 모으려면 이런 방법으로는 불가능에 가깝다.

Q 그러면 어떻게 해야 할까? PB를 하면서 만나는 부자들이 모두 자산을 물려받은 경우인가?

A 그렇지 않다. 부자는 세 가지 케이스가 전부다. 부모에게 돈이나 부동산, 비즈니스 프로세스를 물려받는 경우가 첫째다. 그리고 스스로 비즈니스 프로세스를 세우는 경우가 있다. 사업을 할 수도 있고, 자신의 분야에서 일가를 이루는 경우도 있다. 이게 둘째다. 마지막 셋째는 부동산을 불려서 부자가 되는 경우다.

부모에게 물려받은 게 없는 사회초년생이라면 둘째와 셋째 방법을 택해야 한다. 우선 자신이 어떤 사람인지 정확하게 파악하는 것이 중요하다. 둘째 방법으로 일가를 이룰 수 있다면 다른 길을 생각하지 말고 그쪽으로 확실하게 가야 한다. 그게 아니라면 부동산에 투자하든가 해야 한다. 자신이 어떤 사람인지 모르고 애매하게 다른 길을 흉내 내면 아무것도 되지 않는다.

Q 자신이 어떤 사람인지 파악한다는 게 어떤 뜻인지 좀 더 설명해 달라.

A 사업에 재능이 없는 사람에게 스타트업 창업이나 장사를 통

해 부자가 될 수 있다고 말하는 건 아무 의미가 없다. 사업에 재능이 없는 사람에게는 기업에서 능력을 인정받아 임원이 되는 길을 추천하는 것이 더 좋은 길이다. 임원으로서 역량을 발휘할 수 있다면 어느 정도 자산을 만들 수 있다.

많은 사람이 자신의 위치나 상황을 제대로 파악하지 못하기 때문에 그에 맞는 대책을 찾지 못하는 것이다. 그저 돈 많은 부자를 시기하고, 이번 주 로또 당첨자 뉴스에 한탄만 하다 보면 에너지만 사라진다. 아무리 노력해도 만질 수 없는 돈도 있다. 거기에 내 자산을 비교하고 있으면 아무것도 안 된다. 자기 위치에서 어떻게 조금씩 재산을 늘려 볼까 고민하다 보면 10억, 20억 원을 가진 자산가가 될 수 있는 것이다. 가깝고 중요한 것에서부터 시작하는 것이 중요하다. 가정을 이루고 자녀가 생기면 내 자녀를 조금이라도 건강한 환경에서 키우기 위해 노력하게 된다. 부자가 되는 것도 거기에서부터 시작이다.

Q 고객 중에 그런 사례가 많나?

A 한 노자산가는 평생을 특허분야에서 활동했다. 부동산이나 금융 투자도 거의 하지 않았지만 특허분야에서 일가를 이루고 지금은 상당한 부자가 됐다. 자기 분야에서 전문적인 역량을 인정받으면 가능한 일이다. 대학 동기 중에 한 명이 취업을 하지 않아서 동기들이 걱정을 한 적이 있었다. 그때가 20년 전이

다. 그 동기는 창업을 선택했다. 얼마 전에 돈을 맡기고 싶다고 찾아와서 얼마나 맡기겠냐고 물었더니 100억 원이라는 답이 돌아왔다.

두 사람 모두 물려받은 것 없이 자기 분야에 뛰어들어서 일가를 이룬 사람들이다.

🅠 10억, 20억 부자가 100억 부자가 되는 것이 불가능한 일만은 아니라는 것처럼 들린다.

🅐 그렇기는 하지만 그 과정에서 무리수가 많이 따른다. 주식 종목에 몰빵하거나 운에 기대는 경우도 생긴다. 자기 분야에 열심히 매진하더라도 모두가 부자가 될 수 있는 것도 아니다. 솔직히 말해서 정말 돈을 많이 주는 회사를 다니거나 물려받는 게 있지 않다면 쉽지 않은 일이다.

🅠 그렇게 힘들게 부자가 돼도 고민이 사라질 수는 없다. 부자들의 가장 큰 고민은 무엇인가?

🅐 돈을 더 버는 것에 대한 고민은 많이 하지 않는다. 자기 분야에서 더 인정받고 성공하기 위한 고민을 주로 한다. 금융과 관련해서는 상속이나 세금에 대한 고민을 많이 한다. 특히 부모에게 자산을 물려받은 사람들이 상속 문제에 대해 깊이 고민한다. 이런 이들은 40대의 젊은 나이부터 상속에 대해 고민

하기 시작해 실제 실행에 옮기는 경우가 많다. 왜 그런가 하면 이들은 부모세대로부터 아무런 준비 없이 자산을 물려받았다가 엄청난 충격을 입은 기억이 있기 때문이다. 세금 문제에 부딪힌 기억이 있다 보니 본인은 일찍부터 증여나 상속에 관심을 가지는 것이다. 한국도 전후 70년 정도 역사가 됐다. 한 번 자산을 물려받는 경험을 한 세대가 중장년층이 되면서 상속 문제에 대한 관심이 커진 것으로 보면 된다.

Q 부자가 되고 싶어 하는 이들에게 조언을 한다면?

A 부자들을 만나보면 돈만 벌겠다고 하는 사람은 별로 없다. 자기가 가진 역량으로 자기 분야에서 인정을 받다 보니 기회가 닿아서 돈도 번 경우가 많다. 자기 자신을 잘 돌보는 것이 결국 돈을 버는 데 중요하다는 이야기다. 한국은 그렇게 나쁜 사회가 아니다. 복지정책이나 사회안전망이 엉망인 나라도 많다. 본인의 위치를 정확하게 알면 어디로 가야할지 길도 그만큼 잘 찾을 수 있다.

이웃집 부자들의 터닝 포인트

이 책에 소개된 이웃집 부자들의 공통점은 태어날 때부터 금수저
인 사람이 없다는 점이다. 자기 힘과 노력으로 본인의 분야에서 일
가를 이루었으며 서울 하늘 아래서 적지 않은 자산을 모으기까지
순탄한 길만 걸었을 리가 없다.

필자들이 만난 이웃집 부자들의 이야기에서 삶의 터닝 포인트가
된 순간들을 되짚어 보고, 이들이 공통적으로 보인 반응과 대처가
어떠했는지 이번 장에서 살펴보자. 결국 사람은 둘로 나뉜다. 터닝
포인트에서 성공적으로 터닝하는 사람과 방향을 바꾸지 못하고 가
던 길을 그대로 가는 사람으로.

01 레드오션에도 승자는 있다

　이웃집 부자들은 하늘에서 뚝 떨어지거나 땅에서 갑자기 솟아난 사람들이 아니다. 그들은 우리 곁에서 남들과 다르지 않은 모습으로 살아간다. 이들이 부를 쌓은 방법도 대단히 새로운 것이 아니다. 필자들이 만난 이웃집 부자들은 이미 많은 금융회사가 서비스하고 있는 자산 관리 앱을 만들었고 음식점을 창업하거나 동대문을 기반으로 패션 브랜드를 론칭하기도 했다. 소셜미디어를 활용해 나만의 작은 쇼핑몰을 만들어서 운영하기도 한다.

　모두 대단한 성과를 내고 있지만 이 중에 블루오션이라고 할 만한 건 없다. 듣지도 보지도 못한 전혀 새로운 아이템을 가지고 사업에 뛰어든 경우도 없다. 이웃집 부자들은 애써 블루오션을 찾지 않는다. 그들은 기꺼이 레드오션에 뛰어들었고 거기서 성공하는 법을 깨우쳤다.

**음식점업에서
살아남기**

최저 임금 인상에다 높은 임대료 부담, 경기 악화가 겹치면서 자영업자들의 어려움이 갈수록 커지고 있다. 특히나 음식점업은 직격탄을 맞고 있다. 음식점업의 폐업률은 20%를 웃도는데 제조업이나 다른 서비스업의 두 배에 달한다. 통계청이 자영업 업종별 창업 후 5년간 생존율을 집계했는데 음식점업은 17.9%에 그쳤다. 100개의 음식점이 창업하면 5년 뒤에 남아 있는 건 18개에 불과하다는 말이다. 2016년 기준 조사 결과이니 최근에는 더 심각해졌을 것이다.

음식점 창업이 어려운 데에는 몇 가지 이유가 있다. 일단 초기 투자비용이 높다. 가게 임대료와 권리금만 해도 많은 돈이 들어가는데 이외에도 가게 인테리어와 주방 설비 등을 갖추는 데 적지 않은 투자가 필요하다. 그럼에도 음식점 창업에 나서는 많은 사람이 기본적인 조리 기술이나 자신의 아이템에 대한 이해가 부족한 경우가 많다. 백종원 선생의 노하우를 전수받으면 좋으련만 대한민국에 있는 모든 골목을 백종원 선생이 다 찾아다닐 수는 없는 노릇이다. 유통업계 전문가들은 "한국 외식 산업은 프랜차이즈에 대한 의존도가 너무 커서 창업주들이 자립할 수 있는 능력이 부족합니다"라고 지적한다.

이렇듯 음식점업은 한국에서 대표적인 레드오션이지만 언제나 그렇듯 이 아수라장에서도 살아남는 이들이 있다. 이런 이들은 십중팔구 이웃집 부자의 반열에 오른다. 음식점은 성공하기가 힘들어서 그렇지 치열한 경쟁을 뚫고 살아남으면 단숨에 부자의 반열에 오를 수 있는 지름길이기도 하다. 그렇다면 음식점업으로 살아남은 이들에게는 어떤 비장의 무기가 있었던 걸까?

여의도 에덴식당의 장혁 사장은 서울에서 맛보는 지리산 산골의 산나물비빔밥을 가게의 핵심 경쟁력으로 꼽았다. 앞에서도 얘기했지만 에덴식당은 원래 구례의 지리산 산골에서 유명한 비빔밥 가게였다. 가게를 이끌던 주인 부부가 건강이 나빠지면서 정리하려고 하자 장 사장이 이어받아서 서울 한복판인 여의도에 가게를 다시 열었다. 산나물비빔밥은 흔한 음식 같지만 의외로 서울 시내에서 찾아보기 힘든 메뉴. 북한산이나 관악산 등산로 입구에나 가야 산나물비빔밥을 파는 가게가 나온다. 그게 아니고서는 한정식집에서 비싼 돈을 내고 먹어야 하는 경우가 대부분이다.

장 사장은 철저한 시장 조사를 통해 산나물비빔밥이 확실한 경쟁력이 있다고 봤다. 여기에다 지리산에서 직접 공수한 산나물도 한몫했다. 가게의 원래 주인 부부가 지리산에 그대로 남아서 산나물을 공급해주는 역할을 맡고 있다. 원조의 맛을 살리면서 가게의 분위기는 서울에 맞게 모던하게 꾸몄다.

불황 속에서도 음식점업으로 두각을 나타내는 이들은 작은 트렌드를 놓치지 않는다. 레드오션에서도 살아남을 수 있는 실마리는 있기 마련이다. 남다른감자탕이라는 음식점 프랜차이즈를 운영하고 있는 보하라의 이정열 대표는 식용달팽이, 초고버섯, 구기자, 헛개 육수 등을 활용한 건강한 감자탕을 내세워 감자탕 업계에서 새로운 바람을 일으키고 있다. '감자탕은 뻔하다'라는 통념을 깬 새로운 시도였다. 이 대표는 〈이코노미조선〉과의 인터뷰에서 "단순히 맛있는 음식보다는 남들과 다른 음식, 호기심을 자극할 수 있는 음식에 고객이 더 끌린다고 생각했습니다. 최고의 맛은 호기심이라고 결론짓고 상호부터 뭔가 다른 것으로 지어야겠다고 생각했습니다"라고 말했다. 이 대표가 운영하는 감자탕 프랜차이즈는 '남다른감자탕'이다. 이름부터 차별화했다.

새로운 것보다 필요한 것을 찾아라

창업을 준비하는 많은 사람이 흔히 저지르는 실수가 남들과 '다른 것'을 찾느라 많은 시간을 버린다는 점이다. 하늘 아래 새로운 것은 있을 수 없다. 어쩌다 간혹 새로운 것을 찾아내는 행운을 누릴 수도 있겠지만 그런 일은 모두에게 찾아오지 않는다. 또 새로운 것을 찾았다고 해서 성공이 보장되는 것도 아니다.

이웃집 부자들은 새로운 것을 찾기보다는 필요한 것을 찾는 게 중요하다고 말한다. 사업에 대한 관점을 바꿔야 하는 문제이기도 하다. 새로운 것을 찾는 건 철저하게 공급자 중심의 시각이다. 내 입장에서 새로운 무언가를 찾는 것이기 때문이다. 하지만 필요한 것을 찾는 건 수요자 중심의 시각이다. 고객이 필요로 하는 게 무언지 고민하는 것이다. 같은 음식점이라고 해도 건강을 중요하게 생각하는 고객들을 위해 산나물비빔밥이나 식용달팽이를 이용한 감자탕을 내놓는 게 이런 경우다. 이런 전략은 음식점업에만 해당하지 않는다. 모든 사업에 똑같은 원칙을 적용할 수 있다.

'2030' 청년세대에게 큰 인기를 끌고 있는 자산 관리 서비스 앱인 뱅크샐러드의 성공 비결을 보자. 뱅크샐러드 이전에도 고객의 이용 패턴에 맞춰서 신용카드나 금융 상품을 추천해주는 서비스는 있었다. 자산 관리를 도와주는 가계부 기능을 가진 앱도 많았다. 하지만 뱅크샐러드는 이 모든 경쟁자를 제치고 단연 독보적인 성과를 내고 있다.

뱅크샐러드를 만든 김태훈 레이니스트 대표는 그 비결로 금융 소비자의 불편을 해소한 점을 꼽았다. 뱅크샐러드는 수많은 금융 회사에 흩어져 있는 개인의 금융 거래 정보를 한꺼번에 모아서 보여준다. 가계부 쓰는 귀찮음을 해결해주는 앱이라는 콘셉트가 청년세대에게 먹혀들었다. 데이터에 기반한 기업의 특성상 한 번 데이터가 몰리기 시작하면 서비스는 더 나아진다. 뱅크샐러드는 파도에 올라탄 서퍼 같다. 김 대표는 "금융 정보는 여기저기 흩어져 있고 분절돼 있는데 뱅크샐러드는 그걸 소비자의 입장에서 합리적이고 편리하게 이용할 수 있도록 합니다. 소비자가 필요로 한 걸 찾아내고 그걸 고치는 게 중요합니다"라고 말했다.

동대문에서 패션 사업을 시작해 지금은 온라인 쇼핑몰과 여러 개의 패션 브랜드를 운영하고 있는 서정은 드림워커 대표도 비슷한 말을 했다. 서 대표는 한 차례 사업에 실패한 뒤 재기에 성공했는데, 이때 서 대표가 재기할 수 있었던 비결이 소비자의 '니즈'를 파악한 것이다. 그는 동대문의 이름난 MD를 통해 가장 트렌디하고 잘 팔리는 제품에 대한 정보들을 최대한 많이 모았고, 그 데이터를 기반으로 지금 당장 가장 잘 팔릴 수 있는 디자인과 컬러를 가진 가방을 만들었다. 그렇게 나온 3종의 가방이 시장에서 큰 호응을 얻었고 지금은 100여 개가 넘는 종류의 가방을 팔 정도로 사업체가 커졌다. 새로운 것을 시도하기보다 지금 당장 소비자가 가장 필요로 하고 원하는 걸 찾는 데 집중한 덕분이었다.

환경을 탓하지 마라

많은 사람이 실패의 원인을 '환경'에서 찾으려고 한다. 정부의 규제 때문에 내가 가진 혁신적인 아이디어가 빛을 보지 못했다고 불평불만 하는 사람은 젊은이가 많이 모인다는 스타트업 업계에도 널렸다. 회사 분위기가 보수적이어서 자신의 능력을 발휘하기 어렵다고 하는 직장인이나 경쟁사의 방해 때문에 사업이 어려움에 빠졌다고 하는 기업인도 많다. 이들은 모두 자신들의 사업이 잘 안 풀리는 이유를 내부가 아닌 외부환경에서 찾는다.

분명 환경은 개인의 성공과 실패에 적지 않은 영향을 준다. 하지만 환경은 내가 노력한다고 해서 바꿀 수 있는 부분이 아니다. 술자리에서 불평을 쏟아낸다고 정부가 하루아침에 규제를 없애줄 리가 없다. 이웃집 부자들은 이 사실을 누구보다 잘 알고 있었다. 그리고 그들은 불평으로 시간과 에너지를 낭비하기보다는 자신의 노력으로 해결할 수 있는 부분에 집중하기를 택했다.

돈을 벌기 쉬운 환경은 없다는 것이 이웃집 부자들의 공통된 설명이다. 모두가 돈을 벌고 싶어 하는데 거기에서 조금이라도 남들과 차별화되고, 한 발이라도 앞서 있는 사람이 그 기회를 손에 쥔다. 그 치열한 경쟁 속에서 오로지 나만을 위해 좋은 환경이라는 건 있을 수 없다.

환경은 바꿀 수 없다. 나는 바뀔 수 있다. 이웃집 부자들의 선택은 후자였다.

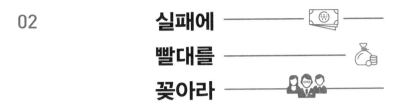

02 실패에 빨대를 꽂아라

한 기관이 700명의 메이저리그 타자를 분석한 결과, 장남이 아닌 둘째나 셋째, 혹은 그보다 형이나 누나가 많았던 선수들의 도루 시도율이 장남 선수들보다 10배나 많았다고 한다. 차남이 기본적으로 더 공격적이고, 도전하는 성향이 있는 셈이다.

이는 과거 유럽 대항해 시대 때도 있었던 현상이다. 첫째는 집안을 이어가야 하는 반면, 가문의 짐을 짊어지지 않는 둘째나 셋째, 넷째 아들은 배를 타고 신대륙으로 떠난 것이다. 지킬 것이 있는 첫째에 비해 동생들은 좀 더 공격적으로 나설 수 있었다. 그리고 널리 이름을 떨칠 수 있었다(물론 그 이상의 실패자들도 쌓였겠지만).

필자는 과거 이건희 삼성전자 회장을 조명하는 기사를 쓴 일본 언론인을 만난 적이 있었다. 그는 "이건희 회장만큼 2대 때에 회사를 크게 키운 사례는 의외로 많지 않습니다. 많은 것을 가진 사람이 모든 걸 내던져 더 많은 것을 쟁취하려는 사례는 자산가 중에서는 의외로 드물죠. 이 때문에 이 회장의 도전정신을 높게 삽니다"라고 했다. 이 회장도 동생이기 때문에 회사를 그렇게 키울 수 있었던 것일까?

단순하게 '동생'이 유리했다고 말하고 싶은 것은 아니다. 굳이 따지자면 동생정신(도전자정신)이라고 하자. 사업을 하든, 재테크로 돈을 모으려고 하든 기본적으로 도전심리가 있어야 한다. 주식 투자는 책상에 앉아서 스마트폰으로도 할 수 있지만, 돈을 벌려면 많은 돈을 투자해야 한다(많은 돈을 투자해본 사람은 알겠지만 큰돈을 주식 시장에 넣는다는 것은 다리가 떨릴 정도로 무섭다). 그리고 도전심리가 있다는 말은 달리 표현하면 실패에 익숙해져야 한다는 이야기로 통한다.

실패에 익숙해져라

뻔한 말 경연대회가 있다고 해보자. 수많은 우승 후보가 있겠지만 아마도 '실패는 성공의 어머니'라는 말만큼은 반드시 순위권에 이름을 올릴 것이다. 그만큼 이 말은 많은 사람이 셀 수 없이 많이 되뇌는 말이다. 스스로에게 다짐을 하기 위해 이 말을 꺼내는 사람도 있고 친구나 동료, 가족이 실패로 절망감에 휩싸였을 때 위로하기 위해 이 말을 찾는 사람도 있을 것이다. 이유가 어찌 됐든 '실패는 성공의 어머니'라는 말은 아마 유치원생도 어렵지 않게 꺼낼 수 있을 만큼 많은 사람이 쓰는 말인 것은 분명하다.

이렇게 뻔한 이야기를 이 책에서도 꺼내지 않을 수가 없다. 필자들이 만난 여러 이웃집 부자들이 인터뷰를 하는 동안 이 말을 잊을 만하면 한 번씩 꺼냈기 때문이다. 실패는 성공의 어머니라는 말은 뻔한 만큼이나 확실하다. 동서고금을 막론하고 이 말이 지금까지 살아남아서 많은 사람의 입에 오르내리는 건 그만큼 검증된 말이기 때문이다.

실패하려면 차라리 빨리 실패해라

김태훈 레이니스트 대표는 자산 관리 서비스 앱인 뱅크샐러드로 성공가도를 달리고 있지만 처음부터 대박 앱을 만든 건 아니었다. 앞에서도 말했지만, 김 대표가 처음 레이니스트를 만들었을 때는 창업 멤버가 단 여섯 명에 불과했다. 지금은 100여 명이 넘는 인재들이 레이니스트에 있지만 초창기에만 해도 김 대표의 지인들이 모인 작은 스타트업에 불과했다. 지금이야 100억 원이 넘는 투자를 유치해서 회사를 이끌어가고 있지만 당시에만 해도 김 대표가 개인적으로 갖고 있던 돈 수천만 원에 학교나 정부에서 나온 창업 지원금 약간이 전부였다. 당장 성과를 내야겠다는 생각에 초조해질 만도 한데 김 대표는 그런 생각이 전혀 없었다고 한다.

"처음 4년은 외부 투자를 받지 않고 다양한 아이템을 연구하고 실험하는 기간이었습니다. 아이템이 바뀔 때마다 회사에 있던 멤버들도 많이 나갔지만 신경 쓰지 않았습니다. 서로 목적이 다르다고 봤습니다. 그들은 대박을 기대했던 거고, 저는 호기심을 가지고 여러 가지를 실험하던 시간이었습니다."

이 4년이라는 기간 동안 김 대표는 수도 없이 많은 실패를 경험했다. 앱을 만들었다가 실패하고, 거기서 조금 더 개선한 앱을 만들었는데 이번에는 소비자들의 반응이 시원치 않았고, 거기서 문제의식을 찾아서 또 새로운 걸 시도하는 과정을 수도 없이 되풀이한 것이다.

"소비자가 원하는 걸 찾아낸 비결이 실패입니다. 앱을 만들 때는 사람들이 많이 쓸 거라고 예상했는데 막상 출시했는데도 반응이 없어요. 그러면 이 앱이 제공하는 기능이 사실 사람들에게 필요한 게 아니었던 거죠. 뭐가 문제였는지를 고객들에게 물어보고 답을 들으면 늘 새로운 깨달음을 얻습니다. 새로운 문제, 더 큰 문제를 실패를 통해 깨닫는 거죠. 더 나은 방향으로 나아갈 힌트를 얻게 되고요."

김 대표는 실패할 거라면 빨리 실패하는 게 낫다고 말한다. 특히 스타트업처럼 매일매일 새로운 경쟁자가 쉴 새 없이 등장하는 시

장에서는 어설픈 서비스를 갖고 어영부영 시간을 보내는 것보다
는 빨리 실패하고 더 개선한 새로운 서비스를 갖고 다시 전쟁터에
뛰어드는 것이 훨씬 효율적이라는 설명이다.

"고객은 영원히 만족을 모릅니다. 한 번 고객을 만족시키더라도
고객은 그다음에는 더 높은 수준을 원합니다. 이걸 경쟁자들보다
얼마나 빠르게 충족시키느냐가 중요합니다. 빠르게 성공하기 위해
서는 빠르게 실패할 줄 알아야 합니다."

김 대표는 스타트업에 한정해서 이야기했지만 사실 이건 모든
분야에 통용되는 말이다. 음식점이나 온라인 쇼핑몰 같은 자영업
을 할 때도 이 논리는 똑같이 적용되고, 주식이나 부동산 같은 투
자에 나서는 경우에도 다를 건 없다. 더 높은 성취를 얻기 위해서
는 시행착오가 필요한 법이다. 이 시행착오를 남들은 실패라고 부
른다. 결국 성공을 손에 쥔다면 그동안의 실패는 시행착오로 바뀌
게 된다.

**성공도 실패도
결국은 과정이다**

이웃집 부자들은 크든 작든 모두가 실패
를 경험했다. 물론 실패에 대한 반응은 제
각각이다. 실패라는 쓰라린 경험을 다시
는 하고 싶어 하지 않는 이들도 있다. 모두가 김 대표처럼 실패를
기꺼이 받아들이고 당연하게 여기는 건 아니다. 하지만 분명한 공

통점이 있다면 이웃집 부자들은 실패에 물러서지 않는다는 것이다. 그들은 실패를 자양분 삼아서 다음 발걸음을 내딛을 줄 안다.

여러 패션 브랜드를 운영하는 드림워커의 서정은 대표가 대표적인 경우다. 20대 초반에 자신의 패션 브랜드를 론칭해서 압구정에 오프라인 매장을 낼 정도로 성공했다. 한 해에 수십억 원을 벌 정도로 단숨에 큰 부를 거머쥐기도 했다. 하지만 성공만큼이나 실패도 빨리 찾아왔다. 서 대표는 사업이 성공을 거두자 다른 분야로 사업을 확장했다. 디자인 회사를 만들고 정보기술(IT)분야로도 발을 넓혔다. 패션 플랫폼 사업에도 도전했다. 당시 서 대표 밑에서 일하는 직원만 20명이나 됐다. 사업에 뛰어들고 불과 2~3년 정도가 지난 시점이었다. 스물두 살의 나이에 이 정도로 다양한 분야의 사업체를 이끌기는 쉽지가 않은 법이다. 더군다나 서 대표는 당시에 대학을 다니며 학업도 병행하고 있었다. 그러나 결국 사업은 실패했고 서 대표는 수억 원의 빚을 지게 됐다. 이 또한 스물셋의 나이에 생긴 일이다.

보통의 사람이라면 20대 초반에 수억 원의 빚을 지면 절망하고 포기하기 쉽지만, 서 대표는 쉽게 물러서지 않았다. 수년 동안 패션업에서 쌓은 네트워크와 정보를 최대한 활용해 몇 년 뒤 재기에 성공했다. 그는 20대 초반에 이미 겪어본 성공과 실패가 자신의 인생과 사업에서 큰 자산이 되고 있다고 말한다.

"20대 초반에 이미 연매출 100억 원을 달성한 적이 있습니다.

패션 사업으로 100억 원을 버는 건 어려운 일이 아닙니다. 그보다 장기적으로 영속성을 가지는 게 얼마나 중요한지를 잘 알고 있습니다. 지금은 그 부분에 가장 많은 신경을 쓰고 있습니다. 한 단계, 한 단계 밟아가면서 오래도록 가는 브랜드를 만들고 싶습니다."

성공과 실패, 매출과 부채를 말하는 서 대표의 표정에서는 여유가 느껴졌다.

한 번도 성공을 경험하지 못한 사람이나 실패를 두려워하는 법이다. 반대로 말하면 한 번도 실패를 경험하지 못한 사람이나 성공에 목을 매는 법이다. 이웃집 부자들은 안다. 성공도 실패도 결국은 한 번씩 거쳐야 할 과정이라는 것을. 그래서 이들은 실패에 조바심을 느끼지도 않고 성공에 도취되지도 않는다.

03 내가 가장 잘할 수 있는 곳에서 승부하라

조합원 간 갈등으로 교착 상태에 빠져있던 신반포 1차 아파트의 조합장에 선임돼 아크로리버파크를 탄생시킨 한형기 조합장. 그는 조합장을 맡음으로써 제2의 전성기가 시작됐다.

2019년 5월 현재는 인근 신반포 3차 조합원으로도 있는데, 사실상 조합장 이상의 영향력을 발휘하고 있다. 조합원들은 한형기 조합원이 신반포 1차 조합장을 맡고 있어 법상 어쩔 수 없이 조합원으로 있을 뿐, 사실상 조합 간부라고 생각하고 있다.

그는 분명히 실력을 인정받고 있다. 목동, 잠실, 강동 등 한형기 조합장을 조합장으로 '초빙'하려는 사업장이 많다. 잠실권의 한 재건축 단지 소유주는 한형기 조합장과 관련해 "단지 내에서 한 조합장한테 집을 한 채 주고 조합장으로 모시자는 얘기를 하곤 합니다"라고 말했다. 원래도 부자인 그는 아마도 꾸준히 순탄하게 자산을 늘릴 수 있을 것이다.

한형기 조합장은 어떻게 조합장으로서의 경쟁력을 갖췄을까? 그는 일단 그 분야의 전문가다. 한 조합장은 삼성물산, 대우건설에서 21년간 근무하고 건설사업관리회사(재건축 컨설팅사) 부사장으로 일하다가 은퇴했다. 이후 등 떠밀리듯 신반포 1차 조합장을 맡게 됐다. 그는 삼성물산에 근무할 당시 서울 강남구 도곡동 타워팰리스 3차 현장소장으로 일했다. 그리고 건설사업관리회사 부사장으로 일하면서 재건축 사업의 각종 부조리, 불투명한 일처리 등을 알게 됐다고 한다. 적을 알고 나를 알면 백전백승이다. 거기에다 어느 정도는 잡음이 일어나더라도 웃어넘기거나 최소한 이겨낼 수 있는 정신력을 갖추고 있다. 이런 그였기에 조합장으로 펄펄 날 수 있었던 것이다. 정확한 사정을 파악하고 있고, 과감하기까지 하니 때로는 안티 세력이 생기기도 하지만 이미 시장에서는 실력을 인정받고 이곳저곳에서 같이 일하자는 연락을 받고 있다.

이종기 오미나라 대표도 자신이 가장 잘 아는 분야에 도전해 성공을 거둔 대표적인 인물이다. 경북 문경시 진안리 문경세재 근처에 있는 오미나라 양조장을 가면 '증류기 게이트(門)'가 서 있다. 한국 전통주의 새로운 장을 열었다는 평가를 받고 있는 이 대표가 자신이 빚어낸 술에 대한 자부심을 보여주는 상징물이다. 이 대표는 오미자를 이용해 만든 스파클링 와인 '오미로제'를 세계 최초로 만들었는데 오바마 전 미국 대통령이 한국을 찾았을 때 공식 술로 제공될 정도로 품질을 인정받았다. 최근에는 사과로 만든 증류주인 '문경바람'과 오미자 와인을 증류한 '고운달'을 내놨는데 맛과 품질 모두에서 큰 호평을 받고 있다.

한국 전통주의 새 장을 연 이 대표지만 처음부터 전통주를 만든 건 아니었다. 서울대 농화학과 75학번인 이 대표는 대학을 졸업하고 동양맥주에서 사회생활을 시작했다. 이후 그는 27년에 걸쳐 주류업계에서 일했다. 다국적 주류 회사인 씨그램과 디아지오코리아에서 일하며 국내 위스키와 증류주 시장에서 최고 전문가의 반열에 올랐다.

이 대표는 2006년에 독립했는데, 이때 결심한 것이 있다. 한국만의 특색을 살린 술을 만드는 것이었다. 〈이코노미조선〉과의 인터뷰에서 "외국산 농산물로 만든 주정에 물을 타서 희석시킨 소주가 '국민 술'로 대접받는 현실이 안타까웠습니다. 세계 고급 술 시장에 내놓을 '우리 농산물로 만든 술'을 꼭 만들고 싶었습니다"라고 말했다. 오미로제와 문경바람, 고운달이 이런 노력의 결과물이었다.

27년 동안 주류업계에 몸담은 이 대표가 회사를 나와 새롭게 승부수를 건 전장은 자신이 누구보다 잘 아는 '술', 그것도 '증류주'였다. 그리고 이 대표는 누구도 성공하지 못했던 한국의 특색을 살린 세계적인 고급 증류주를 만드는 데 한 걸음, 한 걸음 뚜벅뚜벅 내딛고 있다.

**모르는 영역으로
문어발 확장,
안 된다**

20~30억 원의 부를 이뤘다가 바로 한번에 100억 원대 이상 자산가로 점프하려고 잘 모르는 영역에 손을 댔지만 끝내 패가망신하는 사례는 어렵지 않게 찾아볼 수 있다. 2008~2010년에 바이오 열풍이 불 당시, 코스닥 상장사를 인수했던 의사들의 사례가 대표적이다.

당시 일부 의사가 코스닥 기업을 인수한 뒤 바이오 사업에 진출해 대박을 치는 사례가 몇 건 나오자 다른 의사들도 덩달아 뛰어드는 것이 유행처럼 번졌다. 하지만 의사의 업무와 기업 경영은 전혀 다른 문제다. 재무도 알아야 하고, 직원 관리도 해야 한다. 상당수 의사들이 꾼에게 걸려 돈만 털리고 쫓겨나다시피 물러났다. 한 병원의 원장을 맡고 있는 A씨를 사건 발생 이후 5년여 만에 만났는데 다음과 같이 토로했다.

"고등학교 후배가 도와달라고 하면서 돈도 벌 수 있다고 해서 코스닥 기업을 인수했었는데 무척 후회됩니다. 제가 의술만 알고 다른 것은 아무것도 모르는 사람이라는 것을 그때 깨달았습니다."

사람이 돈이다

이웃집 부자들에게 배울 수 있는 또 하나의 특징은 '사람을 대하는 법'이다. 이들은 자산을 많이 쌓았다는 점에서 부자라고 부를 수 있지만 주변에 많은 사람을 두고 있다는 점에서 사람 부자라고 할 수도 있다.

물론 이런 말도 나올 수 있다. 돈을 보고 사람이 몰리기 마련 아니냐고. 하지만 필자들이 만난 이웃집 부자들은 주위 사람들이 모두 알 만한 큰 부자가 아니다. 그럼에도 이들이 주위 사람을 대하고 부하직원을 다루는 법은 웬만한 큰 부자들 못지않았다. 오히려 사람 대하기를 물건 대하듯 하는 일부 재벌들의 행태를 돌아봤을 때, 사람을 대하는 모습만 놓고 보면 이들이 더 큰 부자라고 할 수 있겠다.

그렇다면 어떻게 사람을 대해야 '잘 대한다'라고 할 수 있는 걸까? 그저 웃는 상으로 마주칠 때마다 덕담 몇 마디 건네면 되는 걸까? 술자리에서 늘 술값을 계산하면 사람을 잘 대하는 걸까? 당연히 아니다. 이웃집 부자들은 삶의 목표가 분명한 이들이다. 이들은 사람을 대할 때도 분명한 목적을 가지고 대한다. 그리고 그에 걸맞은 보답 또는 보상을 한다.

**일한 만큼 대우하면,
그만큼
돌려받을 수 있다**

원종준 대표가 세운 라임자산운용을 보자. 라임자산운용은 여의도 증권가의 수많은 금융투자회사 중에서도 독특한 지배구조를 가진 회사다. 원 대표는 작년 말 기준으로 라임자산운용 지분의 25%를 소유하고 있다. 2012년에 처음 라임투자자문으로 회사를 창업했을 때도 원 대표의 지분율은 33% 정도에 불과했다. 나머지 지분은 모두 라임자산운용의 다른 직원들이 나눠서 가지고 있다. 증자를 할 때마다 직원들이 가지는 지분이 늘어나면서 원 대표의 지분율은 33%에서 25%까지 줄었다. 직원들에게 회사의 자사주를 취득하게 하는 우리사주제도를 도입한 금융회사는 많지만 라임자산운용처럼 전면적으로 이 제도를 운영하는 경우는 찾아보기 힘들다. 라임자산운용은 이 대표와 부사장의 지분율이 각각 25%씩이고 나머지 50%는 직원들이 나눠서 가지고 있다. 이렇게 파격적인 제도를 도입한 이유가 뭘까?

"직원들이 원하는 게 뭘까에 대해 많이 고민했습니다. 결국 가장 큰 고민은 '내가 열심히 일한 만큼 대우를 받지 못하면 어떻게 해야 될까?'라는 결론을 내렸습니다. 이건 본업과는 무관한 고민이죠. 직원들은 어떻게 해야 더 많은 성과를 내는 펀드를 만들고 주식 시장은 어떻게 움직이고 이런 것들을 고민해야 됩니다. 본업과 무관한 고민을 하는 시간을 줄여주고 싶었습니다. 그래서 이런 지배구조를 만든 겁니다."

직원들이 회사의 지분을 대표보다 많이 가지고 있다 보니 회사의 성장이 곧 자신들에게 이득이 되는 구조가 만들어진 것이다. 회사가 성장하고 수익을 내기만 하면 직원 입장에서는 자신이 가지고 있는 지분 가치도 덩달아 커지기 때문에 업무에 더 전념할 수 있게 된다. 어찌 보면 당연한 구조이지만 다른 금융회사들은 쉽게 시도하지 못하는 일이다. 대주주 개인이 욕심을 내거나 회사의 나아갈 방향에 대한 주도권을 놓치기 싫어하는 경우가 많기 때문이다. 원 대표는 라임자산운용을 차리기 전에 다른 금융회사를 다니면서 직원에게 돌아가는 몫이 확실해야 더 큰 성과를 낼 수 있다는 걸 확신했고, 자신이 설립한 회사에서 이런 파격적인 지배구조를 전면적으로 도입했다.

원 대표는 여기서 더 나아가 인센티브를 간명하게 설계했다. 각 본부별로 벌어들이는 수익의 40%를 무조건 인센티브로 주기로 한 것이다. 심플하고 예측 가능한 구조다. 자신이 벌어들이는 만큼 인센티브가 얼마나 늘어날지 직원 한 명, 한 명이 손쉽게 계산할 수 있게 됐다. 직원들이 더 열심히 업무에 매진하게 되는 건 당연한 일이었다. 원 대표는 "회사가 다른 자산운용사보다 좋은 성과를 낸 비결이 바로 사람입니다. 좋은 사람을 구하는 게 가장 중요한데 라임자산운용에는 지난 몇 년 동안 신용평가사 출신의 전문 인력이나 미국 변호사 출신 같은 고급 인력이 계속해서 합류했습니다. 실력 있는 사람이 들어오면서 다시 성과가 좋아지고 또 좋은 사람이 합류하는 선순환 구조가 만들어졌죠. 그 비결이 결국 확실한 인센티브구조와 성과가 정확하게 돌아가는 지배구조에 있다고 봅니다"라고 말했다.

분야는 전혀 다르지만 여의도의 산나물비빔밥전문점인 에덴식당의 장혁 사장도 원 대표와 똑같은 말을 했다. 금융투자업과 음식점업은 전혀 다른 분야지만 결국 사람을 다루는 일이라는 점에서는 다를 게 없는 셈이다.

에덴식당은 강남점까지 모두 11명의 직원이 있는데 음식점으로는 특이하게 모두 정규직이다. 파트 타임으로 일하는 아르바이트가 두 명 정도 있는데 이들을 빼면 모두가 정규직 직원이다. 최저임금의 여파로 음식점을 비롯한 자영업자들이 큰 어려움을 겪고 있는데 에덴식당은 아예 직원들을 정규직으로 채용했으니 전혀 다른 차원의 경영전략을 선택한 셈이다. 장 사장이 관심을 가지는 건 '인건비를 어떻게 하면 줄일 수 있는지'가 아니라 '생산성을 어떻게 하면 늘릴 수 있는지'다. 처음 가게 문을 연 2015년부터 최저 임금을 훨씬 웃도는 수준의 급여를 줬기 때문에 최저 임금 문제는 큰 고민거리가 아니었다. 그보다 장 사장은 종업원 한 명당 생산성을 어떻게 하면 늘릴 수 있을지, 어떻게 해야 인당 매출액을 늘릴 수 있을지를 놓고 고심을 거듭했다.

"싸게 싸게 파는 건 가게 주인 입장에서는 좋을 순 있어도 그렇게 하면 직원들에게 적정 급여를 지급하는 건 불가능합니다. 우리는 음식점업치고는 급여가 낮은 편이 아니라서 지금 수준을 유지하려면 인당 생산성을 높이는 방법을 계속 연구해야 합니다. 매년 직원 두 명씩을 데리고 일본을 방문해서 음식점업에 대해 공부하는 시간을 가지는 것도 이런 이유 때문입니다. 지금은 직원 1인당 매출액이 1,000만 원 정도인데 이걸 2,000만 원까지 늘리는 게 목표입니다. 그렇게만 되면 직원들에게 웬만한 공기업 수준의 급여는 줄 수가 있을 겁니다."

조금 손해를 보더라도 다른 사람을 행복하게 하라

여느 음식점과 달리 에덴식당 종업원들의 얼굴에서는 조급함이나 짜증이 느껴지지 않는다. 직장인들의 점심시간 같은 피크 타임에는 바쁘게 움직이지만 정규직 직원으로 일하는 뿌듯함이나 자부심도 엿볼 수 있다. 잘되는 가게는 일하는 사람의 얼굴부터가 다르다.

장 사장은 서울을 벗어나서 지방에 가게를 여는 것도 고민 중이다. 임대료를 크게 낮추면 직원들에게 더 좋은 환경을 제공할 수 있으리라는 생각에서다.

사람을 중요하게 여기는 건 꼭 사업을 하는 이웃집 부자들에게만 해당되지 않는다. 부동산 투자로 적지 않은 자산을 모은 곽상희 미오백 대표나 전인수 KB국민은행 팀장도 늘 사람을 중요하게 대해야 한다고 말한다. 곽 대표는 부동산 투자의 고수지만 많은 사람이 뛰어든 경매에는 눈을 돌리지 않는다. 그 이유가 재미있다.

"경매는 확실히 돈을 벌 수 있는 방법이지만 남의 불행을 이용한다는 생각을 지울 수가 없습니다. 경매에 나온 집은 누군가, 어떤 가족이 살고 있던 곳일 텐데 그들에게 트라우마가 남을 수밖에 없는 일입니다. 그건 하고 싶지 않습니다."

전 팀장도 마찬가지다. 수익형 부동산 투자로 쏠쏠한 수익을 냈는데 무조건 돈을 더 많이 버는 게 목적이 아니었다고 말한다. 예컨대 빌라를 매입해서 리모델링을 한 뒤에 더 좋은 값에 되판 적이 있었다. 한 할머니가 이 빌라를 매입하고 싶어 했는데 원하는 가격이 주변 시세보다 조금 낮았다. 주변 시세가 평당 1,500만 원 정도였는데 할머니는 평당 1,400만 원 정도를 이야기한 것이다. 보통의 경우라면 협상을 해서 어떻게든 가격을 주변 시세에 맞추거나 더 올리려고 할 텐데 전 팀장은 그냥 할머니가 원하는 가격에 팔았다. 조금 바보 같은 행동의 이유가 뭐냐고 묻자 "제가 파는 부동산을 사는 사람들이 행복해하는 게 중요합니다. 제가 조금 평단가를 낮춰만 주면 그걸 사는 사람들은 아주 행복해합니다. 그러면 그 행복이 언젠가 나에게든 누군가에게든 돌아가기 마련입니다. 부동산을 팔고 돈을 벌면서도 누군가에게 덤으로 행복을 줄 수 있는 법이죠"라고 말했다.

곽 대표나 전 팀장의 이야기는 돈만 놓고 본다면 손해를 보는 결정일 수 있겠지만, 더 많은 사람을 모으는 게 더 큰 부자라는 점에서는 오히려 이득이 되는 결정이라고 할 수 있다. 두 사람의 곁에는 늘 사람이 끊이지 않는다. 그저 돈이 많아서가 아니라 두 사람을 진심으로 아끼고 따르는 사람이 많다. 이들은 언젠가 두 사람이 도움이 필요할 때 소매를 걷고 나설 것이다. 진짜 부자는 돈도 사람도 모두 놓치지 않는다.

05 확실한 미래에 투자하라

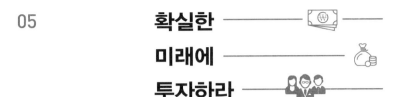

　　우리는 소문에 약하다. 출처를 모르면서도 누군가가 메신저로 전달해주는 소위 '지라시'에 혹한다. 마치 잘 아는 사람에게 들은 것처럼 지라시 속 이야기를 다른 사람에게 전한다. 그렇게 지라시에 있던 출처 불명의 정보는 사람들을 돌고 돌면서 마치 확실한 근거가 있는 이야기처럼 부풀려진다.

　누군가는 그런 가짜 정보를 믿고 투자하는데 그다음은 굳이 말할 필요도 없다. 증권가의 지라시까지 갈 필요도 없다. 우리는 명확하지 않은 이야기, 검증되지 않은 가설에 혹하는 경우가 많다. 서울 집값은 반드시 떨어지고 만다는 부동산 폭락론이 대표적이다.

　'2030' 청년세대 중에서 부동산 폭락론자를 찾아보는 건 어렵지 않다. 이들은 서울 집값이 비정상적으로 올랐기 때문에 오래 지나지 않아 폭락할 것이라고 전망한다. 아주 좋은 직장에 들어간 대졸

자라고 해도 초봉이 5,000만 원 정도인 걸 감안했을 때, 웬만한 아파트도 5~6억 정도 하는 지금의 서울 집값이 확실히 비정상적으로 보일 수 있겠다는 생각은 든다. 그럴싸한 근거도 있다. 저출산 및 고령화가 심각한 한국의 인구 구조상 이 비싼 아파트를 살 수 있는 사람이 계속 줄어들게 분명하니 서울 집값도 떨어질 것이라는 이야기도 있다. 정부가 부동산 시장을 옥죄기 위해 온갖 정책을 다 꺼내드는데 어떻게 집값이 오르겠냐는 주장도 있다.

하지만 현실을 명확하게 보자. 부동산 폭락론이 수년째 유령처럼 시장을 떠돌고 있지만 서울 어디에도 집값이 폭락한 지역은 없다. 홍콩이나 대만, 일본 같은 다른 아시아 국가와 비교해보면 서울 집값이 오히려 싼 편이라는 분석도 있다. 한국보다 앞서 저출산 및 고령화 문제를 겪은 선진국들도 수도 중심부의 집값은 철옹성처럼 견고하다. 더군다나 한국은 조세를 비롯한 각종 제도와 정책이 부동산 보유자를 중심으로 짜여 있다. 나라를 완전히 뒤엎지 않는 한, 이런 기본 틀을 바꾸는 건 불가능한 일이다. 결국 부동산 폭락론은 틀렸거나 적어도 당분간은 맞을 수가 없는 말이다. 필자들의 생각도 그렇고 필자들이 만난 이웃집 부자들도 모두가 같은 생각이었다.

사업을 하든, 스타트업을 하든 이웃집 부자들은 가장 확실한 자산 관리방법으로 부동산을 택하고 있었다. 심지어 주식 계좌가 없는 사람도 부동산은 사야 한다고 생각하고 있었다.

**실현 가능한 미래는
곧 확실한 기회다**

부동산 폭락론에 대한 세간의 믿음과 정반대인 이웃집 부자들의 생각은 여러 가지 함의를 지닌다. 많은 사람이 막연한 믿음과 그럴 것이라는 기대감을 가지고 시장을 바라본다면, 이웃집 부자들은 확실한 분석과 논리에 기반해서 결정하고 행동한다. 자신들이 원하는 미래를 그리지 않는다. 그보다는 실현 가능한 미래의 모습에 자신의 투자와 사업방향을 맞춘다.

에덴식당의 장혁 사장이 잘 나가는 증권맨에서 산나물비빔밥 가게를 차리기로 결심한 건 잠깐의 충동에서 나온 결정이 아니다. 장 사장은 투자자의 관점에서 산나물비빔밥전문점의 미래를 그렸다. 에덴식당을 서울 여의도에 차리기로 한 이유는 크게 두 가지였다. 일단 산나물이라는 아이템의 경쟁력이었다.

"한국의 고령화 속도가 굉장히 빠르다는 걸 생각했습니다. 당장 제 주변에만 해도 30대에는 맛있는 고기를 찾아다니던 사람들이 40대가 되면서 고기보다는 속이 편한 음식을 많이 찾아다니더군요. 고령화가 계속 될수록 산나물비빔밥의 가치가 커질 것으로 봤습니다. 괜찮은 비즈니스 모델이라고 생각한 거죠."

실제로 한국의 고령화 속도는 세계에서 가장 빠른 편이다. 한국의 65세 이상 노인 인구 비율은 2018년 기준으로 전체 인구의 14.3%였다. 14세 이하 유소년 인구의 비율은 12.9%로 이미 노인 인구가 유소년 인구를 앞질렀다. 빨라지는 고령화는 한국 사회 전체에 심각한 충격을 남길 테지만, 장 사장처럼 새로운 비즈니스 모델을 찾는 이들에게는 커다란 기회로 다가올 것이다.

장 사장이 산나물비빔밥이라는 아이템에 주목한 이유는 또 있다. 그는 서울에 있는 몇 군데 유명한 산나물비빔밥전문점을 다녀보고는 성공 가능성에 확신을 가졌다.

"대부분의 산나물비빔밥 가게가 나이 많은 노인들이 운영하는 올드한 느낌이었습니다. 등산로에 있고 등산하고 나서 막걸리를 먹으면서 먹는 가게들이 대부분이었습니다. 산나물비빔밥의 가치를 제대로 따지지 못하고 습관적으로 시골에서 할머니가 해주는 음식이라는 선입견을 가지고 있었던 것입니다. 모던한 느낌으로 고급화하면 충분히 경쟁력이 있다고 봤습니다."

장 사장의 이런 판단은 적중했고 에덴식당은 서울에서 가장 번화한 곳인 여의도와 강남역에서 인기를 끌고 있다.

**미래가 궁금하면
공부해라**

미래에 대한 고민은 주식이나 부동산 투자에 나서는 이들에게서도 빼놓을 수 없다. 미래의 트렌드를 읽지 못하는 이들은 뒤처질 수밖에 없다. 뒤처진다는 말은 가진 돈을 잃고 빈털터리가 될 수도 있다는 뜻이다. 누가 더 정확하게 미래를 읽는지에 투자의 성패가 갈린다.

5조 원의 돈을 굴리고 있는 원종준 라임자산운용 대표는 이런 트렌드 변화에 누구보다 민감한 사람이다. 그의 말을 들어보자.

"라임자산운용이 성장한 건 대체 투자로 빠르게 전환한 덕분입니다. 계속 주식 투자만 했으면 아마 다른 회사들처럼 어려워졌을 거예요. 대체 투자로 전환한 건 고령화와 저성장이 한국경제의 변수가 아니라 상수가 됐다는 판단에서였습니다. 과거에는 하이 리스크, 하이 리턴이 통했습니다. 싸게 사서 비싸게 파는 건 전형적인 성장국면의 투자 방식이죠. 그런데 어느 순간부터 이런 방식이 안 통했어요. 주식 상품에 마케팅을 해도 투자금이 모이지 않았죠. 사람들이 더는 시세 차익을 노리는 투자보다는 이자나 배당 수익을 노리는 투자로 돌아선 겁니다. 캐피탈 게인(매도 차익)의 시대가 끝나고 인컴 게인(이자 및 배당 이익)의 시대가 온 거죠. 저희는 그런 변화에 반응한 겁니다."

원 대표의 분석은 정확하게 맞아 떨어졌고 그 결과는 라임자산운용의 성공으로 돌아왔다. 이런 흐름을 어떻게 눈치 챌 수 있는 걸까? 원 대표는 뉴스를 보면 된다고 짧게 말했다.

"공모 펀드, 주식형 펀드에서 자금이 계속 빠져나가고 있다는 뉴스가 나왔고, 새로 상장하는 기업들 중에도 더는 가슴을 뛰게 할 정도로 큰 기업이 없었습니다. 매일 같이 뉴스에 나오는 이야기가 고령화, 저출산, 기대 수명, 현명한 소비 같은 것들이었습니다."

주식 시장의 상품 구성 변화와 사회 전반의 변화를 조합해보면 투자방향을 바꾸는 것이 당연한 선택이었다는 설명이다.

　미래는 언제나 불투명하고 안개에 가려진 것처럼 느껴진다. 하지만 공부하고 분석하는 이들에게는 미래 역시 과거와 다를 게 없다. 5년 전 주식 시장에서 무슨 일이 일어났는지 모두가 알 수 있지만 공부를 하지 않으면 끝내 모를 수밖에 없다. 미래도 마찬가지다. 공부하고 고민하는 이들은 미래를 볼 수 있다. 이웃집 부자들은 그렇게 찾아낸 확실한 미래에 투자한다.

06

가장 확실한 투자처는 나 자신이다

'부자들은 어디에 투자할까?'

많은 사람이 궁금해 하는 부분이다. 이웃집 부자들을 만나 그들의 성공 비결을 듣는다고 했을 때 주위에서 가장 많이 물어본 질문 중에 하나이기도 했다.

도대체 많은 돈을 번 부자들은 그 돈을 어디에 투자하는가? 같은 질문을 조금 바꿔보면, 어디에 투자해서 그 많은 돈을 모을 수 있었던 걸까? 이 질문에는 이웃집 부자들도 저마다 다양한 답을 내놨는데 그중에 가장 흥미로운 답은 이것이었다.

"저는 제 자신(회사)에게 투자합니다. 이것보다 확실한 투자처는 없으니까요."

무슨 황당한 대답일까 싶지만, 사실 곰곰이 따져보면 고개를 끄덕이게 되는 답이었다. 특히 자신의 회사를 가진 이웃집 부자들이 이런 답을 많이 내놨다. 그들은 주식이나 채권, 그리고 한때 열풍이었던 비트코인 같은 암호화폐에는 큰 관심이 없어 보였다. 주식으로 돈을 번 부자야 당연히 주식에 관심을 가질 것이고, 그 외에는 부동산에만 약간 관심을 가질 뿐이었다. 그리고 하나 같이 자신에게 투자한다고 답했다. 어째서 자신에게 투자하는 게 가장 확실한 투자라는 걸까?

나는 내 회사에 몰빵한다

라임자산운용의 원종준 대표를 만날 때 가장 궁금했던 건 원 대표의 개인적인 투자 포트폴리오였다. 5조 원이 넘는 돈을 굴리는 자산운용사의 대표는 어떻게 재테크를 하고 있을까? 힌트라도 얻으면 필자도 주식 투자의 고수가 될 수 있지 않을까 하는 기대감이 컸다는 사실을 여기에서 솔직하게 고백하겠다. 하지만 원 대표의 대답은 이런 기대를 한 번에 꺾어 놨다.

"2012년에 처음 회사를 만들고 지금까지는 개인적으로 번 돈을 거의 다 회사에 다시 투자했습니다. 앞으로는 현금을 조금 모아야겠다는 생각은 하고 있지만 그동안은 생활비로 나가는 돈을 빼면 따로 재테크를 하지 않고 거의 회사에 재투자했습니다."

여의도 증권가의 잘 나가는 자산운용사 대표의 투자전략치고는 허무하다. 하지만 조금만 생각을 해봐도 이 전략이 얼마나 합리적인지 깨달을 수 있다. 원 대표가 자신의 회사에 재투자하는 건 그만큼 회사의 성장 가능성에 대한 확신이 있기 때문이다. 주식 투자를 하든, 채권 투자를 하든지 투자 종목에 대한 공부가 필요하다. 예컨대 코스닥 시장의 바이오 종목에 투자한다고 치면 그 회사의 재무제표에서부터 개발 중인 신제품의 성공 가능성, 시장 경쟁력을 제대로 따져봐야 된다. 여기서 끝나지 않는다. 글로벌 시장의 경쟁구도를 살펴야 하고 주주의 구성도 따져봐야 한다. 회사의 지배구조에 문제는 없는지, 정부의 정책방향은 어떤지도 살필 필요가 있다. 물론 이런 스터디 없이 감이나 소문만 믿고 투자하는 사람도 많지만 그런 경우는 제외하도록 하자. 그들은 투자자가 아니라 도박꾼이다. 투자자는 자신이 어디에 투자하는지 확실하게 알고 나서야 움직인다.

하지만 우리가 아무리 공부를 열심히 한다고 해도 회사 내부 관계자만큼이나 상황을 정확하게 알 수는 없다. 외부에 공개되어 있는 정보는 늘 부족하고 어딘가 결함이 있기 마련이다. 여기서 원 대표의 선택을 다시 돌아보자.

원 대표는 라임자산운용의 대표다. 라임자산운용의 투자성과와 앞으로의 사업계획, 관련된 내·외부의 환경이나 정부의 정책방향에 대해 원 대표만큼 정확하게 파악하고 있는 사람은 없다. 자신의 회사에 재투자한다는 말은 듣기 좋으라고 하는 립 서비스가 아니다. 라임자산운용이 앞으로 수십 퍼센트에서 수백 퍼센트의 수익

률을 자신에게 안겨다 줄 수 있다는 확신이 있기 때문에 원 대표
는 자신 있게 재투자에 나선 것이다.

라임자산운용은 2018년 12월에 78억 원 규모의 증자를 실시했
다. 당연히 원 대표도 참여했지만 회사의 임직원들도 모두 적극적
으로 증자에 참여했다고 한다. 이들은 자신이 다니는 회사의 성장
가능성에 확신을 가졌기에 그 돈을 다른 주식이나 채권, 부동산에
투자하지 않고 자신의 회사에 투자한 것이다. 원 대표는 "회사의
성장에 대해 가장 정확하게 아는 이들은 그 회사의 임직원들입니
다. 반대로 회사가 어려워지기 시작할 때 가장 먼저 그걸 알고 나
가려고 하는 것도 임직원들입니다. 라임자산운용의 임직원들은 다
행히도 증자에 적극적으로 참여해주려고 하니 고마운 마음이 듭
니다"라고 말했다.

이런 모습은 보통의 기업보다 성장 속도가 가파르고 관련 정보
가 외부에 잘 공개되지 않는 스타트업에서도 똑같이 확인할 수 있
다. 김태훈 레이니스트 대표를 만났을 때도 필자는 같은 질문을 던
졌다. 한국에서 가장 인기 있는 자산 관리 서비스 앱을 운영하는
회사의 대표인데 본인의 자산 관리는 어떻게 하고 있느냐고 물었
다. 김 대표의 대답이 걸작이다.

"회사에 몰빵하고 있습니다."

그런데 김 대표의 표정은 진지했다. 레이니스트는 아직 이익을
내는 회사는 아니다. 스타트업이다 보니 투자를 받아서 서비스를

고도화하고 덩치를 키우는 단계다. 지금까지 레이니스트가 투자 유치한 금액은 190억 원 정도로 알려졌다. 2018년 매출액은 60억 원 정도였다. 김 대표는 2019년 말에는 월 매출액이 10억 원 정도로 증가할 것이라고 말했다. 레이니스트, 그리고 레이니스트가 운영하는 뱅크샐러드는 정부의 핀테크 육성정책에 힘입어 하루가 다르게 성장하고 있다. 금융 플랫폼분야에는 다른 선두주자가 있기는 하지만 앞으로의 성장 가능성은 뱅크샐러드가 더 크다는 평가가 많다. 김 대표는 이런 성장 가능성에 베팅을 한 것이다.

"지금은 다른 데 신경을 쓸 타이밍이 아니라고 봅니다. 최근 1년 반 정도의 기간 동안 우리가 하는 사업에 대해 대박이 나겠다는 확신을 가지고 있습니다. 여기까지 오는데 시간이 조금 많이 걸리기는 했지만 지금은 자신감이 붙었습니다. 보통 한 분야에 1만 시간을 쓰면 최고가 될 수 있다는 '1만 시간의 법칙'이라는 말이 있는데 저는 이 사업에만 2만 5,000시간을 썼습니다. 5년 동안 일주일에 100시간씩 일했으니까 대략 그 정도 됩니다. 확신을 가지고 있기 때문에 다른 데 신경 쓸 시간에 우리 회사를 키우자고 판단해서 다른 투자는 하지 않는 겁니다."

김 대표는 말을 마치고는 잠깐 뜸을 들이다가 한마디를 덧붙였다.

"우리 회사의 실적은 제가 노력하면 올릴 수 있으니까 가장 확실한 투자처네요."

**자기 자신에 대한
확신에서 시작해라**

경제와 관련된 각종 콘텐츠를 만드는 이
진우 기자도 '반드시 해야 할 재테크 방
법'으로 자기계발을 꼽았다. 재테크는 여
유자금으로 하는 것이기 때문에 재테크의 성공확률을 높이려면
더 많은 여유자금을 확보하는 것이 필수다. 이진우 기자는 평범한
월급쟁이가 여유자금을 많이 확보할 수 있는 가장 확실한 방법은
치열하게 자기계발을 해서 자신의 가치를 높이고 그에 걸맞은 많
은 연봉을 받는 것이라고 말했다. '저위험, 고수익'을 기대할 수 있
는 투자 기회를 발굴하고 빠르게 판단해서 투자하는 능력도 중요
하지만 이런 것들은 결국 투자할 돈이 있을 때에나 의미가 있다.
치열한 자기계발이 곧 성공한 재테크의 첫걸음이라는 것이 이진
우 기자의 지론이었다. 같은 맥락에서 이진우 기자는 가장 확실한
노후 대비방법도 자기계발일 수밖에 없다고 설명했다.

"노후에는 건강, 시간을 채울 취미, 함께할 친구, 돈, 이렇게 네
가지가 필요한데 이 가운데 두 가지 이상이 없으면 불행해지고, 한
가지만 없다면 그럭저럭 괜찮은 노후가 될 수 있습니다."

이 중에서도 돈을 모으기 위한 가장 확실한 방법은 '자기 능력을
키우고 닦아서 수입을 조금이라도 늘리고, 소득 흐름을 안정적으
로 만드는 것'이라고 이진우 기자는 설명했다. 우리가 엄청난 연봉
을 받는 스포츠 스타나 광고 한 편만 찍어도 수억 원을 벌 수 있는
연예인이 아닌 이상 노후를 위한 최선의 비결은 지금 하는 일을

열심히 잘하는 것이라는 말도 덧붙였다.

자기 자신에 대한 확신을 가지는 건 사업을 하는 이들에게만 중요한 자질은 아니다. 자신감은 어떤 분야에서 일하든 성공하기 위한 중요한 자질 중 하나다. 흙수저로 태어났지만 사업가로 성공해 큰 부자가 된 일본의 미야모토 마유미는 부자가 되려면 말투부터 고쳐야 한다고 말했다. 말투가 돈을 버는데 무슨 상관이 있겠냐 싶지만 미야모토 마유미의 말을 들어보면 꽤 신뢰가 간다.

"평범한 월급쟁이는 운이 없으면 절대로 부자가 될 수 없습니다. 그 운을 좌우하는 건 우리가 평소에 아무렇지 않게 내뱉는 몇 마디의 말입니다. 말투를 고치지 않으면 부자도 될 수 없습니다."

자기 자신의 결점을 고치고 확신을 가지는 것이야말로 부자가 되기 위한 첫걸음이다.

필자들이 만난 이웃집 부자들은 모두 자기 분야에서 일가를 이룬 사람들이다. 그러면서도 그들은 하나 같이 사람을 대하는 태도가 공손했다. 나이가 어리다고 얕보거나 함부로 말을 놓지도 않았다. 동시에 그들은 자신의 일에 대해서만큼은 확신에 차서 설명했다. 자기 자신에 대한 확신에서 나오는 겸손함, 이웃집 부자들의 공통된 특징이었고 가장 확실한 무기이기도 했다.

지금에 ─────── 만족하지 않고 ─────── 늘 변화를 찾는다 ───────

 홍춘욱 전 팀장은 여의도를 떠나 한국 전체로 시선을 돌려도 한 손에 꼽을 만한 투자 전문가다. 그래서인지 홍 전 팀장은 늘 바쁘다. 증권사 리서치센터의 애널리스트로 있을 때뿐만 아니라 지금도 각종 투자 강연 섭외 1순위이고 자신의 이름으로 낸 책만 10권이나 된다. 신문 칼럼에 인터뷰까지 끊이지 않는다. 최근에는 부동산 시장을 각종 금융 지표를 통해 분석하는 '부동산 여의도학파'의 선두주자로도 유명하다.

 지금 하는 일만 해도 한둘이 아니어서 도저히 다른 일을 할 시간이 날까 싶지만 그는 고개를 가로젓는다. 공부를 해야 된다는 것이다. 주말을 거의 책 읽는 데 쓴다고 설명했다. 업무 특성상 출장이나 외근이 많은데 이때도 늘 가방에 책 한두 권은 챙긴다고 한다. 잘 나가는 여의도 증권맨을 생각하면 떠오르는 이미지가 있다. 영화 〈킹스맨〉의 콜린 퍼스처럼 깔끔한 맞춤 정장에 브로그 없는 옥스퍼드 구두를 신고 머리에는 포마드를 발라 깔끔하게 정리하고 손에는 가죽으로 만든 서류가방을 든 그런 증권맨 말이다. 실제로 여의도를 돌아다니다 보면 그런 사람을 마주칠 수 있긴 하지만 홍 전 팀장의 경우는 아니다. 그는 백팩을 매고 다닌다. 이유는 간단하다. 세미나 자료와 책을 한꺼번에 넣으려면 서류가방이 아니라 백팩이어야 하기 때문이다.

어떤 책을 읽어야 하느냐는 질문에 홍 전 팀장은 1초도 고민하지 않고 서준식 신한BNP파리바자산운용 부사장이 쓴 《채권쟁이 서준식의 다시 쓰는 주식 투자 교과서》를 읽어보라고 권했다. 자신이 쓴 《환율의 미래》도 조심스럽게 함께 추천했다. 홍 전 팀장 정도의 전문가가 제목에 '다시 쓰는 주식 투자 교과서'라는 글이 들어간 책을 읽어야 되느냐고 되묻자 그는 주식 투자는 끝이 없는 공부의 연속이라고 설명했다. 주식 투자에는 다양한 전략과 스타일이 있는데 자기 자신은 그중 어떤 스타일인지 정하는 것이 중요하다고 말했다. 모든 일이 그렇지만 자기 자신을 아는 게 세상사에서 가장 어려운 법이다. 홍 전 팀장은 국민연금 기금운용본부에서 투자운용팀장까지 한 적이 있다. 그런 그도 아직 자기 자신을 알기 위해 주말이면 책을 펼치고 공부한다. 새로운 스타일, 새로운 전략에 대한 고민에는 끝이 없다.

부자의 비결은 공부, 공부, 그리고 공부

지금 서 있는 자리에 안주하지 않는 것은 이웃집 부자들의 공통된 모습이다. 그들은 늘 다음 스텝을 고민한다. 막무가내로 사업을 확장하는 게 아니라 치열한 공부와 분석을 거쳐서 다음 발걸음을 어디에 내디딜지 결정한다. 최고의 위치를 지키기 위해 전속력으로 달리고 있으면서도 다음 경로를 미리 파악하는 모습이 마치 영화 〈아이언맨〉의 인공지능 비서인 자비스를 하나씩 가지고 있는 것 같다.

서정은 드림워커 대표도 홍 전 팀장과 마찬가지로 학구파다. 패션 사업과 인문학은 전혀 어울리지 않을 것 같은데 서 대표는 그걸 융합해냈다. 서 대표가 처음부터 책을 많이 읽은 건 아니었다. 군대에서 보낸 2년에 가까운 시간이 중요한 전환점이 됐다. 군 입대 전에 회사 일에서 떨어진 채 자신만의 시간을 보냈고, 입대한 뒤로도 사업에 관여하지 않고 재충전의 시기를 가졌다. 이때 서 대표가 관심을 가진 것이 책이었다.

"군대에 있는 동안 1년에 150권 정도는 책을 읽었습니다. 군대에는 책이 거의 없으니까 직원들을 시켜서 필요한 책을 면회 올 때마다 가져다 달라고 했죠. 주로 읽은 책이 철학서, 고전, 인문학 서적 등이었습니다. 책을 읽다 보니 제가 왜 실패를 했고 회사 일에 왜 재미를 느낄 수 없었는지에 대해 이해할 수 있었습니다. 일을 왜 해야 하는지 모르고 그저 바쁘게 움직이기만 했으니 일에서 재미를 느낄 수 없었던 거죠. 그런 걸 책에서 배웠습니다."

서 대표는 지금도 책을 가까이 한다고 밝혔다. 가장 좋아하는 책은 노자의 《도덕경》이다. 드림워커가 운영하는 패션 브랜드는 다른 패션 브랜드나 쇼핑몰과 달리 브랜드의 스토리가 확실하다. 데이라이프는 꿈을 강조하고, 스페이스에이지는 가능성과 도전의 이야기를 담고 있고, 베리구스는 환경과 지속 가능성에 대한 고민 끝에 탄생한 브랜드다. 이런 이야기를 만드는 데 그동안 서 대표가 읽은 책들이 큰 도움이 됐다.

서 대표는 공부에서 그치지 않고 새로운 영역으로 사업을 넓히는 데 주저하지 않는다는 점에서 실천파이기도 하다. 그는 과거 패션 플랫폼과 IT 서비스 분야로 사업을 확장하다 실패를 경험한 적이 있다. 하지만 시간이 흘러 지금 다시 같은 분야에 도전할 준비를 하고 있다.

"새로운 사업, 새로운 비즈니스분야를 찾는 건 천성입니다. 스스로 만족하는 기대치가 굉장히 높은 편입니다. '이 정도면 됐다'라는 생각을 하지 않습니다. 일단 과녁에 맞혔다는 생각이 들면 대포를 쏘는 성격입니다."

대중을 위한 경제 콘텐츠를 만드는 이진우 기자도 학구파다. 수많은 경제 콘텐츠와 정보를 취합해서 핵심만 간결하게 전달해야하는 직업을 가진 만큼 공부를 잠깐이라도 쉴 수 없는 건 이진우 기자의 숙명 같은 게 아닐까 싶다. 그는 "기자가 갖고 있는 생각의

깊이나 시야의 넓이가 그 기자가 생산하는 콘텐츠의 품질을 결정하기 때문에 운동선수가 매일 운동을 하듯, 실력 있는 사람들과의 만남이나 독서는 일상의 루틴으로 필수적"이라고 설명했다.

그렇다면 이 기자는 경제 공부를 어떻게 하고 있을까? 다른 이들처럼 다독에 의지하는 걸까? 이 기자는 책도 책이지만 디테일이 살아 있는 콘텐츠를 찾아내는 것이 중요하다고 말했다. 그가 즐겨 쓰는 방법은 증권사 리서치센터가 써내는 리포트와 국회에서 열리는 정책 세미나를 챙겨 듣는 것이다.

증권사 리서치센터는 개별 종목에 대한 한두 페이지짜리 리포트를 주로 내지만 종종 특정 업종이나 산업군, 이슈에 대한 심층 리포트를 내기도 한다. 리서치센터에서 일하는 연구원이 짧게는 수십 페이지에서 길게는 백여 페이지짜리 심층 리포트를 내는데, 어지간한 신문기사로는 따라가기 힘든 퀄리티(Quality)를 보여준다. 증권사 리포트답게 각종 통계와 수치도 충실하게 실려 있어 말의 성찬인 경우가 많은 언론사 기사나 칼럼보다 유익한 것도 빼놓을 수 없는 장점이다.

국회에서 거의 매일 열리는 정책 세미나도 마찬가지다. 국회는 입법과정에서 필요한 의견을 듣기 위해 다양한 주제의 세미나를 매일 개최한다. 국회에서 개최하는 세미나에는 각 분야의 최고 전문가가 저마다 준비한 발제문과 토론자료를 들고 참석하기 마련이다. 이런 자료는 현장에만 가면 무료로 받을 수 있는 데다 세미나 참석자들이 신경 써서 만들기 때문에 이진우 기자가 말하는 '디테일'이 살아 있는 경우가 많다. 이진우 기자는 "디테일이 살아 있는 콘텐츠를 찾아서 읽고 그걸 쓴 사람과 이야기하는 게 전문성을 강화하기 위해 꾸준히 하는 노력"이라고 설명했다.

돈 버는 게 전부는 아니다

새로운 분야를 개척하는 건 다른 이웃집 부자들도 마찬가지다. 원종준 대표가 이끄는 라임자산운용은 최근 들어 스타트업과 문화 콘텐츠에도 투자를 시작했다. 라임자산운용이 만든 펀드는 커피 브랜드인 테라로사와 전자책 콘텐츠를 만드는 리디북스의 지분에 투자했다. 또 라임자산운용은 영화 〈범죄도시 2〉에 투자하기로 확정했다. 스타트업과 문화 콘텐츠는 원 대표의 전문분야가 아니지만 작은 규모부터 시작해 조금씩 투자를 늘리고 있다.

원 대표는 라임자산운용의 다음 스텝이 뭐냐는 질문에 조금 다른 답을 내놨다. 회사보다도 자신의 개인적인 꿈이 있다며 몇 년 뒤에는 회사 일보다 그쪽에 더 시간을 내고 싶다고 했다. 어떤 일인지 묻자 금융 교육이라고 답했다. 금융 교육은 돈이 되는 사업이 전혀 아니기 때문에 필자가 놀란 표정을 짓자 그는 돈을 벌겠다는 생각은 아니라고 설명했다.

"한국은 평균 수명이 가장 긴 축에 속하는데 지금껏 금융 교육을 제대로 받아본 적이 없습니다. 주변을 보면 은퇴를 하고 나서야 금융에 대해 공부하는 사람이 많아요. 시간을 돌려서 대학 졸업하기 전에 금융에 대해 공부를 하고 직장생활하면서 자산 관리를 신경 썼다면 다른 게 그대로여도 국민들 개개인의 금융 자산에는 많은 변화가 있지 않았을까 싶습니다. 돈이 되는 건 아니지만 이런 부분에서 제가 할 수 있는 게 없을까 고민을 하고 있어요."

이웃집 부자들은 늘 새로운 그림을 머릿속에 그리고 있다. 더 많은 돈을 벌기 위한 새로운 투자처일 수도 있고 그동안 쌓은 자산에 걸맞은 사회적 책임을 위한 고민일 수도 있다. 확실한 건 이들은 늘 고민하고 생각한다는 것이다. 이웃집 부자들은 현재에 멈추지 않는다. 부지런히 걸으면서 늘 앞을 보고 있다.

08 걸으로 부자처럼 보이는 사람은 없다

미국의 백만장자 수천 명을 분석한 토머스 J. 스탠리와 윌리엄 D. 댄코 박사가 쓴《백만장자 불변의 법칙》에는 흥미로운 이야기가 나온다.

그들은 재산이 1,000만 달러 이상인 부자들을 대상으로 직접 만나 인터뷰를 진행했다. 부자들의 공통점을 찾기 위해 심층 인터뷰를 진행한 것이다. 이들은 부자들과의 인터뷰에 공을 많이 들였다. 부자들의 취향을 맞추기 위해 뉴욕 맨해튼의 호화로운 고급 주택을 빌리고 최고급 요리사를 고용했다. 캐비아를 비롯한 고급 요리를 차렸고 음식에 어울리는 값비싼 포도주도 함께 준비했다. 이들은 부자들이 이렇게 철저한 준비에 감동받을 것으로 예상했지만 실제로는 정반대였다. 부자들은 인터뷰를 하는 동안 음식과 포도주에는 좀처럼 손을 대지 않았다. 결국 그들은 인터뷰 도중 한 부자에게 직접 포도주를 권했다. 그러자 그 부자는 당황한 얼굴로 이렇게 말했다고 한다.

"저는 공짜 맥주하고 버드와이저만 마십니다."

물론 화려한 생활을 누리는 부자도 많다. 수억 원짜리 고급 차를 타고 다니며 호텔 레스토랑에서 식사를 즐기고 클럽 파티에 돈을 뿌리고 다니는 그런 부자들 말이다. 우리가 머릿속으로 상상하는 그런 부자들이 현실에도 얼마든지 있다. 하지만 적어도 필자들이 만난 이웃집 부자들 중에는 그런 부자가 단 한 명도 없었다고 말할 수 있다.

**부자들은
겉치레에
신경 쓰지 않는다**

매년 3월이면 정부의 고위공직자 재산 내역이 공개된다. 고위공직자의 투기 의혹이 제기되기도 하고 여러 가지 논란이 생기기도 한다. 2019년에는 김의겸 당시 청와대 대변인의 재개발 투자가 논란이 됐다. 하지만 이때는 고위공직자들의 재테크전략을 엿볼 수 있는 좋은 기회이기도 하다.

고위공직자들이 누구인가? 대한민국에서 가장 똑똑하고 정보력이 좋은 사람들이다. 고위공직자가 되기 위해 많은 자산을 미리 처분하기도 하지만 어쩔 수 없이 흔적이 남는 경우가 있다. 이런 뉴스를 흘려듣지 말고 이들이 어떤 부동산을 가지고 있고, 어떤 금융 상품이나 주식을 가지고 있는지 눈여겨볼 필요가 있다.

고위공직자의 재산 공개 때 또 다른 흥미로운 뉴스를 보기도 한다. 전혀 부자일 것 같지 않던 사람이 사실은 큰 부자라는 걸 깨닫게 되는 경우다. 예컨대 윤석헌 금융감독원장은 평소 소탈한 차림에다 강원도 춘천에 집이 있다는 점 때문에 유능한 관료일지언정 부자라는 생각은 다들 하지 못했다. 그런데 2019년 3월에 공개된 그의 재산은 32억 원에 달했다. 백팩을 매고 지하철로 출퇴근하는 윤 원장이 30억대의 자산가라는 사실은 모두를 놀라게 했다. 부자는 겉치레에 신경을 쓰지 않는다는 사실이 또 한 번 증명됐다. 필자는 사석에서 윤 원장에게 왜 백팩을 매느냐고 물은 적이 있다. 그의 답은 단순명료했다. 봐야 할 서류가 많아서 백팩이 편하다는 것이었다.

필자들은 토머스 J. 스탠리나 윌리엄 D. 댄코 박사처럼 인터뷰를 위해 고급 주택을 빌리지는 않았다. 대신 이웃집 부자들이 편하다는 장소에서 만나 인터뷰를 진행했다. 사업을 하는 경우에는 대부분 자신의 회사 회의실에서 인터뷰를 하길 원했고 직장인이나 개인 투자를 하는 경우에는 일터에서 가까운 카페에서 만났다. 그들은 인터뷰 때문에 일하는 시간을 뺏기는 걸 아까워했고 조금이라도 시간 낭비를 줄이기 위해 인터뷰가 끝나자마자 다시 일할 수 있는 곳에서 만나기를 원했다. 그들은 드라마나 영화에 흔히 나오는 재벌 2세를 비롯한 전형적인 부자의 모습이라기보다는 일꾼 개미에 더 어울렸다.

뱅크샐러드를 만든 레이니스트는 2019년 초에 사무실을 강남에서 여의도로 옮겼다. 김태훈 레이니스트 대표를 만난 건 새로 옮긴 여의도의 사무실이었다. 김 대표는 후드티를 입은 채 필자를 맞았는데 계속되는 회의 도중에 겨우 시간을 낸 것이었다. 인터뷰는 탕비실 바로 옆의 작은 테이블에서 진행됐다. 바로 옆에서는 다른 직원들이 회의를 진행하고 있었고 김 대표도 여느 직원들과 크게 다르지 않은 모습으로 필자의 질문에 답을 했다.

이웃집 부자들은 허례허식이 없었다. 그들은 아낄 수 있는 건 아끼는 게 좋다는 마음가짐이었다. KB국민은행의 전인수 팀장을 만났을 때는 마침 밸런타인데이 전날이어서 여의도 KB국민은행 본점에 있는 카페에서 초콜릿이 들어간 음료를 절반 가격에 할인 판매하고 있었다. 전 팀장이 고른 음료는 당연히 그 초콜릿 음료였다.

곽상희 미오백 대표를 만난 곳은 곽 대표가 잘 아는 스타트업 대표의 사무실이었다. 따로 커피를 시키고 할 것도 없었다. 곽 대표는 스타트업 회의실에서 두 시간 가까이 이야기를 나누고는 지하철을 타고 집으로 향했다. 원종준 라임자산운용 대표는 운전기사가 없다. 직접 차를 몰고 출퇴근한다. 출근 시간에는 EBS 라디오를 듣는데 영어 공부를 하기 위해서라고 한다. 출근 시간의 자동차 안은 짧은 시간이나마 원 대표를 위한 영어학원이 되는 셈이다.

이진우 기자와의 인터뷰는 광화문에 있는 〈조선일보〉 사옥 1층 카페에서 진행했다. 점심시간을 이용해 함께 점심을 먹으며 이야기를 나눴는데, 근처에서 사온 6,000원짜리 도시락을 먹으면서 허심탄회하게 질문에 답하는 모습이 인상적이었다.

다른 사람의 시선을 신경 쓰지 않는다

필자들이 만난 이웃집 부자들은 태어날 때부터 큰 부를 손에 거머쥔 사람들이 아니다. 중산층 가정에서 태어난 이들도 있고 유복한 환경에서 자란 이들도 있지만 대부분 우리가 부자라고 부를 만한 부모를 만나지 않았다. 오히려 부모의 부채를 갚느라 적지 않은 노력을 한 경우가 더 흔했다. 날 때부터 부자가 아니었기 때문에 이들은 자신들의 생활방식이나 소비습관에 대해 유별나다는 생각 자체를 하지 않고 있었다. "다른 부자들도 당신처럼 지내나요?"라고 묻는다면 "잘 모르겠습니다. 다른 부자들이 어떻게 사는지 관심이 없습니다"라는 답이 돌아올 것이다.

여기에는 부자가 되기 위한 중요한 원칙 하나가 숨어 있다. 다른 사람이 어떻게 사는지 관심이 없다는 말을 할 수 있다는 것은 다시 말해서 다른 사람이 나를 어떻게 생각하는지 관심이 없다는 말과 마찬가지다. 이들은 다른 사람들의 시선을 신경 쓰지 않았다. 그렇기 때문에 많은 사람이 생각하는 '부자다운 모습'에서 자유로워질 수 있었던 것이다. 스스로의 노력으로 부자가 된 뒤에 방탕한

생활에 빠지는 사람도 많다. 모든 자수성가형 부자가 검소하고 소박한 생활을 유지하는 건 아니다. 그렇게 자신의 생활 리듬을 잃는 이들은 결국 부자가 되기 전과 마찬가지로 허우적거리며 살 수밖에 없다.

필자들이 만난 이웃집 부자들은 돈을 어떻게 벌어야 할지에 관심을 가지지 어떻게 써야 할지에 대해서는 큰 관심이 없었다. '내일 모임에 입고 나갈 재킷이 없는데 쇼핑을 해야 하지 않을까?' 같은 생각도 하지 않는 것 같았다.

진짜 부자들은 자신의 부를 남들에게 증명해야 할 필요성을 느끼지 못한다. 그들은 이미 자신들의 성공을 자신의 삶 속에서 증명해냈다. 다른 누군가의 인정은 필요하지 않다. 가족의 애정과 동료들의 지지 정도면 충분하다. 모르는 사람의 시샘과 질투를 위해 자신의 시간을 낭비하지 않는다. 이웃집 부자들은 늘 말한다.

"돈을 벌기에도 시간이 부족합니다. 인터뷰는 이 정도면 충분하지 않을까요? 다른 일이 기다리고 있어서 이만 일어나봐야 합니다."

조직
경쟁력을
키워라

인터넷 기업에 다니는 N씨는 30대 초반에 최연소 기록으로 본부장 직함을 달았다. 연봉 9,800만 원에 성과급 3,500만 원 등을 받았으니 억대 연봉자이기도 했다.

분명 성공한 인생에 가까웠지만, N씨는 어느 날 문득 의문이 들었다. 인터넷 마케팅을 도와준 사람들이 자신보다 좋은 차를 타고 더 여유로운 생활을 즐기는 모습을 보면서부터다. 그는 "항상 사업해야겠다는 생각을 하고 있었고, 내가 사업가라면 어떻게 할까를 고민했지만 직접적인 계기가 된 생각은 '직장 내에 있어 봐야 남들 좋은 일만 시키는구나'였습니다"라고 말했다.

당시 N씨는 지역사업본부장으로 재직 중이었다. 지역의 병원이나 호텔, 찜질방 등 다양한 B2C(일반 소비자를 대상으로 하는 사업)업체를 인터넷상에 소개하는 것을 기획하는 업무를 맡고 있었다. 좀 더 구체적으로 말하면, 블로그나 검색 광고 등을 통해 사이트 접속자를 늘리면서 매출을 일으키는 것이었다. N씨가 처음 일할 때만 해도 야후, 다음에 이어 업계 3위였던 네이버가 선두로 올라서는 시기였고 해당 시장이 폭발적으로 커지는 중이었다.

사업을 시작한 N씨가 처음 선택한 분야는 영업 대행이었다. 첫 달부터 직원 60명을 거느리고도 순이익 5,000만 원을 남길 정도로 시작과 동시에 성공을 거뒀다. 그때까지만 해도 제대로 된 인터넷 마케팅을 하지 못하는 기업이 천지였다. 그의 경쟁력은 높았으며 앞으로도 이렇게 순탄하게 흐를 것만 같았다.

하지만 주요 고객이었던 기업들의 단가 후려치기가 시작됐고, 경쟁사가 잇따라 생기면서 인력 빼가기가 극심해졌다. 그는 슬럼프에 빠졌다. 한때는 금전적으로 힘든 지경까지 내몰렸다. 인터뷰 자리에 동석한 계열사 대표 O씨는 "그때 이 친구를 마트에서 우연히 만났는데, 다짜고짜 저한테 15만 원을 빌려간 일도 있었습니다"라고 말하면서 웃었다.

힘든 시기를 보냈던 그는 성형외과, 피부과, 치과 등 병원 쪽만 특화하기로 방향을 재정리했다. 병원의 경우 돈은 있는데, 오너는 대부분 마케팅이나 영업이라고는 모르는 의사였다. 이쪽만 공략하면 되겠다 싶었다. 그렇게 특화한 것이 역시 신의 한 수가 되었다. 이후 관련 분야에서 독보적으로 승승장구했다. 그러던 어느 날, 청담동에 있는 한 병원의 병원장이 찾아왔다.

"임대료가 10개월이나 밀렸습니다. 저희 병원을 좀 살려주세요."

"내상이 심한데 이건 마케팅만으로는 안 됩니다. 혹시 제가 경영을 해도 될까요?"

"그렇게 해주세요."

"그렇다면 제가 시키는 대로 따라주시는 거죠?"

"네, 알겠습니다."

이후 N씨는 연매출 100억 원이 되지 않는 병원을 주변 사람들이 놀랄 정도의 속도로 국내에서 대표적인 미용 성형병원으로 끌어올렸다. 지금은 비보험 병원에 경영 자문 서비스를 해서 최상위권으로 올려주는 병원경영지원회사(MSO)의 대표로 활동 중이다. 의사도 아닌 인터넷 전문가인 그가 어떻게 병원업계의 미다스(Midas)의 손으로 자리를 잡게 됐을까?

로열티 있는 직원을 전문가로 만들어라

이 책에서 소개하는 이웃집 부자들의 기업을 보면, 사실 사장 한 명의 힘으로 이룰 수 있는 크기의 기업이 많다. N씨 또한 매출 100억 원, 혹은 종업원 수십 명까지는 사장 한 명이 날뛰면서 얼마든지 할 수 있다고 했다. 하지만 더 나아가기 위해서는 '조직'이 중요하다며 병원의 실제 이야기로 설명하면서 강조했다.

"우리나라에 성형외과, 피부과 등 비보험 전문병원 중 연매출

100억 원을 넘는 곳이 100개나 있습니다. 그렇다면 300억 원을 넘는 병원은 몇 개나 될까요? 10개밖에 안 됩니다. 그만큼 100억 원까지는 병원장이 혼자 시술을 잘하든, 마케팅을 잘하든 하면 해낼 수 있습니다. 하지만 더 키우려면 결국 조직 경쟁력을 키워야 합니다. 대표 혼자서는 절대 안 됩니다. 어느 영역이든 마찬가지일 겁니다. 그리고 직원이 100명만 돼도 속속 알지 못합니다. 매일 한 명씩 면담한다고 해도 일 년에 2번밖에 만나지 못해요(주 5일 근무 기준). 그러면 그 직원이 어떤 사람인지 알 수 없습니다. 결국 조직으로 이끌어가야 하는 겁니다."

N씨가 다 망해가는 청담동 병원을 맡기로 한 뒤, 처음 한 일이 조직 세팅이었다. 일단 간호사 출신 상담실장을 바꿨다. 그는 외부에서 채용한 상담전문가에게 병원을 가르쳤다.

"상담실장은 결국 고객이 결정하는 가장 중요한 관문인데 아무한테나 시키는 경향이 있습니다. 예전에는 병원장이 친한 비전문가에게 맡기는 경우도 많았어요. 하지만 상담은 전문영역입니다. 상담이나 법무, 재무 관리 이런 쪽은 반드시 그쪽 업계 전문가한테 시켜야 합니다."

그다음에는 로열티(충성심)가 있는 직원을 선별해 보고서 쓰는 법부터 가르쳤다. 어차피 병원장이 모든 것을 다 알 수는 없다. 보고서를 잘 써야 무슨 상황인지 정확히 알고 대응할 수 있다. 병원 직원들은 난생 처음 해보는 작업에 끙끙댔지만, 그래도 어떻게든 이겨냈다. 이 당시 버텨낸 직원 중 한 명은 현재 계열사 대표이사를 맡고 있다고 한다.

또 했던 일 중 하나가 통계 담당 직원을 4명이나 뽑은 일이었다. 어떤 고객이 어떤 상황에서 병원을 찾는지 데이터베이스(DB)를 만들기 위해서였다. 통계를 다루는 일은 절대로 간호사 출신이나 의사는 할 수 없기 때문에 외부에서 채용했다.

월매출 8억 원이었던 병원은 그해 말에 처음 20억 원을 찍었고 이듬해 초, 곧바로 30억 원을 기록했다. 이후로도 승승장구했다.

스카우트 제안을 할 때에는 업계 최고 대우를 약속하는데 그때마다 경쟁 병원에서 넘어오고 싶다는 사람들로 넘쳐났다. M&A 시장에도 뛰어들면서 회사는 급속도로 커졌다.

나는 경영을 책에서 배웠다

N씨는 20대 때 한 대기업 회장의 운전기사로 채용되는 면접을 봤다고 한다. 스펙이 화려한 그가 운전기사 일을 하고 싶다고 하자 해당 대기업에서는 상당히 당황했다고 한다. 그는 당당하게 말했다.

"회장님께서 부동산 보는 눈이 있으신 걸로 알고 있습니다. 어느 곳을, 어떻게 보시는지 배우고 싶습니다. 일 열심히 하겠습니다."

하지만 그 대기업은 그를 운전기사로 채용하지 않았다. 아무래도 남다른 사람이기 때문이지 않을까 싶다는 게 그의 생각이다.

결국 그는 경영을 배우기 위해 책을 집어 들었다. 일 년에 꼭 100권을 읽기로 다짐하고, 반드시 유념해야 하는 문구가 나오면 따로 정리했다. 수년간은 책 정리에만 하루 3시간씩 썼다고 한다. 그러다 보면 자연스레 경영 철학이 잡힌다고 설명했다. 그의 경영 철학은 '한번 뱉은 말은 무조건 지킨다'다. "입으로 나온 말은 도장 찍은 것보다 확실하다는 인식을 줘야 합니다. 이른바 신용과 의리죠"라고 웃으면서 그 이유를 말했다.

후배 경영자들에게 한 가지 조언하고 싶다면서 "경영이란 무엇인가?"라는 뜬구름 잡는 것 같은 질문이 나온다고 해도 바로 대답이 튀어나와야 한다고 강조했다.

"모름지기 경영자라면 경영에 대한 고민을 많이 해서 경영이 무엇인지 명확하게 답을 해야 합니다. 안 그러면 고민하지 않는 경영자예요."

그는 직원을 키우고 믿어줘야 한다고도 말했다.

"기업의 축이 흔들리는 실수가 아니라면 실수를 저지를 것 같아도 내버려두면서 믿고 맡겨야 합니다."

실수를 해야만 다음번에는 확실히 한다는 것이 그의 철학이다.

아울러 교육이나 복지에도 신경을 쓰라고 강조했다. 한 단계 더 성장하고 싶다면, 교육시키고 충성심을 심어줘야 한다는 것이다. 일례로 그의 회사 임원들은 각자 다니고 싶은 대학원을 선택해 다닐 수 있다. 공부도 하고 네트워크도 쌓으라는 취지에서다.

또한 그는 자문 서비스를 제공하고 있는 한 병원에 일반 대기업 병원이나 종합병원을 제외하고는 처음으로 어린이집을 운영하는 계획을 세우고 있다. 마찬가지로 간호사들로부터 로열티(충성심)를 얻기 위함이다. 아이 키우는 간호사는 어린이집 때문에라도 해당 병원을 떠날 수 없다. 복지가 곧 기업을 탄탄히 하는 원천인 셈이다.

어려울 때 손을 내밀어야 한다

인터뷰를 마무리할 때, N씨는 다음과 같은 질문을 필자에게 했다.

"'내 사람'은 어떻게 만들어야 할까요?"

그러면서 내가 손을 내밀어주고 싶은 사람이 가장 밑바닥에 있을 때부터 친해지라고 조언했다. 실제로 그는 세무사나 변호사 준비생 중에 운전기사감을 골라 채용한다고 한다. 아직도 공부에 전념할 수 없는 어려운 환경의 유망주가 많다는 것이 그의 설명이다. 실제 2019년 초까지 일했던 운전기사는 최근 세무사 시험에 합격했고, 나중에 회사에 합류할 계획이라고 한다.

"제 주변에 유명 연예인 한 명하고 친해지려는 사람이 있어요. 그 친구에게 제가 말했죠. '그 연예인이 너보다 돈도 많고 인맥도 화려한데 왜 너랑 친해지겠냐? 네가 그 연예인이랑 밥 몇 번 먹었

다고 친구가 될까? 너 정말 연예인이랑 친해지고 싶으면 될성부
른 신인들부터 챙겨라. 혹시 아냐? 그중에 진짜 유명해진 애가 나
올지'라고요. 사람은 모름지기 어려울 때 손 내민 사람만 기억하는
법입니다."

부자가 되기 위한 파도에 올라타라.
그러려면 우선 바다에 뛰어들 줄 알아야 한다.

하나금융경영연구소는 KEB하나은행과 함께 매년 부자 보고서인 〈Korean Wealth Report〉를 발간하고 있다. KB국민은행의 〈한국 富者 보고서〉와 함께 국내에서 부자들에 관한 가장 꼼꼼한 통계를 자랑한다.

하나금융경영연구소의 이 보고서는 한 편이 만들어지는 데만 6개월의 시간이 걸린다. 설문에 넣을 질문을 선정하는 작업부터 PB들을 통해 부자들을 직접 만나 대면으로 진행되는 조사과정, 설문결과를 분석해 의미 있는 내용을 추려내는 과정까지 모두 반년의 시간이 꼬박 걸리는 작업이다. 2019년 1월에 발간된 〈2019 Korean Wealth Report〉 작업을 이끈 안성학 하나금융경영연구소 연구위원을 만나 보고서에 담지 않은 뒷이야기와 부자들에 대한 설명을 들었다.

Q 부자 보고서 작업에서 신경 쓰는 부분은 무엇인가?

A 설문지에 어떤 질문을 넣을지부터 신경 쓴다. 시대의 흐름이나 트렌드의 변화를 반영하기 위해 노력한다. 예컨대 2020년에 나올 부자 보고서에는 펫(애완동물) 시장에 대한 부자들의 인식을 반영하는 질문을 넣으려고 생각하고 있다. 시대의 변화에 따라 부자들의 삶이나 행태도 달라지니 우리도 그런 변화를 찾으려고 한다.

Q 과거와 비교해 부자들의 모습이 많이 달라졌나?

A 그렇지는 않다. 부자들의 재테크방법에도 큰 차이는 없다. 금융 상품에 투자를 많이 하다가 결국 부동산으로 귀결되는 건 다르지 않다. 다만 나이대에 따라서 관심을 가지는 부동산이 조금씩 다르다. 젊을 때는 자기 집을 마련하는 데 집중하고 그 뒤에 투자형 부동산에 관심을 둔다. 나이가 들고 다른 수입이 생기면 상가 투자를 한다. 상가는 과거에 굉장히 안정적인 투자처였고, 지금도 목 좋은 곳은 공실이 적기 때문에 괜찮다. 은퇴 이후에 고정적인 수입원이 된다는 점에서도 그렇다.

Q 최근 부동산 투자에서 특이한 점이 있다면?

A 토지에 대한 관심이 부쩍 커지고 있다. 재테크, 투자의 목적도 있지만 그보다는 워라밸(일과 삶의 균형)의 측면에서 부자들이

토지에 관심을 가지는 것 같다. 여유로운 전원생활에 관심을 많이 가지는 것이다. 지방의 목 좋은 토지는 어지간하면 서울 부자들이 사놨다고 봐도 된다.

Ｑ 부자들이 주로 투자하는 금융 상품이 있다면?

Ａ 그런 상품이 분명히 있다. 하지만 이런 이야기를 하는 게 의미가 없는 이유가 있다. 부자가 아니면 애초에 투자할 수 없는 상품이 대다수이기 때문이다. 예컨대 한 증권사가 베트남 부동산 투자로 연수익 7~8%를 보장하는 금융 상품을 출시했다. 다른 증권사가 내놓은 앱솔루트리턴스왑(ARS) 같은 상품도 8~9%의 수익을 보장했다. 부자들은 이런 상품에 투자한다.

그럼 이런 상품에 따라서 투자하면 되지 않겠냐고 생각할 수 있다. 문제는 이런 상품의 최소 투자금액이 수억 원 단위라는 점이다. 애초에 부자들만 투자할 수 있는 상품이다. IPO(기업공개)도 부자들을 대상으로 한 사모펀드가 주로 투자한다. 정보도 부자들이 쥐고 있다. PB들이 자신들이 알고 있는 모든 네트워크를 동원해 좋은 상품을 찾아내서 부자에게 소개해주는 식이다. 자산과 정보력에서 부자와 부자가 아닌 사람 간에는 차이가 분명하다.

Ⓠ 그럼 평범한 사람이 부자가 될 방법은 없는 건가?

Ⓐ 다른 방법은 없다. 계속 공부해야 한다. 부자들도 열심히 찾아보고 공부한다. PB와 연구소의 연구위원 같은 자원을 최대한 활용한다. 부자가 되고 싶고 재테크로 성과를 내려면 열심히 공부하고 경제 이슈에 관심을 가져야 한다. 그렇게 하다 보면 높은 수익을 보장하는 금융 상품이 이따금 등장한다. 부자들은 정보력을 통해 그런 금융 상품을 늘 찾아내지만, 부자가 아니라면 발품을 팔 수밖에 없다.

Ⓠ 평범한 월급쟁이가 부자가 될 수 있다고 생각하나?

Ⓐ 부자들을 만나보면 부자에 대한 기준이 제각각이다. 부자의 기준을 어떻게 잡느냐에 따라 달라질 수 있지만, 매년 10%씩 재테크로 꾸준히 수익을 낸다고 해서 부자가 되는 건 아니다. 큰 부자가 되기 위해서는 재테크만으로는 한계가 있다. 어느 정도 리스크를 가져가야만 한다. 서핑을 할 때 파도에 일단 올라타면 계속 앞으로 나갈 수 있다. 파도에 올라타기까지가 힘들다. 그렇게 하기 위해서는 일단 바다에 뛰어들어야 한다. 부자가 되기 위해서는 힘들고 어려운 일을 마다하면 안 된다는 것이다.

Ⓠ 어떤 노력이 필요한가?

Ⓐ 공부를 해야 된다. 경제는 모든 분야와 연결돼 있다. 정치, 사회, 국제 모든 분야에서 벌어지는 일들이 경제에 영향을 미친다. 이런 사고를 할 줄 알아야 한다. 나와 상관없는 일에는 관심을 두지 않는 태도로는 부자가 될 수 없다. 식견이 넓어지면 단순히 주식 투자를 잘할 수 있는 것을 떠나서 새로운 사업 아이템도 찾을 수 있고 다양한 방식으로 자산을 모으는 데 도움이 될 것이다.

그렇다고 재테크에만 목을 매는 건 안 된다. 자기 분야에서 맡은 일을 열심히 하되 동시에 자기계발과 경제에 대한 관심을 늘 가지고 있어야 한다.

Ⓠ 부자들이 주로 하는 고민은?

Ⓐ 세금에 대한 불만이 크다. 양도세와 보유세를 동시에 세게 매기는 국가가 거의 없다. 그런데 한국은 둘 다 강화하는 추세다. 부자들 입장에서는 내가 피땀 흘려 모아놓은 게 부동산 자산인데 팔려고 하니 양도세 내야 하고, 갖고 있자니 보유세를 내야 해서 짜증이 날 것이다.

자녀에 대한 상속, 증여 문제도 고민을 많이 한다. 자산을 물려주면 자녀들이 금방 까먹을 거라고 믿는 부자가 많다. 자녀가 많으면 분쟁도 생기고…. 그런 부분을 많이들 걱정한다.

이웃집 부자들의 계란 바구니

이웃집 부자들은 과거에도 그랬고 지금도 재테크에 관심이 매우 많다. 이번 장에서는 이웃집 부자들이 어떤 재테크를 통해 자산을 모았는지 자세하게 정리했다.

앞의 3장에서 이웃집 부자들이 기회를 잡고 제대로 활용한 것에 대해 다뤘다면 이번 4장에서는 돈이 돈을 버는 시스템을 만들기 위해 어떤 재테크를 했고 그래서 어떻게 자산을 모았는지, 요즘 관심을 갖고 있는 금융 상품은 무엇인지 등을 자세하게 정리했다.

01

주식 투자 ①

내가 이 회사
주식을 산 이유

주식은 많은 직장인에게 애증의 존재다. 첫사랑보다 끈질기고 빚쟁이보다 잔인한 것이 주식이다. 주식보다 중독성이 강한 건 마약과 당구 밖에 없다는 이야기도 있다. 소액을 가지고도 수십 퍼센트에서 수백 퍼센트의 수익률을 단기에 올릴 수 있다는 건 뿌리치기 힘든 매력이다.

정작 주식 투자로 큰돈을 벌었다는 사람보다 밑천을 다 날렸다는 사람이 많은데도 쉽게 주식에서 손을 떼지 못한다. 필자의 지인도 아파트 전세금으로 주식 투자에 나섰다가 그랜저 한 대 값을 날렸지만 주식 시장에 대한 미련을 접지 못했다. 그 이후로 모닝 한 대 값이라도 벌었다는 이야기는 듣지 못했다.

주식 투자는 쉬운데 어렵다. 책상 앞에 앉아서 몇 분이면 종목을 사고팔고 할 수 있으니 이렇게 쉬운 재테크가 없지만 막상 돈을 벌기는 어렵다. 그래서 요즘에는 주식에서 등을 돌리는 직장인도 적지 않다. 아예 발을 들이지도 않는 것이다. 하지만 필자가 만난 이웃집 부자들은 한결같이 말한다.

"주식을 하든, 하지 않든 주식 시장을 보지 않고는 돈을 벌 수 없습니다."

한 나라의 주가지수는 그 나라의 경제 상황을 가장 종합적으로 보여주는 경제 지표다. 국내총생산(GDP)이나 실업률, 고용률, 가계 부채, 경상수지 같은 다양한 경제 지표가 있지만 매일 매시간 업데이트돼서 실시간으로 지금 상황을 보여주는 경제 지표는 사실상 주가지수가 유일하다. 또 주가지수에는 외국인투자자들이 지금 한국경제를 어떻게 바라보는지, 외환 시장은 어떻게 움직이고 있는지, 산업별로는 어떤 이슈가 발생했는지가 실시간으로 반영된다. 주식 투자를 하지 않더라도 자본주의 사회에서 '돈'을 벌겠다는 결심을 했다면 주식 시장은 늘 지켜보고 있어야 한다.

몰빵은 금물

주식 시장에 관심을 가져야 하는 이유는 또 있다. 이 책의 주된 독자층인 평범한 직장인이나 사회초년생에게 주식은 투자를 위한 종잣돈을 가장 빠르게 만들 수 있는 수단이기 때문이다. 결국 이러나저러나 이웃집 부자들처럼 되고 싶다면 주식 시장에 관심을 가지고 발을 담그는 게 최선이다. 그리고 기왕 관심을 가질 거라면 제대로 하는 게 좋다.

그렇다면 이웃집 부자들은 어떤 종목에 투자하고 어떻게 주식 투자를 할까? 이 질문에 가장 확실한 답을 해줄 수 있는 이웃집 부자는 홍춘욱 전 팀장이다. 홍 전 팀장이 노상 하는 일이 주식 시장의 움직임을 예측하고 투자전략을 짜는 것이다. 그의 기본적인 주식 투자 전략은 '평균 회귀전략'이다. 많이 빠진 건 오르고 많이 오른 건 빠진다는 절대 명제를 전제하고 한 방향에 올인하지 않는 게 핵심이다. 이때 균형을 잡는 방식이 중요하다. 그는 증권사 애널리스트로 일하면서 지금까지 삼성전자만큼 확실한 종목은 본 적이 없다고 말한다. 종잣돈만 생기면 삼성전자를 계속 사는 게 최고의 재테크라고 생각할 정도다. 홍 전 팀장이 직접 투자한 적이 있다고 밝힌 종목은 삼성전자와 계룡건설 등이다. 늘 좋은 수익을 내지만 주가는 지지부진한 종목들을 골라서 투자한다. 삼성전자는 주가가 10여 년 동안 꾸준히 오르지 않았느냐는 질문이 나올 만한데 여전히 저평가돼 있다는 게 증권가의 시각이다.

홍 전 팀장은 이 이야기를 하면서 책 한 권을 추천했다. 사모투자 파트너십인 고담캐피털의 설립자이자 경영 파트너인 조엘 그린블라트가 쓴 《주식 시장을 이기는 작은 책》이다. 이 책에서 조엘 그린블라트는 벤저민 그레이엄의 마법의 투자공식을 소개한다. 이 공식은 간단한데 자기자본이익률(ROE)은 높은데 주가순자산비율

(PBR)은 낮은 종목을 골라서 투자하는 것이다. 홍 전 팀장은 "자산으로 이익을 내는데 주가는 저평가된 기업을 찾아낼 수 있는 방법"이라고 설명했다.

다른 이웃집 부자들도 비슷한 투자방식을 소개했다. 5조 원대의 자금을 굴리는 원종준 라임자산운용 대표의 이야기를 들어보자.

브레인투자자문을 다니던 원 대표는 2012년에 독립하면서 '절대 수익전략'을 내세웠다. '고위험, 고수익' 상품보다는 원금을 지키면서 은행 금리보다는 확실하게 높은 수익을 보장하는 투자전략이었다. 절대 수익 같은 말에 속으면 안 된다는 격언도 있지만, 원 대표의 절대 수익전략은 실제로 절대 수익을 보장했다. 원 대표가 내세운 전략은 '몰빵을 피한다'였다. 그는 과거 필자와의 인터뷰에서 "포트폴리오에 삼성전자 비중도 10% 이상은 가져가지 않습니다"라고 말했다. 대형 우량주에 몰빵하는 대신 수익성이 좋은 중소형 우량주를 찾아내서 조금씩 분산 투자했다. 홍 전 팀장이 우량주와 외화 자산으로 포트폴리오를 나눴다면 원 대표는 중소형 우량주를 최대한 많이 찾아내서 리스크를 분산하는 방법을 택한 셈이다. 이때 중요한 건 수익성이 좋은데 주가는 부진한 중소형 우량주를 얼마나 잘 찾아내느냐이다.

원 대표는 세상 공부가 가장 중요한 비법이라고 말했다. 앞에서도 말했는데, 원 대표는 매일 출근 전에 종합일간지 하나, 경제지 하나를 읽고 집을 나온다. 많은 사람이 종이신문을 보지 않지만 원 대표는 종이신문이야말로 가장 정확하고 훌륭한 뉴스 큐레이션 서비스라고 생각한다. 신문을 읽으면서 사회 전반의 변화를 확인하고 투자에 활용할 방법을 고민한다. 예컨대 원 대표는 과거 정부가 렌터카 자동차 등록번호판에 '허'자 외에 '하'나 '호'자를 허용한 정책에 대한 기사를 언급했다. 슬쩍 보고 지나갈 수 있는 기사였지만 원 대표는 그 기사를 읽고 사람들이 더는 렌터카 타는 걸 부끄러워하지 않겠다는 생각을 했다. 당연히 렌터카 수요가 늘어날 걸로 보고 관련주에 투자했다.

원 대표는 이제 투자자문사가 아닌 자산운용사를 이끌고 있고 주식 투자보다는 다양한 분야의 대체 투자에 더 주력하고 있다. 하지만 여전히 기본적인 투자 전략은 같다. 저평가된 자산을 찾아서 적정 수준의 수익을 노리는 것이다. 그는 "수익의 변동성을 줄이는 게 우리의 목표"라고 말한다.

여의도 에덴식당을 운영하는 장혁 사장의 경우 지금은 음식점업에 뛰어들었지만 원래는 이름난 증권맨이었다. 그는 1995년 신영증권에 입사하면서 증권맨 생활을 시작했다. 국제통화기금(IMF) 외환위기에서부터 카드 사태, 리먼 사태 등 온갖 위기란 위기는 다 겪었다. 그런 그가 가장 인상 깊은 시기로 외환위기도, 카드 사태도, 리먼 사태도 아닌 2000년대 초반 벤처 붐 때를 꼽았다. 당시 코스닥 시장은 유례가 없는 버블을 경험했다. 장 사장은 "당시에 테헤란로에 있는 선릉지점에서 근무했기 때문에 그 모든 흥망성

쇠를 바로 옆에서 지켜볼 수 있었습니다. 데이콤이 100만 원씩 가던 시절이었는데 하루아침에 거품이 꺼지면서 코스닥 시장이 무너졌습니다. 그때가 계기가 돼서 주식 시장에 대해 본격적으로 공부하게 됐습니다"라고 말했다.

장 사장이 증권맨 초반에 투자한 종목이 포스코와 KT였다. 그는 "절반의 성공"이라고 당시를 회상한다. 차이나 버블이 나기 전에 포스코에 투자한 게 대박이 났다. 10만 원 초반대에 투자한 포스코 주가가 불과 1년여 만에 40만 원까지 올랐다. 반면 KT는 시간이 아무리 지나도 제자리걸음이었다. 물론 KT도 손해 보는 투자는 아니었다.

작전주도 금물

주식 투자로 이름을 날린 이들은 어느 정도의 위험은 감수하지만 몰빵이나 올인 같은 말은 경계했다. 그건 투자가 아니라 도박이라는 게 이들의 지론이다. 마찬가지로 이웃집 부자들이 주식 투자와 관련해서 공통적으로 하는 조언이 있다. 바로 작전주에 관심을 가지지 말라는 것이다.

많은 개인투자자가 작전 세력을 이기는 꿈을 꾼다. 작전 세력의 투자에 슬쩍 끼어서 쥐도 새도 모르게 수익만 내고 치고 빠지는 것이다. 단기간에 10배, 20배씩 급등하는 작전주를 보고 있노라면 거센 파도를 즐기는 베테랑 서퍼처럼 나도 물살을 가르고 앞으로 나갈 수 있을 것만 같다. 아마도 많은 개인투자자가 이런 생각을 하고 나름대로 전략을 짜보기도 했으리라. 하지만 결론부터 말하자면 작전 세력을 이길 수 있는 개인투자자는 없다. 경제지 기자인 필자가 장담하고, 인터뷰를 해준 여의도 증권가의 베테랑 투자자들이 장담하고, 작전 세력을 잡아들이기 위해 호시탐탐 모니터안을 들여다보고 있는 금융 감독 당국의 관계자들이 장담한다. 개인투자자는 작전 세력을 이길 수 없고, 그들의 작전을 이용해 어떻게 수익을 내는 것도 사실 불가능한 일이다.

수익성은 좋은데 주가가 좋지 않은 종목을 찾아 장기 투자를 하는 게 최선이다. 이런 투자전략은 재미없다며 코스닥 시장에서 단기간에 주가가 급등할 만한 종목을 찾는다면 몇 가지 전제조건이 있다.

일단 정보력이 뛰어나야 한다. 어설픈 정보는 금물이다. 증권방송이나 지라시를 믿었다가는 작전 세력에 이용만 당하기 십상이다. 확실한 정보원이 있어야 한다. 그게 아니라면 자금력이라도 튼튼해야 한다. 마통(마이너스통장)으로 주식 투자에 나설 대부분의 월급쟁이들에게는 이 또한 쉽지 않다. 그게 아니라면 운이라도 있어야 한다. 하지만 주식 시장에서 운은 준비된 사람들에게 먼저 찾아온다. 정보도, 자금도, 운도 없다면 당연히 작전 세력을 이길 수 없다. 이길 수 없는 싸움에는 뛰어들지 않는 게 상책이다. 이웃집 부자들의 조언이다.

또 하나 명심해야 할 건 분명한 원칙을 세우는 것이다. 이웃집 부자들도 사람이다. 그들도 재테크에서 손실을 본 경험이 적지 않다. 회사채를 샀다가 물려서 고스란히 날리기도 하고, 확실하다고 생각해서 산 종목이 바닥을 모르고 하락할 때도 있다. 이때 중요한 게 원칙이다. 언제 손절매를 하겠다는 원칙이 분명해야 투자 실패에서 허우적거리지 않고 바로 반격할 태세를 갖출 수 있다.

주식 투자는 장기전이다. 장기전은 언제나 그렇듯 체력전이다. 지치지 않기 위해서는 끊어야 할 때 끊어주는 자세가 필요하다.

02

주식 투자 ②

폭락장을
헤쳐 나가는 기술

폭락장은 반드시 온다. 계속해서 오르기만 하는 주식 시장이라면 모두의 환상 속에 있는 엘도라도 같은 것이다. 아무리 상황이 좋아 보여도 언젠가는 거짓말처럼 주가가 쭉 빠지는 게 주식 시장이다.

주식 시장은 엘도라도보다는 신기루에 차라리 가깝다. 그리고 중요한 것은 용가리 통뼈라고 해도 급락장에서는 손실을 면치 못한다는 점이다. 강환국 차장도 2008년 한 해 동안은 손실을 봤다는 점을 눈여겨봐야 한다. 즉, 폭탄이 쏟아질 땐 무조건 피해야 한다.

2008년 글로벌 금융위기 때 코스피지수는 고점 대비 40% 가까이 하락했고, 2010년 그리스 재정 위기나 2011년 미국 신용등급 강등 때도 10% 이상의 하락률을 기록했다. 미국의 양적완화 종료 선언, 중국 증시 폭락, 미국 금리 인상 때도 한국 주식 시장은 여지

없이 흔들렸다. 불과 지난 10년 동안 있었던 일만 세어봐도 이 정도다. 한국경제의 펀더멘탈(기초체력)이 아무리 좋아도, 삼성전자가 아무리 사상 최대 실적을 내도 주식 시장이 폭락할 때는 날개가 없었다.

　그래서 주식 투자의 고수들은 늘 폭락장을 대비한다. 포트폴리오를 미리 관리하기도 하고, 폭락장의 조짐이 보이면 발 빠르게 움직여서 리스크를 낮추기도 한다. 폭락장을 기회 삼아 오히려 공세적인 투자를 하는 경우도 있다. 평범한 월급쟁이가 이웃집 부자가 되는 데 있어 폭락장은 반드시 거쳐야 할 시험 같은 것이다. 피하기보다는 적극적으로 대처하는 게 중요하다. 이웃집 부자들에게서 폭락장에 대처하는 법을 배워보자.

**폭락장을
두려워 말라**

이웃집 부자들의 경우 주식 투자의 기본 원칙은 비슷했지만 폭락장에 대처하는 방식은 제각각이었다. 리밸런싱을 강조하는 홍춘욱 전 팀장은 달러화를 보유하는 방식으로 주식 시장의 폭락에 대비했다. 그의 지론은 외국인투자자가 한국 주식 시장의 방향타를 잡고 있다는 것이다. 외국인투자자가 한국 주식 시장에서 돈을 빼면 주가지수는 하락할 수밖에 없고 기업 실적이 좋아도 주가는 부진할 수밖에 없다는 것이다. 이때 달러화를 보유하고 있으면 주식 시장에서 손실을 보더라도 달러화 가치가 오르기 때문에 외화 자산은 가치가 늘어난다.

홍 전 팀장의 전략은 주식 투자의 오래된 격언인 '절대 잃지 않을 전략을 찾아라'라는 말을 떠올리게 한다. 세계적인 투자자 워런 버핏의 스승으로 유명한 벤저민 그레이엄은 1929년 대공황 시기를 겪었다. 잘 나가는 주식 투자자였던 벤저민 그레이엄은 대공황 이후 투자전략을 바꿨는데 이게 바로 '절대 잃지 않는 투자전략'이었다. 그는 투자할 기업을 고를 때 성장성도 중요하지만 늘 충분한 자산이 있는지를 살폈다. 당장의 큰 수익률은 보장하지 않지만 그만큼 손해 볼 확률도 낮은 투자전략이다. 이런 방식은 장기 투자에 적합하다. 폭락장이 오든, 폭등장이 오든 꿋꿋하게 제 갈 길을 갈 수 있다. 여기에다 홍 전 팀장의 외화 자산 투자를 더하면 수익률은 높이면서 리스크 헤지는 더 확실하게 할 수도 있을 것이다.

주식 시장은 사이클에 따라 움직인다. 폭락장이 온 뒤에는 상승장이 온다. 상승장 뒤에는 폭등장이 오기도 하고 때로는 폭등장을 건너 뛸 때도 있다. 어느 정도 오른 뒤에는 당연히 하락장이 시작된다. 하락장이 고조되면 폭락장이 오는 것이다. 이게 하나의 사이클이다. 폭락장이 아무리 길어도 1년, 2년씩 가지는 않는다. 다시 상승장이 온다. 이웃집 부자들은 폭락장이라고 해서 겁먹고 투자금을 모두 회수하지 않는다. 언제가 다시 올 상승장을 기다리며 오를 수 있는 종목을 미리 입도선매한다.

첨언하면 폭락장에서는 당연히 성장주보다 가치주가 선방할 수밖에 없다. 정보기술(IT)이나 바이오분야의 성장주는 오를 때 빨리 오르지만 그만큼 출렁이는 폭도 크다. 그에 비하면 내수주, 금융주, 통신주 같은 가치주는 폭락장을 견디는 힘이 뛰어나다. 물론 이런 가치주에 투자한다면 빠지는 타이밍도 잘 봐야 한다. 폭락장이 언제까지고 계속되지는 않기 때문이다. 폭락장이라는 터널이 끝날 무렵에 성장주로 갈아타는 전략이 필요하다.

좀 더 공격적으로 폭락장에 대처하는 경우도 있다. 에덴식당 장혁 사장은 지금은 산나물을 사랑하는 식당 주인이지만 10년 전만 해도 여의도 증권가에서도 가장 단수가 높은 파생 상품을 다루는 증권맨이었다. 신영증권 선릉지점에서 근무하던 중에 선물옵션 투자를 전문적으로 하던 고객과 친해진 것이 계기가 됐다.

"제가 증권사 직원이었는데 선물옵션에 대해서는 그 고객에게서 배웠어요. 선물옵션은 기본적으로 주가지수가 하락해도 수익이 날 수 있는 구조예요. 당시에 조금씩 배워나갔고 그게 2008년 리먼 사태 때 큰 수익을 안겨줬죠."

선물(先物)은 미래 일정한 시기에 현물을 넘겨주는 조건으로 미리 매매 계약을 하는 거래방식이다. 또 옵션은 특정 시기 안에 현물을 일정한 가격으로 매매하는 권리를 거래하는 걸 뜻한다. 주가지수를 활용한 선물이나 옵션 투자는 개인투자자가 따라 하기 쉽지 않다. 그만큼 까다롭고 복잡한 데다 투자 규모도 크다. 장 사장에게 선물옵션 투자를 알려준 고객도 2001년 9·11 테러 때 큰 손해를 봤다고 한다.

선물옵션 투자는 리스크가 큰 대신 돌아오는 수익이 확실하다. 특히 주가가 하락해도 주가지수옵션 같은 파생 상품에 투자해놓으면 오히려 큰 수익을 얻을 수 있다는 게 장점이다. 장 사장은 2008년 중국 상하이종합지수가 급락할 때 옵션 투자로 큰 수익을 냈다. 그는 "그 당시에 거의 40% 정도의 수익을 냈습니다. 이후 증권사를 나와 개인 투자에 나서기로 결심할 정도로 적지 않은 성과였습니다"라고 말했다.

폭락장을 견디는 방법은 다양하다. 앞에서 소개한 주식 고수나 이웃집 부자들처럼 자신만의 투자 철학을 가지고 적극적으로 위기를 헤쳐 나가는 것도 가능하다. 하지만 주식 투자에 자신이 없다면 잠시 투자를 쉬는 것도 방법이다.

자산을 불리는 방법은 무궁무진하다. 그중에 가장 기본은 손해 볼 일을 줄이는 것이다. 절대 잃지 않을 전략을 머리로 알아도 몸으로 실천할 자신이 없다면 경험이 충분히 쌓이기 전까지 무리한 투자를 피하는 게 좋은 방법일 수 있다. 주식 시장을 몇 달간 떠나서 다른 방식으로 투자를 이어나가면 된다.

최근에는 주식이 아니어도 개인투자자들이 얼마든지 투자할 수 있는 상품이 많다. P2P 대출 상품은 잘만 고르면 어지간한 주식 투자 못지않은 수익을 보장해준다. 최근에는 P2P 대출에 대한 정부 규제가 강해지고 있지만 바꿔 말하면 그만큼 옥석 고르기가 진행된 것으로 볼 수 있다. 폭락장이라고 해서 자신감만 잃지 않으면 된다. 쫄보가 되지 않으면 언제든 수익 창출의 기회가 생긴다.

시장은 비합리적일 때가 많다

아무리 어려운 경제 뉴스라도 이해하기 쉽게 풀어서 설명해주는 이진우 기자는 어떻게 주식 투자를 하고 있을까? 이 기자는 주식 투자에 대한 질문을 던지자 "주식은 본인이 컨트롤하기 어려운 변수가 너무 많아서 동전 던지기 같은 느낌입니다. 투자는 기본적으로 남이 열심히 만들어놓은 구조에 승차해서 조각을 얻어먹는 일이라 거기에서 큰돈을 버는 건 기본적으로 그냥 운에 달린 문제"라고 말했다.

이 기자는 아마존 주식에 투자하는 걸 예로 들었다. 지금은 아마존이 승승장구하고 있지만 만약 제프 베조스(아마존 창업주)가 5년 전에 바람이 나거나 심장마비로 죽었다고 생각하면 아마존 주가가 지금과는 달랐을 것이라고 지적했다. 제프 베조스의 개인사는 내가 어떻게 할 수 없는 부분인 만큼 아마존 주식 투자로 돈을 버는 건 기본적으로 운에 달려 있다는 이야기다.

이러한 이유로 이진우 기자는 주식 투자를 돈을 불리기 위한 수단(창)이라기보다는 인플레이션을 헤지하는 수단(방패)으로 생각해야 한다고 지적했다. 방패는 적의 공격을 막기 위해 써야지 방패로 적을 때리려고 하면 안 된다는 우스갯소리도 덧붙였다.

그렇다고 이진우 기자가 아예 주식 투자를 하지 말라는 건 아니다. 시장이 비합리적으로 움직일 때 그 틈을 파고들어야 한다는 게 이 기자의 주식 투자법이다.

"시장은 의외로 비합리적인데, 예를 들면 어떤 기업이 주당 얼마에 공개 매수를 하겠다고 하는데도 주가는 거기에 못 미쳐서 거래되는 경우가 있습니다. '고위험, 고수익 투자'는 실패할 수도, 성공할 수도 있는 동전 던지기인 것이고, '저위험, 고수익 투자'는 실력입니다. 그런 실력을 기르는 게 중요합니다."

예컨대 세계적인 투자가인 조지 소로스는 영국이 브렉시트(영국의 유럽연합 탈퇴)를 결정하기 전에 도이치뱅크 주식의 풋옵션을 샀다. 풋옵션은 주식 가격이 하락하면 무한정 이익을 얻을 수 있고, 반대로 주식 가격이 오르면 프리미엄만 포기하면 되기 때문에 손해를 크게 볼 일은 없는 옵션 상품이다. 브렉시트가 결정되면 도이치뱅크 주식 가격이 크게 하락할 테니 조지 소로스 입장에서는 큰 이익을 볼 수 있고, 반대로 브렉시트가 부결된다고 해도 도이치뱅크 주식 가격이 급등할 리는 없으니 조지 소로스 입장에서는 나쁠 게 없는 투자인 셈이다. 이 기자는 이런 '저위험, 고수익 투자'의 기회를 찾아내는 게 중요하다고 강조했다.

03

부동산 투자 ①

데이트 코스는
부동산 임장으로

  평범한 월급쟁이로 시작해 강남 대장주 아파트인 아크로리버파크를 산 E씨는 이사를 준비 중이라는 필자의 말에 인터뷰를 하다 말고 즉석에서 상담을 시작했다.

 E씨와 마찬가지로 월급쟁이 신세인 필자 입장에서 아크로리버파크 같은 강남 아파트는 언감생심이었다. 필자의 통장 잔고를 들은 E씨도 서울 시내권 아파트는 포기하라고 솔직하게 말했다. E씨는 몇 군데 지역을 찍어줬는데 서울 금천구의 한 브랜드 아파트와 광명의 주공 아파트, 서울 증산동 일대의 아파트 단지였다. 대출을 최대한 받으면 4~5억 사이에 살 수 있는 지역이었다. E씨는 전세를 생각한다는 필자에게 파도에 올라타야 그다음 계단도 밟을 수 있다며 매입을 권했다.

 인터뷰를 하고 얼마 지나지 않아 E씨에게서 연락이 왔다. E씨는

이웃집 부자들의 계란 바구니

229

자신이 찍어준 지역에 가봤느냐고 물었다. 필자는 주말에 데이트며 모임이 많아 갈 시간이 없었다고 순순히 털어놨다. 그러자 E씨는 "임장을 다니면서 데이트를 하면 됩니다"라고 필자를 타일렀다. 필자는 그러겠노라고 했지만 아직 그렇게는 하지 못했다. 어쩌면 이웃집 부자가 되는 사람과 그렇지 못하는 사람 간의 차이가 여기에서 갈리는 건 아닌가 싶다.

최고의 전문가는 그 지역의 베테랑 중개업자다

부동산 투자로 돈을 번 이웃집 부자들은 한 명도 빼놓지 않고 인터뷰 도중에 임장이라는 단어를 꺼냈다. 부동산에 익숙하지 않은 이에게는 낯선 단어다. 임장은 사전 그대로 보면 '어떤 일이나 문제가 일어난 현장에 나온다'라는 뜻인데 요즘에는 거의 부동산과 관련해서만 쓰이는 단어다. 말의 뜻 그대로 현장을 직접 방문해 부동산 물건의 가치를 판단하는 걸 말한다.

E씨 역시 부동산 투자를 할 때는 임장을 빼놓지 않는다고 말했다. E씨에게는 어린 아이가 둘 있는데 아무리 투자를 위해서라고 하지만 주말에 아이들을 놓고 혼자 밖에 있을 수는 없는 노릇이다. E씨가 찾은 해결책은 놀이터였다. 임장을 간 아파트의 놀이터에서 부인이 아이들과 시간을 보내고 있으면 E씨가 재빠르게 근처 부동산 중개업소를 다니며 정보를 모으는 식이다. E씨는 이런 식으로

열 곳이 넘는 강남권 아파트 임장을 무사히 다녔고 지금은 그중 하나인 아크로리버파크에 입성했다. E씨는 "아이들이 많은 시간을 보낼 놀이터의 시설이나 환경을 자연스럽게 살필 수 있어서 혼자 임장을 다닐 때보다 색다른 시각으로 부동산을 평가할 수도 있었습니다"라고 말했다.

요즘에는 많은 사람이 부동산 앱으로 물건을 살핀다. 스마트폰에서도 매물에 대한 정보를 자세하게 파악할 수 있고 직접 사는 사람들의 평도 살필 수 있어 꽤나 유용하다. 하지만 스마트폰으로 볼 수 있는 부분은 임장으로 볼 수 있는 부분의 10분의 1, 100분의 1에 불과하다는 게 이웃집 부자들의 설명이다. 아파트는 마트에 진열된 우유나 돼지고기 같이 가격과 유통기한만 보고 고를 수 있는 게 아니다. 동네의 분위기, 살고 있는 사람들의 표정, 부동산 중개업소의 풍경, 아파트 단지에 걸려 있는 현수막 같은 것들은 스마트폰 앱을 아무리 들여다봐도 알 수가 없다.

KB국민은행의 전인수 팀장은 스마트폰의 앱은 어디까지나 참고용으로만 써야 한다고 말한다. 스마트폰 앱보다 믿어야 할 건 부동산 중개업소라는 게 전 팀장의 지론이다. 그는 "마포래미안푸르지오에 관한 최고 전문가는 그 아파트 단지에 있는 거북이부동산 사장님입니다. 영등포 일대에서 부동산을 가장 잘 보는 사람은 영등포 아크로타워스퀘어에 있는 부동산 중개업소 사장님이죠. 그 지역에서 10년, 20년씩 부동산 거래를 해온 사람들이 그 지역의 최고 전문가입니다. 그걸 인정하고 정보를 주고받는 사이가 되는 게 좋은 물건을 고르는 방법"이라고 말했다.

그렇다면 어떻게 해야 부동산 중개업소 사장님들과 정보를 주고받는 사이가 될 수 있을까? 여기서도 중요한 건 꾸준함이다. 전 팀장은 주말 중에 하루는 지금도 부동산 임장을 하는 데 쓴다. 10여 년에 걸쳐 서울 전역을 돌아다니면서 지역마다 친한 부동산 중개업소를 만들어놨고 지금도 돌아가면서 그분들을 만나 임장을 다니는 것이다.

"토요일 아침에 목욕탕으로 바로 가요. 거기서 부동산 중개업소 사장님을 만나서 같이 목욕을 하면서 이런저런 이야기를 하죠. 부동산 중개업소는 보통 오전 9시나 10시쯤 문을 여는데 그때부터 같이 그 지역 매물들을 보러 다녀요. 오후 2~3시 정도까지 그렇게 임장을 다니죠. 늘 빈손으로 가지는 않아요. 커피를 사갈 때도 있고 맛있는 빵을 사가기도 하죠. 정 바빠서 부동산 중개업소 사장님을 못 만날 때는 제가 사는 동네에서라도 두어 시간은 매물을 보고 와요."

전 팀장이 임장을 갈 때마다 부동산을 구입하는 건 아니다. 그냥 매물만 보고 오는 경우가 더 많다. 그런데도 꾸준히 임장을 다니는 건 감을 잃지 않기 위해서다. 은행원인 전 팀장은 자신이 직접 부동산을 사거나 파는 일보다도 은행 고객 등 다른 사람을 위해 부동산 물건을 추천해주는 일이 더 많다. 다른 사람이 전 팀장에게 부동산 물건에 대한 평가를 요청하는 일도 많다. 그럴 때마다 전 팀장이 마치 그 지역에 살았던 사람인 것처럼 술술 이야기를 하는 건 꾸준히 현장을 찾은 덕분이다. 그는 "다른 사람의 부동산 투자에 대해 정확한 조언을 하려면 최대한 현장에 동화돼야 합니다. 책상에 앉아서 전문가라고 하는 건 잘못된 일입니다. 진짜 전문가는 현장에 있습니다"라고 강조했다.

정반대 의견도 있다. 너무 오래된 부동산 중개업소를 믿지 말라고 말하는 전문가도 있다. "이 동네에서 30년 넘게 살았는데 이 동네가 이렇게 오르는 건 말이 되지 않습니다"라고 말하는 일부 중개인이 있기 때문이다. 너무 잘 알면 단점도 잘 아는 법이다. 이 때문에 어느 정도는 가려들어야 한다. 이는 임장에도 똑같이 적용된다.

임장을 너무 열심히 하면 처음에는 놓쳤던 단점도 보이게 된다. 아크로리버파크에 거주하는 E씨는 마포래미안푸르지오와 흑석 아크로리버하임을 이 때문에 놓쳤다고 토로했다. 마포래미안푸르지오는 언덕이 너무 높다는 점이 단점으로 크게 다가왔고, 아크로리버하임은 토착 거주민인 공인중개사가 "황당한 가격"이라고 지적해서 포기했다는 것이다. 물론 그렇다고 해서 그 지역 전문가의 조언과 임장이 중요하지 않다는 것은 아니다. 더 중요한 것은 다시 얘기하지만 본인 스스로도 전문가를 뛰어넘을 정도로 잘 알아야 한다는 점이다.

**자신만의
전략을 짜라**

서울에만 여러 채의 아파트가 있는 곽상희 미오백 대표도 자신이 잘 아는 아파트를 찾는 게 중요하다고 말한다. 아파트를 고르는 기준이 뭐냐고 묻자 곽 대표는 "아파트 투자를 할 때 확실한 기준이 있습니다. 10억 원 이상은 집이라고 생각하지 않습니다. 그 밑에서 평지에 있고 지하철역으로 걸어갈 수 있어야 합니다. 강남까지 환승 시간을 포함해서 1시간 안에 갈 수 있는 곳에만 투자합니다"라고 말했다.

왜 이런 기준을 정한 걸까? 곽 대표는 "내가 못 살 곳은 아예 보지도 않는 스타일"이라고 간단하게 말했다. 목동 토박이인 곽 대표는 목동을 중심으로 그 일대에 주로 투자를 했다. 주택 투자는 잘못했다가는 오히려 물리기 십상이다. 위험을 줄이기 위해서는 자신이 가장 잘 아는 지역에 투자하는 게 상책이다. 자신이 수십 년 동안 살았던 동네에 투자한다면 매일의 일상이 임장이 되는 셈이다. 전 팀장이 매주 주말마다 서울 전역을 누비며 꾸준히 임장을 했다면, 곽 대표는 자신이 사는 지역을 중심으로 투자를 하면서 생활 자체가 임장이 되게끔 한 것이다.

곽 대표가 처음 투자한 일산의 아파트도 아이와 함께 자전거를 타러 호수공원을 다니면서 고른 것이다. 집 근처에도 공원이 있었지만 조금 시간이 걸리더라도 일산 호수공원을 찾았고 당시 그 일대에 많던 모델하우스를 둘러본 끝에 투자할 아파트를 정하게 됐다.

부동산 투자에 왕도는 없지만 현장을 찾지 않는 투자는 실패할 가능성이 크다는 것만큼은 분명하다. 현장을 찾는 건 하루 이틀에 될 일이 아니다. 마음에 드는 아파트가 있다면 최소한 몇 개월, 길게는 1~2년은 임장을 다니고 여러 곳의 부동산 중개업소를 통해 정보를 모아야 한다. 중개업소 한 곳만 가서 계약서에 도장을 찍는 것만큼 바보 같은 일은 없다는 게 이웃집 부자들의 공통된 조언이기도 하다. 아무리 착하고 성실해 보이는 중개업소 사장도 계약서에 도장을 찍고 나서는 돌변할 수 있다.

수년에 걸쳐 친분을 쌓은 사람이 아니라면 한 사람의 말을 믿기보다는 발품을 파는 게 낫다. 아파트는 우유처럼 일주일에 두세 번씩 살 수 있는 게 아니다. 평생 한 번의 투자다. 잘못된 투자는 인생 전체를 피곤하게 만든다.

부동산 투자 ②

금싸라기가 될
자투리땅

　　대한민국에 부동산 부자는 많다. 부동산
이 아닌 다른 방법으로 부를 쌓은 이들도 결국에는 부동산을 통해
자산을 불린다.

　이웃집 부자들도 마찬가지다. 부동산이 아닌 다른 방법으로 부
를 쌓은 이웃집 부자들도 부동산 자산은 하나쯤 가지고 있다. 부자
가 되는데 부동산이 꼭 필요한 건 아니지만 그래도 부자는 부동산
을 가지고 있다.

　이렇게 부동산과 부자는 떼려야 뗄 수 없는 관계지만, 이제 막
사회생활을 시작한 평범한 직장인에게 부동산에 투자하라고 이야
기할 수는 없는 노릇이다. 갭 투자를 통해 내 집 마련을 하는 방법
도 있지만 이마저도 최소한 1억 원은 가지고 있어야 가능한 일이
다. 부동산 중개업소가 골목마다 하나씩은 있는 시대라지만 부동

산 투자는 여전히 평범한 직장인들에게 너무나 먼 별세계의 이야기다.

그렇다고 해서 아예 손만 놓고 있을 수는 없는 노릇이다. 자산을 모아서 부자가 되겠다면 부동산은 언젠가는 한 번쯤 손을 대야 하는 자산이다. 모두가 처음부터 아크로리버파크를 살 수는 없는 법.

이웃집 부자들도 마찬가지였다. 그들은 때로는 빌라, 때로는 나홀로 아파트에서 부동산 투자를 시작해 지금의 위치까지 올라올 수 있었다. 시작은 미약하지만 끝은 창대하리라는 경전을 현실에 구현한 이들의 비결은 무엇일까?

단독주택 리모델링을 노려라

내가 금수저로 태어났다고 가정해보자. 특별한 노력도 하지 않았는데 30억 원이라는 큰돈이 생겼다. 이걸로 부동산 투자를 해야 한다고 생각해보자. 선택할 수 있는 가짓수는 무궁무진하다. 빌딩에 투자할 수도 있고, 별 고민 없이 반포의 아크로리버파크나 래미안퍼스티지를 사도 된다. 평택이나 김포에서 땅을 사도 된다. 30억 원이라는 돈이 하늘에서 뚝 떨어진다면 할 수 있는 부동산 투자는 셀 수 없을 정도로 많다.

하지만 우리에게는 30억 원은커녕 300만 원도 갑자기 생길 리가 없다. 정해진 월급만이 우리의 유일한 수입이다. 월급을 꾸준히 모으고 주식 투자나 적금으로 종잣돈을 만드는 것이 대부분 월급쟁이가 선택할 수 있는 유일한 방법이다. 문제는 이렇게 열심히 종잣돈을 모으더라도 그 규모는 래미안퍼스티지의 1평도 못 살 정도에 그친다는 것이다. 그렇다면 우리는 어떻게 해야 할까?

전인수 KB국민은행 팀장은 이런 문제의 최고 전문가다. 그는 평범한 월급쟁이가 할 수 있는 부동산 투자는 저평가된 매물을 찾는 데서 시작한다고 말한다.

"저평가된 매물을 찾아서 가치를 높여 파는 게 부동산 투자의 기본입니다. 문제는 아파트의 경우 저평가된 매물을 찾는 것도 어렵고 가치를 높이는 것도 어렵다는 겁니다. 아파트를 사서 5,000만 원을 들여 멋지게 리모델링을 한다고 해봅시다. 아파트를 매도할 때 리모델링에 투자한 5,000만 원을 시세에 붙여서 팔 수 있을까요? 아파트는 그게 불가능합니다. 그래서 제가 단독주택을 눈여겨보는 겁니다."

전 팀장은 단독주택을 수제품에 비유한다. 아파트는 공산품이다. 공산품은 가격이 정해져 있다. 내가 아무리 흥정을 잘해도 에누리에 한계가 있다. 급매가 아닌 이상 가격이 바뀌지 않는다. 그에 비해 단독주택은 시세의 의미가 상대적으로 약하다. 내 능력에 따라 가치를 키워서 가격을 더 받을 수도 있고, 반대로 제대로 관리하지 못하면 시세보다 낮은 가격을 받을 수밖에 없다는 이야기다.

전 팀장은 정릉동이나 응암동 등 서울 외곽의 여러 동네에서 리모델링을 통해 가치를 높일 수 있는 단독주택 찾는 일을 매주 반복하고 있다. 미리 사귀어 놓은 부동산 중개업소를 통해 동네마다 괜찮은 단독주택 매물이 나오면 직접 확인하고 리모델링으로 얼마나 가치를 높일 수 있는지 따지는 일을 쉬지 않고 계속하는 것이다. 그렇게 괜찮은 매물을 찾으면 매입한 뒤, 몇 개월에 걸쳐 꼼꼼하게 리모델링하고 가치를 높여서 매도했다. 이때 매도의 타이밍도 중요하다. 항상 새로운 매물을 찾은 뒤에야 매도했다. 그렇게 정릉에서 평창동으로, 뉴타운에서 또 다른 지역으로 계속해서 부지런히 다니며 새로운 매물을 찾는 작업을 반복했다.

전 팀장은 지금도 다른 사람은 아무도 관심을 가지지 않는 부동산 매물을 찾고 있다. 그동안은 가치가 낮은 단독주택을 매입해 리모델링한 뒤 가치를 높여 팔았다면, 지금은 작은 건물을 지을 수 있는 자투리땅을 찾고 있다.

"제가 찾는 땅은 아무도 거들떠보지 않을 정말 작은 규모의 땅입니다. 그동안 어지간한 부동산 투자는 다 해봤다고 생각해요. 유일하게 안 해본 부동산 투자가 건물을 짓는 일입니다. 그렇다고 해서 큰 빌딩을 지을 수 있는 건 아니니까요. 지금은 주말마다 작은 건물을 지을 수 있는 땅을 찾으러 다녀요. 상업지구 내에서는 너무 비싸니까 잘 찾아야 합니다. 주로 보는 지역은 영등포나 신길 일대입니다. 제가 손수 건축 작업에도 참여하고 상가와 주택이 함께 들어갈 수 있는 그런 건물을 생각하고 있습니다."

**금싸라기가 될
자투리땅**

자투리땅 같은 저평가된 부동산에 주목하는 것은 전 팀장만이 아니다. 이미 많은 직장인이나 육아맘이 자투리땅 투자에 나서고 있다.

부동산 투자가 낯선 초보들도 쉽게 저평가된 부동산에 투자할 수 있는 방법이 있다. 바로 법원 경매나 한국자산관리공사의 압류 재산 공매에 참여하는 것이다. 이런 식으로 경매에 나온 부동산 물건은 주변 시세보다 가격이 저렴할 수밖에 없다. 특히 전문가들이 많이 추천하는 방법은 한국자산관리공사의 압류 재산 공매다. 법원 경매에 나오는 물건은 권리관계가 복잡해 자칫하면 돈만 쓰고 내 땅의 돌멩이 하나 못 가져갈 수도 있다. 이에 비하면 한국자산관리공사의 압류 재산 공매는 정부가 개입해 있기 때문에 비교적 안전한 편이다. 특히 압류 재산 공매는 소액으로도 도전할 수 있다는 큰 장점이 있다.

2017년에 압류 재산 공매를 통해 매각된 부동산 물건 중 감정가격 5,000만 원 이하인 물건의 비율은 55%에 달했다. 한국자산관리공사 관계자는 "압류 재산 공매에 올라오는 부동산 물건 중에는 자투리땅이 굉장히 많습니다. 택지 개발 후에 용도 없이 버려진 땅이 공매에 나오기 때문인데 이런 물건 중에 잘만 고르면 가치를 키울 만한 물건이 적지 않습니다"라고 말했다.

자투리땅은 전 팀장의 비유를 다시 가져오자면 수제품의 원재

료와 마찬가지다. 자투리땅을 어떻게 활용하느냐에 따라 그 가치는 천차만별이 될 수 있다. Y씨는 텃밭만 있던 강릉의 작은 자투리땅에 카페를 새로 지었는데 지금은 관광객이 몰리는 '인스타(그램) 맛집'이 됐다. 단독주택 리모델링은 어느 정도 시세가 정해져 있기 때문에 가치를 끌어올리는 데 한계가 있지만 자투리땅을 활용하면 가치를 2배, 3배가 아니라 10배, 100배까지도 키울 수 있다. 말 그대로 자투리땅이 금싸라기로 변하는 것이다.

부동산 투자 전문가들은 안목을 기르는 게 중요하다고 강조한다. 같은 물건을 봐도 사람마다 다르게 평가하기 때문에 자투리땅의 가치를 최대한 끌어올리기 위해서는 내 안목도 그만큼 높아야 한다는 것이다. 노후주택을 아무리 예쁘고 멋지게 리모델링을 해놔도 사람들이 찾지 않으면 결국 리모델링의 가치는 '제로'에 수렴한다. 자투리땅을 매입해 근사한 카페를 지어도 사람이 찾지 않으면 마찬가지로 가치는 없는 것이다. 이런 시행착오를 줄이기 위해서는 평소에 많은 부동산을 돌아다니며 입지와 인테리어를 꼼꼼히 따지는 연습을 해야 한다.

다시 말하지만 30억 원이 하늘에서 뚝 떨어진다면 이런 고생을 할 필요가 없다. 반포에 아파트를 사두는 게 가장 쉽고 확실한 부동산 투자다. 하지만 우리 같은 평범한 직장인에게 그런 행운은 찾아오지 않는다. 부동산으로 부자가 되고 싶다면 부지런하게 움직여야 한다. 부동산은 발이 달리지 않았다지만 저평가된 부동산은 다르다. 내가 조금 늦으면 눈 밝은 누군가가 낚아채기 마련이다. 부지런하게 저평가된 물건을 찾고, 확실하게 가치를 높일 수 있는 방법을 찾는 것이 월급쟁이가 부동산 부자가 되기 위한 첫걸음이다.

참고 삼아 이야기하자면 전 팀장이 저평가된 단독주택을 찾아보라고 추천한 곳이 있다. 종로구 사직동과 서대문구 냉천동, 서초구 반포동 일대다. 지금도 늦었을지 모른다. 남들보다 더 많은 자산을 모으고 싶다면 더 부지런해져야 한다.

05 이웃집 부자들이 찾는 금융 상품

　　　　　　　　부자가 아닌 사람들은 부자에 대해 잘 모른다. 드라마와 영화에 나오는 비뚤어진 부자들의 모습만 보고 부자에 대해 저마다 상상의 나래를 펼치고는 한다. 엄친아(엄마 친구 아들)처럼 존재 자체가 불확실한 누군가를 실존인물로 가정하고는 있지도 않은 투기와 부정부패의 죄목을 가져다 붙이기도 한다.

　당연히 부자에 대한 오해도 많다. 대표적인 오해 중 하나가 부동산이다. 물론 앞에서도 언급했듯이 부동산 자산이 없는 부자는 찾아보기 힘들다. 하지만 부동산'만' 가지고 있는 부자 역시 찾아보기 힘들다. 대한민국이 부동산 부자들의 천국이라는 말은 반은 맞고 반은 틀린 셈이다.

　그러면 부자들은 부동산 말고 또 어디에 투자를 하는 걸까? 주식이나 채권이라고 답하는 건 너무 제한적인 대답이다. 좀 더 정확한 대답은 '금융 상품'이다.

**부자는 부동산과
금융 자산 간의
밸런스를 찾는다**

KB국민은행과 KEB하나은행 등의 '부자 보고서'를 보면 우리가 부자들의 부동산 자산에 대해 큰 오해를 하고 있다는 사실을 좀 더 객관적으로 확인할 수 있다.

먼저 KB국민은행의 〈한국 富者 보고서〉를 보자. 이 보고서에 따르면 한국 부자의 보유 자산별 구성비는 부동산 자산이 53.3%, 금융 자산이 42.3%, 기타 자산이 4.4%로 확인됐다. 기타 자산은 예술품이나 골프장 회원권 등을 말한다. "거봐라. 부동산 자산이 더 많지 않느냐?"라는 말이 나올 수 있다.

여기에서 국내 가계의 평균 자산 구성비를 함께 비교해볼 필요가 있다. 통계청이 2017년에 실시한 〈가계금융·복지조사 결과〉에 따르면, 국내 가계의 자산별 구성비에서 가장 큰 비중을 차지하는 건 부동산 자산으로 무려 69.8%에 달했다. 금융 자산 비율은 25.6%, 기타 자산 비율은 4.6%였다. 부자보다 평범한 가계의 부동산 자산 비율이 더 높은 것이다. KEB하나은행의 〈Korean Wealth Report〉에도 마찬가지 결과를 보여준다. 이 보고서는 부자들의 자산 포트폴리오에서 부동산 자산이 차지하는 비율이 53.1%로 가계의 실물 자산 평균 비율보다 낮다는 걸 다시 한 번 확인시켜준다.

어찌 보면 이런 통계는 당연한 결과일 수 있다. 대부분의 평범한 가계는 모든 자산을 부동산에 몰빵할 수밖에 없다. 어떻게든 내 집 마련에 전력투구를 한 뒤, 주택담보대출을 평생 동안 갚아 나가는 게 대부분의 가계가 당면한 현실이다. 하지만 당연하다고 해서 현실에 안주해서는 안 된다. 부자와 평범한 가계를 가르는 선이 바로 여기에 있다. 이웃집 부자들은 부동산을 보유하는 동시에 금융 상품에 적극적으로 투자한다. 부동산에 투자할 종잣돈을 마련하기 위해서라도 금융 상품을 적극 활용하는 경우가 많다. 홍춘욱 전 팀장이 대표적인 경우다. 그는 주식 투자와 외환 투자로 재테크를 한 뒤에 모은 돈으로 강북 뉴타운의 아파트를 샀다.

이웃집 부자들에게 금융 상품과 부동산은 실과 바늘과 같은 존재다. 어느 하나에만 몰빵해서는 의미가 없다. 금융 상품으로 자산을 불린 후 부동산에 투자하고, 다시 부동산 매매로 불린 돈을 금융 상품에 분산해서 투자하고 다시 부동산을 찾는, 이런 과정을 무한 반복하면서 이웃집 부자의 반열에 오르는 것이다.

부동산을 샀다고 해서 끝이 아니다. 평생 대출만 갚다가는 이웃집 부자가 아니라 그냥 이웃집 아저씨로 늙기 십상이다. 홍 전 팀장은 "투자는 밸런스"라고 말한다. 부동산 비중이 커지면 금융 상품 투자를 늘리고 금융 상품에서 수익이 나면 부동산 투자를 늘리면서 포트폴리오의 밸런스를 유지해야 하는 것이다.

ELS와 외화 상품에 집중해라

그렇다면 부자들은 어떤 금융 상품을 선호할까? 많은 직장인이나 개인투자자가 선호하는 주식 직접 투자나 공모펀드는 생각보다 부자들의 사랑을 받지 못한다. 시중은행의 한 PB는 "몇몇 부자들은 주식형 펀드나 주식 직접 투자를 별로 선호하지 않는 모습을 보입니다"라고 말했다. 대신 부자들이 선호하는 상품은 주가연계증권(ELS)이나 CMA, 1년 미만 정기예금 같은 단기 금융 상품이다.

ELS는 특정 주권의 가격이나 주가지수 수치에 연계한 증권을 말한다. 사전에 나오는 정의인데 사실 이 말만 들어서는 ELS가 무슨 상품인지 이해하기 어렵다.

ELS를 쉽게 풀어 설명하면, 지수가 절반 밑으로 폭락하지만 않으면 연 8% 정도의 수익률을 보장해주는 상품이라고 할 수 있다. ELS가 기준으로 삼는 지수는 코스피200, 홍콩의 HSCEI, 미국의 S&P500지수, 일본의 니케이225, 유럽의 유로스톡스50 등이다. 이들 지수가 가입 시점에서 1년 뒤에 95% 이상의 수준을 유지하면 정해진 수익률을 챙길 수 있다. 반대로 이들 지수가 60% 밑으로 떨어지면 원금도 보장받지 못한다. 더 깊이 들어가면 상품 구조가 복잡해지니까 여기서는 설명을 멈추도록 하자. 확실한 건 위기 상황이 발생하지만 않는다면 연 8% 정도의 높은 수익률을 보장받을 수 있다는 것이다.

금융 시장에서 '위기'란 언제 어디서든 터질 가능성이 있지만 주식에 직접 투자하거나(너무 위험하고 수익을 낼 가능성이 낮다) 주식형 공모펀드에 투자하는 것보다는(기대 수익률이 너무 낮고 그나마 확실히 벌 수 있다는 보장도 없다) ELS 투자가 낫다는 것이 이웃집 부자들의 평가다. 지금도 평범한 월급쟁이로 지내는 어느 이웃집 부자는 ELS 계좌만 100개를 돌리기도 한다. 한 은행 PB는 "부자들은 '고위험, 고수익'보다 '중위험, 중수익'을 선호하는 경향이 큽니다. 주가지수와 연계한 금융 상품만큼 확실한 '중위험, 중수익' 상품이 없기 때문에 부자들이 ELS를 선호하는 것"이라고 설명했다. 원종준 라임자산운용 대표도 "하이 리스크, 하이 리턴의 투자방식이 통하는 시대는 끝났습니다. 부자들은 임대료나 배당, 이자처럼 고정적으로 예측 가능한 투자수익을 더 중요하게 생각하고 있습니다"라고 말했다.

그렇다면 단기 금융 상품이 부자들에게 인기가 많은 건 왜일까? 이웃집 부자들은 언제든 총알로 쓸 수 있는 유동성을 확보하는 차원이라고 설명한다. 원래 부자들은 항상 투자 기회를 꼼꼼하게 살핀다. 자산을 오랫동안 한 곳에 묶어두는 걸 원치 않는다. 좋은 투자 기회가 오면 바로 자산을 쏟아 붓는다.

달러화를 비롯한 외화예금도 이웃집 부자들이 선호하는 금융 상품이다. 홍 전 팀장은 "달러만큼 위기에 강한 자산은 없습니다"라고 늘 강조한다. 한국 주식 시장은 환율에 따라 크게 출렁이는 경향이 있다. 이때 달러 같은 외화 자산에 투자해 놓으면 주식 시장이 좋지 않을 때도 리스크를 헤지할 수 있다. 부자들이 주로 투자하는 외화 자산으로는 외화예금과 외화채권, 외화 ETF 등이 있다. KEB하나은행의 조사에서는 부자들의 40.2%가 '앞으로 외화 자산 투자를 늘리겠다'라고 답하기도 했다.

최근에는 대체 투자에 대한 관심도 커지고 있다. 사모펀드나 부동산펀드가 대표적이다. KB자산운용이 2019년 초에 선보인 부동산펀드는 판매 10분 만에 완판이 되기도 했다. 부동산 시장은 문재인 정부 들어 소강기에 들어갔지만 부동산펀드는 여전히 뜨겁다. KB자산운용의 부동산펀드는 부동산에 직접 투자하지 않고 KB국민은행의 과거 명동사옥을 호텔로 개발하는 과정에서 나오는 대출 채권에 투자하는 상품이다. 부동산에 직접 투자하는 것이 아니기 때문에 안정적인 수익을 거둘 수 있다. 투자자가 꼼꼼하게 찾아보기만 한다면 얼마든지 다양한 방식으로 부동산에 간접 투자할 수 있다.

이웃집 부자들은 부동산을 자산 포트폴리오의 뼈대로 여긴다. 하지만 동시에 피와 살을 이루는 건 금융 상품이라는 사실도 간과하지 않는다. 금융이 한 나라의 혈관이라는 비유는 이런 맥락에서 얼마나 적절한가! 뼈만 남는 사람이 되어서는 안 된다.

**금융 상품(리츠)으로
임대 소득을 받아라**

여기서 하나 추천하고 싶은 상품은 '리츠'다. 리츠는 부동산 투자 전문 뮤추얼펀드로, 쉽게 말해 개인투자자의 돈을 모아 건물을 산 뒤 임대료를 수취해 배당하는 상품이다.

언뜻 들어서는 참 매력적인데, 사실 그동안 나온 리츠 중에서는 제대로 운용된 경우가 많지 않았다. 그나마 A리츠가 2012년에 공모가 5,000원에 상장한 뒤, 2015년 10월에 6,790원까지 오르는 등 성과가 있었지만(여기에 연 10% 안팎의 배당 수익이 지급됐음을 감안하면 상당히 좋은 성적이다) 그 이후로는 공실 등으로 인해 부동산 가치가 떨어지면서 고전했다. A리츠는 2019년 8월 기준으로는 800원대에 거래되고 있다. 다만 이는 유상증자 등으로 인해 주가가 조정된 영향이다. 현 주가는 공모가보다는 조금 낮지만, 그렇다고 해서 5분의 1 토막이 난 것은 아니다.

어쨌든 A리츠는 '성공 신화'라고까지는 할 수 없다. 그렇지만 2018년에 상장한 신한알파리츠와 이리츠코크렙은 성공 사례로 꼽을 만하다. 신한알파리츠는 네이버 등이 입주해 있는 판교의 빌딩을 가지고 있고, 이리츠코크렙은 이랜드리테일의 주요 5개 매장을 운용하고 있다. 다른 리츠와 달리 확실한 임차인이 있어 임대료를 받지 못할 위험성이 없으며 거기에다 건물의 입지가 좋아 부동산 가격이 큰 폭으로 떨어지는 상황을 우려하지 않아도 된다. 필자들은 특히 가격 매력이 높은 이리츠코크렙을 추천한다. 이리츠코크렙은 2019년 8월 기준으로 6,000원대에 거래되고 있는데 이 주가 수준에서는 연 5%대 후반의 배당을 받을 수 있다. 이리츠코크렙의 주요 자산인 NC백화점 야탑점, 뉴코아아울렛 일산점·평촌점, 2001아울렛 분당점 등은 비교적 입지가 좋은 것으로 평가된다. 설령 임차인인 이랜드리테일이 망한다고 해도 부동산을 재개발하면 상당한 수익을 낼 수 있다는 강점도 갖고 있다.

2019년에는 홈플러스 리츠와 롯데 리츠, 농협의 하나로마트 리츠, 신세계 리츠, 이지스자산운용의 리츠 등이 상장을 추진할 계획이다. 홈플러스 리츠는 상장이 한 차례 보류됐지만 그래도 다시 추진할 가능성이 높다.

이 가운데 유통회사의 리츠는 이리츠코크렙처럼 점포 리츠 형태로 나올 예정이고, 이지스자산운용은 청년 임대 주택 리츠를 내놓을 계획이다. 아직 정확한 조건이 나오지 않아 추천 유무를 판단하기는 어렵지만 관심을 갖고 지켜봐도 될 것으로 보인다. 혹시 직접 투자가 부담스럽다면 한화자산운용 등 운용사가 내놓는 글로벌리츠펀드도 주목할 만하다. 또 미래에셋자산운용이 국내 리츠에 투자하는 상장지수펀드(ETF)를 7월에 출시했다. 리츠 종목 하나하나를 분석하는 것이 어렵다면 ETF를 담는 것도 추천한다.

이웃집 부자의 가계부에는 특별한 무언가가 있다

　　　　　　　이웃집 부자들처럼 나도 자산을 모을 수 있을지 궁금하다면 스스로에게 몇 가지 질문을 던져보면 된다. 그 중 첫 번째 질문이다.

　"당신은 지난달 또는 2018년 당신 자신이나 당신의 가족이 의식주를 위해 얼마의 돈을 썼는지 알고 있습니까?"

　이 질문에 주저하지 않고 대답할 수 있다면, 100원 단위까지 정확하게 대답할 수 있다면 당신은 아마도 부자가 될 수 있거나 이미 부자이면서 이 책을 심심풀이로 읽고 있는 것이 분명하다. 반면, 방금 질문에 머뭇거리면서 머리만 긁적이거나 통장 계좌를 슬쩍 확인하거나 한다면 안타깝게도 당신은 부자가 아니거나 부자가 될 가능성이 '지금으로서는' 아주 낮은 편에 속할 것이다. 그래도 낙담하기는 이르다. 이제부터라도 자산 관리에 적극적으로 나서면 조금 늦었을지언정 이 책에 나오는 이들처럼 이웃집 부자가 될 수 있다. 그 첫걸음은 '가계부'다.

가계부를 써라, 거기서부터 시작해라

가계부는 가장 전통적이면서도 가장 확실한 자산 관리방법이다. 자산 관리라는 말을 거창하게 생각할 필요가 없다. 자산 관리는 쉽게 말해서 수입과 지출을 정확하게 알겠다는 것이다. 내가 얼마를 벌고 얼마를 쓰고 있는지 기록하는 가계부야말로 자산 관리의 기초가 되는 법이다. 이미 많은 부자가 가계부 작성을 자신의 자산 관리비법으로 소개했다. 유명한 방송인 전원주 씨는 과거 TV의 한 아침 방송에 출연해 자신이 노년까지 풍족하게 쓸 정도로 많은 돈을 모은 비결은 "50년 동안 꾸준히 가계부를 쓴 것"이라고 밝힌 적이 있다.

가계부가 어째서 부자가 되는 데 도움을 주는 걸까? 가계부는 두 가지 측면에서 자산 관리를 원활하게 해준다. 일단 내가 얼마나 불필요한 지출을 많이 하는지 냉정하게 보여준다. 많은 유산을 물려받거나 연봉이 수십억 원에 이르는 스포츠 선수가 아니라면 부자가 되는 법은 단순하다. 불필요한 지출을 최대한 줄여서 아낀 돈으로 재테크를 해서 불려야 한다. 그렇게 모은 종잣돈을 부동산이나 더 큰 투자에 활용해 굴려 나가야 한다. 이 모든 재테크의 출발은 아끼는 것이다. 불필요한 지출을 파악해야만 어떤 지출을 줄일지 결정할 수 있는 법이다.

필자가 아는 한 개인투자자는 자산의 지출구조 파악에 상당한 공을 들인다. 매일매일 자신의 지출을 분석하고 어떻게 하면 지출을 더 줄일 수 있을지, 줄인 지출로 어디에 투자하면 얼마나 돈을 벌 수 있을지 공부한다는 것이다. 그리고 지출을 가장 쉽고 정확하게 파악할 수 있는 방법이 바로 가계부 작성이라고 강조했다.

가계부의 이점은 또 있다. 솔직히 말해서 부자가 되거나 자산을 모으겠다는 결심을 하지 않았다면 가계부를 써야 할 이유는 없다. 매일 내가 편의점에서 뭘 샀는지 들여다보고 있는 건 생각보다 재미없는 일이다. 하지만 재테크를 통해 부를 모으기 위해서는 가계부가 필요하다. 부자가 되기 위한 재테크는 수많은 금융 투자 상품을 동시에 굴려야 하는 일이다. 이렇게 하기 위해서는 통장이 많아야 한다. 평범한 육아맘에서 서울에만 여러 채의 아파트를 가지고 있어 이웃집 부자가 된 곽상희 대표는 20개 정도의 통장이 있다고 했고, 역시나 평범한 월급쟁이지만 적극적인 재테크로 반포동 아크로리버파크에 입성하는 데 성공한 E씨도 가지고 있는 통장이 수십 개에 이른다고 밝혔다.

통장을 쪼개는 이유는 간단하다. 대출을 위해 은행계좌를 살려둬야 하고, 다양한 금융 투자 상품에 투자하려면 당연히 통장도 하나로는 불가능하다. 증권사 통장을 여러 개 가지고 있어야 그때그

때 필요한 곳에 돈을 옮기면서 주식 시장 상황에 따라 공격적인 투자를 할 수 있다.

문제는 이렇게 통장을 쪼개고 또 쪼개다 보면 제대로 관리가 안 된다는 것이다. E씨의 경우 어느 증권사 통장에 1,000만 원의 돈을 넣어두고는 그걸 깜빡 잊은 적이 있다고 한다. 몇 년이 지나서 통장 정리를 하다가 발견하고는 허탈한 적이 있었다는 이야기를 털어놨다. 그 1,000만 원을 다른 금융 투자 상품에 넣었더라면 얼마의 이익을 가져다줬을지가 아까운 것이다. 이렇게 통장 쪼개기의 어려움을 극복할 수 있게 도와주는 것이 바로 가계부다.

가계부는 단순히 매일매일의 수입, 지출만 보여주는 게 아니라 내 자산 전반의 흐름을 관리할 수도 있게 해준다. ○월 ○일에 어느 상품에 얼마를 투자했고 만기가 언제인지, 또는 언제 대출을 얼마 받았고 언제 이자를 입금해야 하는지, 이런 복잡한 것들을 가계부를 통해서 한눈에 파악할 수 있는 것이다. ELS나 코스닥벤처펀드와 같은 절세 및 연말 정산을 위한 펀드 등은 언제 만기가 될지 모르고 언제 혜택이 끝날지 모르기 때문에 꼼꼼한 관리가 필수다. E씨는 "부자가 되고 싶다면 작은 기업처럼 자산 관리를 해야 합니다. 기업이 재무제표를 쓰듯이 가계부를 쓸 수 있어야 기업만큼 돈을 모을 수 있습니다"라고 말했다.

최근에는 가계부를 좀 더 편리하게 쓸 수 있게 도와주는 스마트폰 앱도 있다. 이웃집 부자로 필자와 인터뷰를 한 김태훈 레이니스트 대표가 만든 '뱅크샐러드'가 대표적이다. 뱅크샐러드는 수기로 작성하던 가계부를 스마트폰 앱으로 손쉽게 확인할 수 있게 해준다. 특히 공격적으로 재테크에 나서는 사람들에게 유용하다. 은행, 증권사, 보험사 등 여러 금융회사에 나눠져 있는 자산을 한꺼번에 모아서 보여주기 때문에 여러 금융회사의 앱을 일일이 확인할 필요가 없다.

가계부를 작성하는 이유는 내 수입과 지출을 관리하는 데서 그치지 않고 그걸 바탕으로 어떤 식으로 자산을 관리할지, 어떻게 투자 포트폴리오를 구성할지 결정하는 데 있다. 뱅크샐러드는 '금융비서' 같은 기능이 있어 가계부를 바탕으로 다음 단계로 나가는 데 도움을 준다. 김태훈 대표는 인터뷰에서 뱅크샐러드를 종합 자산관리플랫폼으로 발전시키기 위해 준비하고 있다고 했다.

"우리가 하는 일은 여기저기 흩어져 있는 금융정보를 한 곳에 모아서 제공해 금융정보의 분절성을 해소하는 데 있습니다. 소비자가 자신이 받을 수 있는데 받지 못하고 있는 여러 혜택을 누릴 수 있게 해주는 것입니다."

또 다른 질문들   이웃집 부자들과 인터뷰를 나누다 보면 공통적으로 보이는 것이 있다. 그중 하나가 '절약'이다. 물론 이웃집 부자들은 수억 원의 금융 자산에 수십억 원의 총자산을 가지고 있다. 이들의 절약은 이제 갓 사회생활을 시작한 20대 초중반 월급쟁이의 절약과는 다를 수밖에 없다. 이들이 절약을 한다고 해서 해외여행을 가지 않거나 인기 많은 레스토랑을 전혀 찾지 않는다는 이야기가 아니다. 이들의 일상에 불필요한 지출을 줄이는 습관이 드러난다는 이야기다.

이웃집 부자들에게 던진 질문을 여기서 던져본다.

"당신은 어떤 신용카드를 씁니까?"

"당신은 어떤 자동차를 탑니까?"

"당신은 맞춤 양복을 몇 벌이나 가지고 있습니까?"

이 질문에 이웃집 부자들은 어떤 대답을 했을까? 우선 신용카드 관련해서 우리가 흔히 생각하는 VVIP카드를 쓰는 이는 단 한 명도 없었다. VVIP카드는 연회비가 100만 원 이상인 카드를 말한다. 연회비가 30~100만 원 사이인 VIP카드를 쓰는 경우도 많지 않았다. 오히려 이들은 연회비가 적으면서도 알짜 혜택을 주는 신용카드를 많이 사용하고 있었다.

미국의 백만장자 연구가인 토머스 J. 스탠리와 윌리엄 D. 댄코 박사의 연구도 같은 결과를 보여준다. 이들은 백만장자가 가지고 있는 신용카드의 종류를 분석했다. 당연히 니만마커스, 로드앤테일러, 에디바우어 같은 고급 백화점 전용 카드나 아메리칸 익스프레스 플래티늄카드 같은 VVIP카드를 가지고 있을 것이라고 생각했지만 결과는 정반대였다. 절반 이상의 백만장자가 평범한 비자 또는 마스터카드를 쓰고 있었다. 고급 백화점 전용 카드나 VVIP카드를 쓴다고 답한 비율은 10~20% 수준에 그쳤다.

자동차나 맞춤 양복을 고르는 것도 마찬가지였다. 이들은 수억 원짜리 고급 자동차를 사거나 한 벌에 수백만 원짜리 맞춤 양복에는 눈길을 주지 않았다. 아웃렛에서 쇼핑을 하는 이들이 대부분이었고 자동차를 고르는 기준은 가족 구성원의 숫자였다. 자동차나 양복에 따라 벌어들이는 수입이 달라지는 직업이 아니니 그런데 굳이 큰돈을 쓸 필요가 없다는 게 이들의 대답이었다. 시내에서 인터뷰를 마친 E씨나 곽상희 대표는 지하철을 타러 갔다. 이웃집 부자가 되고 싶다면 이들처럼 하면 된다. 이게 첫걸음이다.

평범한 월급쟁이가 부자가 되는 건 갈수록 어려워진다.
부자가 되고 싶다면 현실적인 방법을 찾아야 한다.

Q 부자가 늘어나고 있지만 부자가 되는 길은 갈수록 좁아지는 것 같다.

A 개인적인 생각이지만 부익부 빈익빈이 더 심해지는 구조인 것 같다. 부자가 아닌 중산층 이하 가정에서 부자가 나오는 확률이 점점 줄어드는 것도 같다.

과거에는 부동산을 통한 자산 증식의 기회가 있었지만, 지금은 갈수록 어려워지는 분위기다. 소위 명문대에 진학해 좋은 직업을 얻고 부자가 되는 것도 어려워지고 있다. 내가 고등학생일 때는 한 반에 명문대를 가는 학생이 3~4명은 있었다. 부자가 아니어도 명문대를 가는 경우가 있었다. 지금은 확실히 그런 확률이 낮아졌고, 부자 부모를 만나지 않으면 좋은 직업을 가질 수 있는 가능성도 낮아졌다.

Q 부자들은 한국경제를 어떻게 보고 있나?

A 부익부 빈익빈의 구조가 심해지는 데에는 부자들이 국내 경기를 좋지 않게 보는 이유도 있다. 부자들은 경기에 대한 불안 심리에 불만이 많다. 그렇다 보니 국내에서 소비를 꺼리게 되고 돈이 잘 돌지 않으니 저소득층은 오히려 더 가난해지게 되는 것이다.

Q 한국에는 부동산 부자가 많다. 지금도 이런 상황에는 변함이 없나?

A 그동안은 부동산을 통해 자산을 늘린 부자가 정말 많았다. 지금도 부동산 비중이 매우 높은 편이고 다들 부동산을 중요한 투자수단으로 생각한다. 다만 갈수록 부동산 시장에 대해 부정적인 전망을 하는 경향이 늘어나는 것 같다. 여전히 부동산 투자에 관심이 많지만, 그에 못지않게 분산 투자에도 신경을 쓴다. 주식이나 채권은 물론이고 해외 주식이나 달러화에 투자하는 경우도 많다. 보험이나 ELS, 파생 등 대체 투자를 하기도 한다. 부자들이 금융에 대해 열심히 공부하고 있다는 걸 현장에서 체감한다.

Q 평범한 월급쟁이가 부자가 될 수 있는 길은 여전히 있나?

A 솔직히 말해서 내 주변에서는 보지 못했다. 평범한 월급쟁이

가 수십억 원을 모으는 게 가능할지 모르겠다. 그래도 방법을 찾아보자면 최대한 절세를 하고 절약을 하고 부업을 하면서 노력해야 할 것 같다.

투자는 하이 리스크, 하이 리턴이다. 절약을 하면서 자기계발에 집중하는 게 맞는다고 본다. 가장 현실적인 방법은 꾸준한 자기계발로 회사에서 인정을 받으면서 임원에 오르는 것이다. 이 방법이 가장 효율적이고 현실적이라고 생각한다.

Ⓠ 오랜 시간이 걸리는 방법인데?

Ⓐ 쉽게 번 돈은 가치가 적다. 쉽게 번 돈은 쉽게 나갈 수 있는 돈이기도 하다. 본인의 직업이나 노력을 통해서 버는 돈이 진정한 가치가 있다. 그렇게 하기 위해서는 본인의 가치를 높이기 위한 노력에 힘쓰고, 낭비하는 습관을 버려야 한다. 계획적인 소비도 중요하다. 일확천금을 노리지 말고 기본에 충실하면서 재테크에 관심을 가져야 한다. 잃지 않는 투자를 하면서 차근차근 자산을 모으는 게 중요하다. 최근에 만나는 40대의 젊은 부자들은 부동산이나 금융 상품을 통한 투자보다 자기 일에 집중하는 경우가 많다.

Ⓠ 부자라고 고민이 없지는 않을 텐데 어떤 고민들이 많나?

Ⓐ 부자라고 하면 부동산 투기를 통해 쉽게 모은 재산으로 쉽게

살고 있다는 인식을 가진 경우가 많다. 하지만 부자들 중에 의외로 평범한 사람들보다 불행하거나 불쌍한 사람도 많다.

부자들도 여러 고민이 있다. 상속이나 자녀 교육 같은 부분도 그중 하나다. 우리나라 세무당국은 굉장히 철저하게 검증을 진행하는 편이기 때문에 편법으로 상속을 계획하는 건 어렵다. 사전 증여방법을 주로 활용한다. 자녀들의 미래를 위해 좋은 대학에 갈 수 있게 지원하고, 그렇지 않으면 자영업이라도 할 수 있게 지원하는 경우가 많다.

최근에는 해외 이민 등을 떠나는 부자가 점점 늘어나는 추세이기도 하다. 상속세 등 여러 부분을 감안해서 해외 이민이 한국 거주보다 확실히 이득이 되면 실행하는 경우가 있다.

부자의 문을 통과하면서 준비할 것들

부자가 됐다고 해서 모든 게 끝나는 건 아니다. 오히려 진짜 골머리를 앓을 만한 문제가 뒤늦게 찾아오는 경우가 많다.

필자들이 만난 이웃집 부자들이라고 해서 다를 건 없었다. 자녀 교육 문제를 놓고 많은 이웃집 부자가 불면의 밤을 보내고 있다. 재테크나 사업으로 자산을 모을 때는 일심동체로 의기투합한 부부가 자녀 교육 문제로 갈라서는 일도 적지 않다. 절세와 증여, 상속 같은 복잡한 돈 문제가 얽히면 고민은 더욱 깊어진다.

이번 장에서는 이웃집 부자들의 '현재 진행형' 고민을 함께 짚어보면서 이 책을 읽고 있는 독자들이 미래에 고민해야 할 문제의 해결책을 미리 찾아보도록 하자.

01

더 큰 부자로 가는 길

　　이웃집 부자들 중에 20~30억 원의 자산에 만족하는 사람은 없다. 50억 원에서 100억 원, 혹은 그 이상을 목표로 하고 있다. 아크로리버파크에 거주하는 E씨는 "20억, 30억 원이라고 해봐야 집 한 채 빼면 남는 것이 없습니다. 앞으로 30억 원 정도를 더 모은 다음, 시드머니로 해서 연 5%의 수익률을 추구하면 연 1억 5,000만 원의 이자(세전 기준)가 발생합니다. 이 정도로 제2의 월급이 나오는 것을 목표로 하고 있습니다"라고 말했다.

　사업가들이야 말할 것도 없다. 원종준 라임자산운용 대표나 김태훈 뱅크샐러드 대표 등은 훨씬 더 높은 곳을 지향하고 있다. 서정은 드림워커 대표의 경우 다음 목표는 100억대 매출이라고 말했다. 이들은 발밑의 위험을 조심하면서도 언제나 시선은 먼 곳을 향하고 있다. 그들의 롤모델은 누구일까? 김태훈 대표는 권혁

빈 스마일게이트 이사회 의장을 롤모델로 꼽고 있다. 게임회사인 스마일게이트는 비상장사인데다 권 의장이 대외 활동에도 나서지 않으면서 비교적 알려지지 않았다. 하지만 권 의장은 엄청난 자산가다. 블룸버그가 2016년에 발표한 세계 500대 부호에서 권 의장은 정몽구 현대차그룹 회장과 최태원 SK그룹 회장을 제치고 한국인 중 4위를 차지했다. 권 의장의 자산은 53억 달러, 당시 환율 기준으로 약 6조 1,893억 원으로 조사됐다. 이는 세계 순위 274위에 해당한다. 국내에서는 이건희 삼성전자 회장이 146억 달러로 1위(세계 순위 60위), 서경배 아모레퍼시픽그룹 회장이 68억 달러로 2위(194위), 이재용 삼성전자 부회장이 58억 달러로 3위(247위)였다. 권 의장 외에 김범수 카카오 의장이나 이해진 네이버 의장, 김봉진 우아한형제들(배달의민족) 대표 등이 스타트업 출신 이웃집 부자들이 롤모델로 꼽은 인물들이다.

원종준 대표는 미래에셋금융그룹의 박현주 회장이 목표다. 부동산업계에서는 한형기 조합장을 롤모델 혹은 배우고 싶은 인물로 꼽은 사람이 많았고, 기자들은 이진우 기자를 따르고 싶은 롤모델로 지목했다. 주식 투자부문에서는 따로 존경받는 부자는 없었는데, 주식 부자는 상대적으로 덜 알려지는 영향이 아닐까 싶다. 그래도 주식 농부로 알려진 슈퍼개미 박영옥 씨 등은 존경하는 인물 상위권에 항상 랭크되고는 한다.

적당히 만족하지 마라 부자들은 100억 원, 1,000억 원 자산가가 되는 것을 지향한다면 너무 일찍 관리 모드로 들어가면 안 된다고 지적했다. 적당히 만족하는 것을 스스로 경계해야 한다는 말이다.

한 벤처캐피탈 대표에게 들은 이야기다. 지금은 유명한 모 스타트업 출신 자산가가 창업 초기에 수차례 '엑시트(매각)'를 고민했다고 한다. 일이 너무 힘들고, 지금 기업을 팔아도 평생 먹고 사는 데는 지장이 없을 것이란 생각이 들었다고 했다. 그래서 그 자산가는 지분 30%를 들고 있는 자신에게 찾아와 지분을 매각하려고 하니 동의해달라는 제안을 했다. 하지만 일언지하에 거절하고는 "왜 이렇게 나약합니까? 사업은 전투입니다. 그리고 더 큰 승리가 눈에 보이는데 작은 것에 만족하지 마세요"라고 조언했다. 그 벤처캐피탈 대표는 필자에게 말했다.

"적당히 만족하려다가 아예 망하는 기업을 수도 없이 많이 봤습니다. 조금 물러서는 순간, 경쟁사들이 정말 사냥감 물어뜯듯이 달려듭니다. 사업은 적당한 게 없어요. 일단은 아무도 따라오지 못할 순간까지 따돌려야 합니다."

현실적으로 이제 그만 쉬고 싶다는 생각은 다른 이웃집 부자들도 자주 한다. 겉으로는 더 열심히 하겠다고 목소리를 높이지만, 그러면서도 뇌의 20%는 엑시트를 생각하게 마련이라고 이 책에서 인터뷰한 이웃집 부자들도 이야기했다. 하지만 끊임없이 스스로를 다독여야 한다. 이는 투자에서도 마찬가지다. 벌면 버는 대로 '이제 그만 팔까?'라는 마음이 들곤 한다. 안 팔았다가 혹시나 수익이 더 줄어드는 게 아닐까 걱정되는 것이다. 하지만 확신이 있다면, 버텨야 한다. 버티는 것이 힘들면 일기를 쓰면서라도 마음을 다스려야 한다.

물론 이와 관련해 알아둘 것이 있다. 콘텐츠 서비스로 인기를 끌었던 한 IT 회사의 창업자는 2000년대 초반에 회사를 팔라는 글로벌 기업들의 인수 제안을 거절했다. 본인이 회사를 더 키울 자신이 있다는 이유에서였다. 하지만 그 회사는 지금 성장이 정체돼 어려움을 겪고 있다. 이 창업자는 기자와 만나 그때 팔지 않은 게 평생의 후회라고 말하기도 했다. 반면 싸이월드를 매각한 창업자나 내비게이션 앱인 김기사를 매각한 창업자 등은 타이밍을 잘 골라서 기업을 매각했다는 평가를 받는다.

적당한 수준에서 타협하지 않고 뚝심 있게 밀고 가는 자세가 필요하지만 그러기에 앞서 자신의 현재 위치와 사업환경을 냉철하게 분석할 줄도 알아야 한다. 그다음에 다시 뚝심 있게 밀고 갈지, 타협할지를 결정할 시간을 가질 필요가 있다. 김기사에 투자한 일부 벤처캐피탈은 당시 김기사 매각에 반대했지만 그 이후 스마트폰 내비게이션 시장이 성장 정체를 맞게 된 것을 보면 창업자의 판단이 정확했다는 걸 알 수 있다.

확신이 들면 태워라

20~30억 원에서 부자가 되는 길은 오히려 주식에 있을 때가 많다. 자기 손으로 20억 원을 일군 투자자라면, 사실 본인만의 스킬(Skill)이 있는 경우라고 봐야 한다. 이들은 설령 좌충우돌할지라도, 언젠가는 100억 원 선을 노릴 수 있다.

필자들은 일단 이웃집 부자 수준의 자산규모를 목표로 잡고 사업이나 부동산 등으로 이룬다면, 그다음에는 주식 등 금융 상품을 통해 제2의 월급을 창출하는 노후 대비를 2차 목표로 설정하라고 권하고 싶다. 그렇게 노후 대비가 끝나간다 싶을 때 다시 공격적으로 100억 원 혹은 그 이상의 부를 목표로 하는 것이다.

주식으로 부자가 된 사람들 중에는 차트 매매자나 정보 매매자가 있을 것이고 기업 분석을 잘하는 사람이 있을 것이다. 또한 회계전문가나 기업업황을 잘 읽는 사람도 있을 것이다. 어떤 툴을 사용하든 결국 확신을 갖고 주식을 매매하는 사람들이다. 목돈을 주식에 넣으면 어지간한 강심장이 아닌 이상 불안한 법이다. 하지만 이들은 열심히 공부했고 자신의 원칙이나 투자한 종목에 자신감이 있다. 그렇기 때문에 목돈을 투자하고 그만큼 수익을 낸다.

'사업에 있어 확신범은 위험하다'라는 명언이 있다. 사장이 뭔가 하나에 꽂혀서 그쪽만을 향해 바라보면 기업이 위기에 빠진다는 조언이다. 하지만 부자가 되려면 확신범이 되어야 한다. 반드시 된다는 확신을 가지고 목돈을 태워야 부자로 가는 길이 열린다. 분산 투자는 아주 큰 자산가들에게만 해당하는 말이다. 적당한 부자는 태워야 한다. 태우는 규모(투자금)가 중요하지 수익률은 중요하지 않다.

혹시나 싶어 첨언하면, 태운다고 해서 무조건적으로 몰빵하라는 말이 아니다. 태운다는 것은 확신이 있을 때 해야 한다는 이야기이므로 몰빵과는 달리 봐야 한다. 태운다는 생활비 등 쓸 돈은 놔두고 남은 자금 중에서 목돈을 넣는다는 것이고 몰빵은 있는 돈, 없는 돈 다 넣는 것이라서 위험적인 요소가 매우 많다. 확신이 없을 때는 당연히 나눠 투자하면서 리스크를 줄이는 것이 낫다.

02

인성의 힘

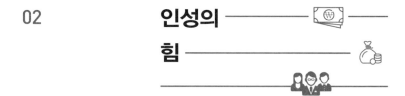

주식 평가 이익이 3,000억 원에 달하는
한 자산가와 만났다. 그에게 이웃집 부자들에게 해줄 수 있는 조언
을 부탁했다. 그에게는 다소 뜬금없는 질문일 수 있었는데 막힘이
없었다. 그도 겪었던 시절이기 때문일 것이다. 첫 번째, 두 번째로
강조한 것이 바로 '인성'이었다.

"수십억 원 부자라면 아직 이름이 알려지지 않을 때지요. 하지만
그중에 이름이 알려지는 부자가 나오게 됩니다. 기업가로 성공할
수도 있고 갑작스럽게 공직에 나갈 수도 있습니다. 제 주변에도 중
기부 장관 후보자로 거론됐는데 별로 평판이 좋지 못해 초기에 낙
마한 사람이 있습니다. 그렇게 안 봤는데 내심 공직 욕심이 있었던
것인지 뒤늦게 땅을 치고 후회하더라고요. 이제는 미리부터 준비
해야 합니다. 착한 '척' 하라는 것이 아닙니다. 외부의 시선을 신경

쓰고 살라는 겁니다. 그러다 보면 본성도 좋아지게 마련입니다."

**착한 사람은
주변에서도 돕는다**

심리학 교수 애덤 그랜트는 자신의 저서 《기브 앤 테이크》에서 인간을 기버(Giver)와 테이커(Taker), 매처(Matcher)로 나눴다. '기버'는 받기보다 베풀기를 좋아하는 착한 사람이다. 반면 '테이커'는 준 것보다 더 많이 얻기를 바라는 사람이다. 눈을 부릅뜨고 자신의 이익을 챙긴다. 테이커에게 세상이란 먹고 먹히는 정글과도 같다. '매처'는 무엇일까? 대부분의 사람들이다. 공평함을 추구한다. 한 번 밥을 얻어먹으면 한 번쯤은 사고 싶어 하는 사람이다. 적당한 처세술을 보이는 사람일 것이다.

셋 중에 가장 나락으로 떨어지기 쉬운 사람은 누굴까? 당연히 기버다. 그들은 매번 퍼붓기 때문에 손해를 보며 사는 일이 많다.

그렇다면 출세를 해서 가장 꼭대기까지 올라갈 사람은 누구일까? 애덤 그랜트는 책에서 놀라운 반전을 들려준다. 가장 성공적인 경력을 꾸리는 이들 또한 기버라는 것이다. 왜 그럴까? 애덤 그랜트는 최고의 인맥을 쌓을 수 있고 우연한 행운을 거머쥘 가능성이 높기 때문이라고 설명한다.

홍보대행사를 운영하는 J씨는 자신이 들어줄 수 있는 부탁은 반드시 해준다는 원칙을 가지고 있다. 자신의 일이 결국 네트워크에 달려 있다는 것을 잘 알기 때문이다. 실제로 한 번의 친절한 행위로 굵직한 딜을 따낸 적이 많았다.

"살다 보면 이해관계가 아주 뚜렷하지 않을 경우 '좋은 사람'에게 도움을 주는 상황을 자주 맞게 됩니다. 제가 한 번 베풀면 그만큼 돌아온다고 믿습니다. 특히 사업을 하는 사람이라면 너무 칼로 자르듯이 득실을 따지면 곤란하다고 생각합니다. 직장생활도 마찬가지일 겁니다."

굳이 말로
적을 만들지 마라

날카로운 말을 자주 던지는 사람이 있다. 날카로운 말을 던지면 속 시원한 독설가로 인기를 끌 수 있지만 그만큼 적이 많이 생긴다. 세 치 혀로 적을 만들어봐야 득 될 것이 없다. 평론가로 먹고 살 것이 아닌 이상 말이다.

멀리 본다면, 굳이 촌철살인과 같은 콘셉트로 언론이나 SNS에서 활동하지 않는 것이 나을 듯하다. 방송인 유재석 씨는 지인들에게 항상 말과 행동거지를 조심해야 한다고 당부한다고 한다. 연예인은 어떤 식으로든 한방을 터뜨려야 한다고 하지만, 쉽게 뜨면 쉽게 무너지는 것을 알기 때문 아닐까?

최근 소셜 미디어에서는 유명 크리에이터나 교수들이 설전을 주고받다가 서로 상처만 입고 싸움이 끝나는 경우가 적지 않다. 누구의 말이 옳고 그르고를 떠나 이런 싸움은 서로에게 좋을 게 없다. 자신을 지지하는 몇몇 광적인 팬덤은 더욱 공고해질지 몰라도 그만큼 대중에게 자신의 이야기를 전할 수 있는 확장성은 잃게 된다.

그동안 연예인 등에게 요구되던 인성이 이제 부자가 되려는 사람들에게도 요구되고 있다는 것을 잊지 말자. 상대적으로 연령대가 낮은 이웃집 부자 중에는 소셜 미디어에서 이런 논쟁을 즐기는 경우가 있는데, 장기적으로 보면 리스크를 키우는 행동일 수 있다. 소셜 미디어에서의 활동이 자신의 사업이나 재테크에 큰 도움이 되지 않는다면 불필요하게 적을 만들 필요는 없다. 부의 기회, 투자의 기회를 날릴 수 있기 때문이다. 영국 프로 축구의 명감독인 알렉스 퍼거슨이 괜히 "트위터는 인생의 낭비"라는 말을 남긴 게 아니다.

03

자녀 교육 ① ———
부자의 ———
제일 큰 고민 ———

       이웃집 부자들은 돈 버는 방법을 설명할 때에는 다들 거침이 없었다. 재테크로 자산을 모으고 부를 늘리는 데는 자신의 철학이 분명했다. 정부의 부동산정책이 변하든, 주식 시장이 출렁이든 자신의 평소 철학대로 꿋꿋하게 투자를 하고 뚜벅뚜벅 걸어 나가고 있다.

  그런 이들도 몇몇 질문에는 머뭇머뭇하며 답을 망설였다. 바로 자녀 교육 문제다. 돈 버는 일에서는 최고 전문가들도 자녀 교육 문제를 놓고는 늘 시행착오를 겪는 듯 했다. 재테크는 실패를 통해 배울 수 있지만 자녀 교육에서는 실패를 통해 배운다는 게 불가능하다. 그래서 더 신중하고 조심스러울 수밖에 없다. 그럼에도 이들은 자녀 교육에서도 분명한 목표와 방향을 잡으려고 하고 있었다. 또한 자녀 교육을 위한 자원과 정보가 많다는 점에서 보통의 부모들보다는 유리한 점도 분명히 있다. 과연 이들은 어떤 방식으로 자녀 교육에 나서고 있을까?

스스로 공부하게 하라 에덴식당을 운영하는 장혁 사장의 경우 고1, 중3짜리 자녀를 두고 있다. 장혁 사장의 집이 강남 압구정동인 걸 감안하면 엄청난 사교육 압박이 있지 않을까 싶었다. 하지만 장 사장은 의외로 담담했다.

"수학이나 영어학원을 보낸 적이 없습니다. 지금은 압구정동에 살고 있고 그전에도 서초나 강남 쪽에 계속 있었는데 개인적으로 학원에 보낼 생각을 하지 않았어요. 학원비가 경제적으로 말도 안 되는 가격이라고 판단했습니다. 어차피 학원이라는 건 처음 6개월에서 1년 정도만 도움이 되고 그 뒤로는 루틴이 돼서 큰 도움이 되지도 않는다고 판단했고요. 아이들이 스스로 자신만의 학습법을 찾는 데 집중하고 있습니다."

장 사장은 아낀 학원비를 아이들과의 시간에 다시 투자한다고 밝혔다. 평소에는 가기 힘든 고급 레스토랑에 아이들을 데려가기도 하고, 가족이 다 함께 여행을 떠나는 데 쓰기도 한다. 아이들이 학원을 가지 않다 보니 자연스럽게 저녁 시간을 가족이 함께 보내게 되고, 그 시간에 가족이 다 같이 다양한 활동을 한다.

"이 아이들이 살아갈 시점에는 좋은 직장을 다니는 게 중요하지 않은 시대가 될 거라고 생각합니다. 오늘의 행복을 중요하게 보기 때문에 아이들과 시간을 많이 가지는 데 집중하고 있습니다."

또한 10대 중반의 나이를 보내고 있는 아이들이 지금껏 사춘기를 겪지 않고 있다며 자랑스럽게 말했다.

홍춘욱 전 팀장도 '스스로 학습파'다. 홍 전 팀장의 자녀들이 학원이나 과외를 아예 하지 않는 건 아니다. 대신 꼭 필요하다고 생각하는 것만 최소한으로 한다고 밝혔다. 대신 고등학생과 초등학생인 아이들과 주말에 함께 도서관 가는 방식으로 교육을 한다고 설명했다. 집 근처에 있는 공립도서관에 주말마다 아이들을 데려가서 본인의 공부를 하고 아이들은 곁에서 아이들대로 공부할 수 있게 한다는 것이다.

홍 전 팀장은 "가장 중요하게 신경 쓰는 게 영어공부입니다. 언어는 결국 어릴 때부터 꾸준히 노출시키는 게 중요합니다. 그 점에 신경을 썼고 이제 귀는 꽤 뚫려 있습니다. 아이들이 외국에 나간 적은 없습니다. 한국에서도 신경만 쓰면 충분히 가능한 일"이라고 말했다.

필자가 아는 지인도 아이들을 키우면서 학원이나 과외를 한 번도 시키지 않았지만 지금은 두 아이를 모두 미국에 있는 대학에 입학시켰다. 대학 병원에서 약사를 하는 그 지인에게 비결을 물었더니 아이들을 낳은 뒤로는 집에서 무조건 영어만 썼다고 했다. 지인의 남편도 유명 대학 교수였기 때문에 영어로만 생활하는 건 어렵지 않았다고 한다. 아이들은 자연스럽게 영어를 어릴 때부터 익혔고, 그 흔한 어학연수 한 번 하지 않았지만 네이티브(Native) 못지않게 영어 실력을 키워서 유학생활을 어렵지 않게 하고 있다고 한다. 물론 말로만 쉽지 실제로 하기에는 정말 어려운 일이다. 그 지인은 집에서 영어만 쓰기 위해 가장 먼저 TV를 없앴다. 영어 방송만 틀어놓으면 되지 않느냐고 묻자 "TV가 있으면 일단 가족이 대화를 할 시간이 줄어들기 때문에 영어를 쓰는 게 의미가 없어지고, 둘째로는 한국 드라마나 예능 프로그램을 보지 않고는 못 베길 것 같았습니다. 아예 없애는 게 최선이라고 생각했죠"라고 답했다. 뭐든 제대로 하는 건 이렇게나 어렵다.

하지만 많은 부모가 '스스로 학습'에 대해 반신반의한다. 아이에게 맡겨놨다가 뒤처지기라도 하면 나중에 따라잡을 때 더 힘들지 않겠냐는 것이다. '아이가 잘할 수 있을까?'에 대한 불신도 크다. 그렇다면 최고의 교육 전문가 중 한 명인 이만기 유웨이중앙교육 소장은 어떻게 자신의 자녀를 길렀을까?

"가장 중요한 건 조급함을 버리는 겁니다. 부모가 괜히 안달복달 하면 안 돼요. 부모는 본을 보이면 됩니다. 아이들은 어릴 때 본대로 행동합니다. 부모가 모범적으로 행동하면 아이들은 자연스럽게 따라합니다. 아이 앞에서는 냉수도 못 마셨다는 옛말이 틀린 게 없습니다."

이 소장은 자녀 교육을 아이들에게 고스란히 맡겼다. 스스로 판단해서 학원을 다녀야겠다고 생각하면 학원을 보내주고 과외가 필요하다고 하면 과외를 시켜줬다. 혼자서 할 수 있다고 하면 혼자서 할 수 있게 해줬다. 이 소장과 아내가 모두 교육자지만 아이들을 닦달하거나 직접 자녀 교육을 위해 두 팔 벗고 나서지 않았다. 믿고 맡기는 것이 가장 중요하다는 게 이 소장의 설명이다.

"유명한 셰프라고 해서 집에서 거창한 음식을 직접 해먹지는 않습니다. 제가 유명한 학원 강사라고 해서 아이들 교육에 까다롭게 굴지 않았습니다. 아마도 두 딸은 저를 집에서 늘 책을 보는 아빠로 기억할 겁니다. 그게 가장 중요한 교육법이었습니다."

자녀 교육에 왕도는 없다. 문제는 왕도가 있다고 믿고 존재하지 않는 엘도라도를 찾으려고 자녀에게 십자군 원정을 보내는 부모에게 있다.

중학교와 초등학교를 다니는 자녀들을 키우고 있는 이진우 기자는 "아이에게 혹시 실패하더라도 충격과 여파가 크지 않은, 선택의 시행착오를 할 수 있는 기회를 많이 주는 게 좋은 부모의 역할인 것 같습니다. 그러려면 조바심과 불안으로부터 부모가 먼저 자유로워야 합니다"라고 말했다. 또한 "부자가 자산을 모으는 것이 대부분 운에 달려 있듯이 자녀 교육도 상당 부분이 운에 달려 있는데, 문제는 많은 사람이 자녀 교육은 운에 달려 있다는 걸 인정하지 않는다는 것입니다. (자녀 교육에 관해) 부모가 할 수 있는 것이 많지 않다는 생각이 결과적으로 좋다고 생각합니다"라고 말했다.

명문대 졸업장이
필요 없는 사회가 온다

이웃집 부자들은 자녀 교육을 위해 억지로 많은 돈을 쏟아 붓거나 하지 않았다. 이는 나름의 교육적인 철학도 있지만, 미래에 대한 그들의 생각을 엿볼 수 있는 지점이기도 하다.

하나 같이 이웃집 부자들은 아이들이 주역이 될 미래 세대에는 지금처럼 대학교 졸업장이나 근사한 직장이 중요하지 않을 것이라고 보고 있다. 좋은 대학을 보내는 게 성공을 위한 첫걸음이라는 생각에 동의하지 않는 것이다. 이런 생각을 하기 때문에 자신들이 경험했던 학원과 과외의 지옥을 아이들에게 강요할 필요도 없다고 판단한 셈이다.

그렇다면 이웃집 부자들이 생각하기에 아이들이 미래를 위해 꼭 갖춰야 한다고 생각하는 자질은 뭘까? 일단 빼놓을 수 없는 건 '영어'다.

원종준 라임자산운용 대표는 한국 사회의 미래에 대해 조금 어두운 전망을 가지고 있다.

"아이들이 직장생활을 하게 될 15년 뒤쯤을 생각해보면 한국에서 사는 게 어려울 것 같다는 생각을 합니다. 건강보험이나 국민연금 기금은 고갈 시점이 점점 다가오고 있고, 복지는 계속 늘어나니

세율은 오를 수밖에 없죠. 그때가 되면 부자가 아니어도 자기 월급의 절반을 세금과 준조세로 지출할 수밖에 없겠구나 싶습니다. 인구 부족으로 사회 갈등은 더 커질 수밖에 없지 않을까 싶어요."

원 대표는 '아이들의 미래를 위해서는 한국이 아닌 해외에서 자리를 잡고 일하는 것이 좋지 않을까?'라고 생각하기도 한다. 그래서 영어가 중요할 수밖에 없다고 본다. 초등학생인 첫째아이를 제주도에 있는 국제학교에 보냈는데 기대했던 것보다 교육환경이 좋지 않아 고민이 많다고 털어놨다.

"국제학교라지만 학생의 90%가 한국 아이라서 영어가 늘지 않는 것 같았습니다. 집안 환경이 좋은 아이들만 모이다 보니까 정말 드라마 〈스카이 캐슬〉 같은 분위기도 나서 아이들에게도 좋은 영향을 줄 것 같지 않습니다."

요즘은 뉴질랜드로 홈스테이 형식으로 아이들을 보내는 방법을 생각하고 있다.

영어만큼이나 이웃집 부자들이 자녀 교육에서 중요하게 생각하는 건 독서와 창의력이다. 미래 사회에는 어떤 자질이 필요할지 지금으로서는 예측하기가 쉽지 않다. 인공지능(AI)의 발전으로 수많은 일자리가 사라질 것으로 예상되기 때문이다. 하지만 그 어떤 직업이 사라지든, 살아남든 독서와 창의력만큼은 여전히 중요한 자질로 남을 수밖에 없다는 게 이웃집 부자들의 판단이다.

필자와 인터뷰한 이웃집 부자들 가운데 가장 나이가 젊은 편인 김태훈 레이니스트 대표의 사례를 보면 알 수 있다. 현재 레이니스트의 자산관리 앱인 뱅크샐러드는 국내에서 가장 주목받는 핀테크 회사로 성장했는데 스타트업분야에서 이런 주목할 만한 성과를 낸 김 대표는 어떤 교육을 받았을까? 김 대표는 웃으며 말했다.

"부모님이 전혀 간섭을 하지 않는 분들이었어요. 제가 원하는 대로 하라고 내버려두는 분들이었죠. 어릴 때부터 호기심이 많았고 획일적인 교육을 받을 필요가 없이 궁금한 걸 계속 파헤치는 데 익숙하다 보니까 지금의 자리까지 온 게 아닐까 싶습니다."

김 대표는 학창시절까지는 엄청난 책벌레였다고 말했다. 그런데 레이니스트가 본궤도에 오른 뒤에는 책을 많이 읽지 않는다고도 했다.

"책은 비전을 넓힐 때 도움이 돼요. 지금 저는 비전을 실행하는 단계에 있습니다. 비전이 부족한 건 아니니까 지금 책을 많이 읽을 필요는 없죠. 스타트업을 하는 동안 다양한 사람을 새로 만나면서 그들의 생각을 접하는 게 곧 책을 읽는 것과 마찬가지라고 생각합니다. 책을 읽지 않아도 새로운 생각을 할 수 있는 환경을 만들 수 있으면 됩니다."

물론 영어도 중요하고 독서와 창의력도 중요하지만 이 모든 것의 밑바탕에는 '스스로 한다'라는 원칙이 있어야 한다. 이웃집 부자들은 저마다 어릴 때 다른 교육을 받고 자랐고, 자식들을 가르치는 교육법도 저마다 달랐지만 '스스로 한다'라는 점만큼은 놀라울 정도로 일치했다. 억지로 해서는 영어도, 독서도, 창의력도 의미가 없다. 이 한 가지가 이웃집 부자들이 주는 분명한 메시지다.

자녀 교육 ②

푼돈의
재정의

경제 교육, 특히 금융 교육이 중요하다는 뉴스가 많이 나온다. 금융감독원과 한국은행은 2년마다 '전 국민 금융이해력 조사'를 실시하고 있는데 한국 성인의 금융이해력 점수는 62.2점으로 경제협력개발기구(OECD) 평균보다 낮았다. 특히 20대의 금융이해력 점수가 61.8점으로 중장년층보다 낮다는 결과가 발표돼 충격을 주기도 했다.

이후 정부 차원에서 경제 교육, 금융 교육을 위한 여러 정책이 나오고 있다. 왜 한국의 청년들은 금융에 대한 이해력이 떨어지는 걸까? 필자가 만난 한 은행의 유명 PB는 당연한 결과일 수밖에 없다고 했다.

"최고의 금융 교육은 직접 금융 상품에 투자하고 이자를 받아보고 하는 겁니다. 그런데 한국에서는 아이들에게 금융을 경험할 수 있는 기회를 주지 않아요. 아이들이 명절 때마다 받는 세뱃돈을 엄마가 바로 가져가죠. 나중에 대학가면 주겠다고 하면서요. 그게 최악의 금융 교육인 겁니다. 아이들이 번 돈은 아이들이 직접 은행에 예금하든. 적금을 들든 금융 상품에 투자할 수 있게 해줘야죠."

이 PB의 말처럼 금융은 직접 경험해봐야 한다. 그리고 누구보다 돈의 속성에 대해 잘 알고 있는 이웃집 부자들은 자녀들에 대한 금융 교육에서 이 말을 그대로 실천하고 있다. 두 아이를 키운 육아맘 곽상희 대표의 이야기를 들어보자. 곽 대표는 "가장 좋은 재테크는 자녀 교육"이라고 말한다. 그녀는 자녀들에게 어떻게 금융과 경제를 가르치고 있을까?

곽 대표의 첫째 딸은 육사에 입학했다. 딸이 육사에 입학하고 공수훈련을 마치고 나왔을 때 집을 장만해줬다. 아직 회사생활을 하고 있는 남편이 신용 대출을 받고 거기에 약간의 돈을 보태서 소형 아파트 한 채를 마련해준 것이다. 아직 대학생인 딸에게 왜 벌써 집을 마련해준 걸까? 곽 대표는 "집주인이 되면 마인드가 달라질 수밖에 없습니다. 부동산 뉴스를 찾아보면 강남 아파트들 망해라, 집값 폭락해라 같은 댓글이 늘 있습니다. 그런데 이런 말을 하는 사람은 절대로 집주인이 될 수 없습니다. 작은 집이라도 하나 가지고 있으면 망해라, 떨어져라, 말을 안 하게 됩니다. 경제에 대한 인식 자체가 달라지는 것"이라고 말했다. 곽 대표는 딸이 소위에 임관하고 나면 월급을 조금씩 받아서 아파트 값을 돌려받을 것이라고 덧붙였다. 공짜는 없다는 것도 자연스럽게 가르칠 수 있는 셈이다.

이런 식으로 자녀에게 푼돈이라도 직접 금융 상품에 투자할 수 있게 하는 건 자녀의 경제관념을 만드는데 굉장히 중요한 지점이다. 세계적인 부자들도 이런 식으로 자녀 교육을 하고 있다. 빌 게이츠는 자녀들에게 용돈을 그냥 주지 않고 집안일을 하면 조금씩 주는 걸로 유명했다. 세계적인 투자자인 워런 버핏의 어릴 때 이야기도 유명하다. 그는 자기가 쓸 돈은 스스로 벌어야 한다는 부모의 가르침을 받으면서 자랐다. 여섯 살 때 처음 투자에 나섰는데 코카콜라 세트를 25센트에서 산 뒤 30센트에 팔아 20% 수익을 냈다고 한다.

푼돈의 중요성을 가르쳐라

푼돈의 중요성을 가르치는 건 자녀 교육의 핵심일 수 있다. 많은 부자들이 자녀 문제로 골머리를 앓는데 단순히 공부를 잘하고 못하고의 문제만은 아니다. 경제관념이 제대로 자리 잡히지 않으면 돈을 흥청망청 쓰는 잘못된 부자로 자라기 십상이다. 부모는 돈을 모으고 자산을 쌓는 것이 얼마나 어려운지 정확하게 이해하고 있지만, 태어날 때부터 넉넉한 환경에서 자란 자녀들은 돈의 중요성을 제대로 알지 못할 수 있다. 이는 가정의 경제력을 갉

아먹는 결과로 이어질 수 있고 더 심각하게는 자녀의 인생 자체를 망치게 할 수도 있다.

금융 교육은 아이로 하여금 고기 낚는 법을 가르치는 것이 되어야 한다. 그런데 고기가 너무 많다 보면 고기 낚는 법을 배우지 않고도 늘 고기 잔치를 벌이기 마련이다. 나중에 고기가 떨어지면 스스로 낚아야 하는데 그때는 이미 늦었을 가능성이 크다.

필자가 아는 한 부동산 부자는 서울 일대에 건물만 다섯 개를 보유한 건물주였지만 술자리에서 자신의 인생은 실패했다고 단정 짓기도 했다. 그가 실패한 인생이라고 칭한 건 자녀 문제 때문이었다. 어린 나이에 미국에 유학을 보낸 아이는 제대로 적응하지 못하면서 빗나가기 시작했고 성인이 된 지금도 부모와 사이가 틀어진 채로 지내고 있었다. 그러면서도 부모에게 경제적 지원은 계속 요구했고 매달 수천만 원을 유흥비로 쓰면서 지낸다고 한다.

이웃집 부자들은 이 부동산 부자와는 정반대로 행동한다. 아이들에게 작은 돈이라도 함부로 주지 않았고 돈을 주고 나서는 어디에 어떤 목적으로 쓸 것인지를 분명하게 기록하도록 했다. 은행이나 증권사 지점을 방문할 때 일부러 아이를 데리고 간다는 이도 있었다. 금융은 굉장히 전문적인 언어와 같아서 언어를 가르칠 때처럼 어릴 때부터 익숙하게 해줘야 한다는 게 이들의 설명이었다.

자녀에게 어쩔 수 없이 경제적인 원조를 할 때도 정확한 원칙을 세우는 것이 중요하다. 미국의 백만장자들을 분석한 토머스 J. 스탠리와 윌리엄 D. 댄코 박사에 따르면, 미국의 백만장자들은 자녀에게 경제적 지원을 할 때 거의 대부분 '교육비'만을 제공했다고 한다. 대학 등록금을 제외하고 백만장자가 자녀들에게 경제적 지원을 하는 경우는 처음 집을 살 때 약간의 지원 정도였다. 자녀가 경제적으로 생산성 있는 성인으로 자랄 가능성을 높이기 위해서는 자녀에게 자립적으로 살 수 있도록 가르치는 게 중요하다. 그렇게 하면 장기적으로는 자녀와 부모 모두에게 큰 이득이 될 수 있다는 것이 토머스 J. 스탠리와 윌리엄 D. 댄코 박사의 설명이다. 그리고 자녀에게 무차별적으로 경제적 지원을 하는 건 약한 아이를 더 약하게 만드는 일에 불과하다고 지적하기도 했다.

이런 원칙을 부모가 세우는 것이 중요하다. 자녀에 대한 경제적 지원이 길어지다 보면 부모가 그만큼 경제활동을 오래 해야 한다. 반대로 자녀가 일찍 경제적으로 자립하면 부모는 그만큼 빨리 은퇴하고 새로운 일을 시작할 수 있다. 자녀의 경제적 자립, 그리고 금융 교육에 관심을 가져야 하는 이유다.

책 읽기의 중요성과 경제 교육

아크로리버파크에 거주하는 E씨는 자녀 교육의 원칙이 딱 2가지다. 경제 공부, 그리고 책 읽기다.

두 아이 모두 상당한 수준으로 책을 읽는다고 밝혔다. 도서관을 두 곳 다니는데 2~3일마다 10권씩 새로 빌린다고 하니 아이들이라고 해도 많이 읽는 편인 것은 맞다.

또 하나 중요한 것이 경제 교육인데, 아이들이 초등학교 저학년생인데도 불구하고 한국은행 통화정책에 대한 개념이 잡혀 있다고 한다.

"소공동에 있는 한국은행 화폐박물관이나 일산에 있는 증권박물관 같은 곳을 많이 다닙니다. 요즘에는 예전과 달리 아이들이 가도 재미있을 만한 포인트가 있죠. 화폐박물관에 가면 직접 돈을 만들어볼 수 있고, 일산에 가면 증권을 만들어볼 수 있습니다. 하지만 화폐를 만드는 것으로 배우는 게 끝이 아닙니다. 그건 조폐공사의 업무이지 않을까요? 한국은행 박물관을 간다면 한국은행의 통화정책에 대해 배워야 한다고 생각했습니다. 당시 7살이던 아이는 잘 이해하지 못했지만 최소한 우리나라 경제가 물이 들어 있는 수조이고, 통화정책은 물을 넣었다가 뺐다 하는 것과 같은 구조라는 것을 이해했습니다. 또한 화폐의 가치에도 변동이 있어서 현금을 방구석에 쌓아놓으면 가치가 떨어진다는 것 정도를 이해했습니다. 이제는 경제관념이 잡혀 있어서 스스로 용돈을 아낄 줄도 압니다."

자녀 교육 ③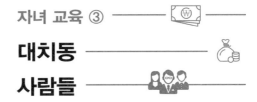

대치동
사람들

지금은 금융권에서 일하는 최황 한국펀드 평가 매니저는 오랫동안 대치동에서 입시 컨설턴트 및 강사로 일했다. 그가 주로 상대한 학생의 부모가 딱 이 책에서 거론하고 있는 '이웃집 부자'였다. 대치동이라고 남다른 사람들이 거주하는 것은 아니다. 평범한 직장인이거나 빵집 주인, 작은 슈퍼를 운영하는 자영업자의 자녀 등 평범한 사람들이 주 고객이었다.

물론 부자이기는 하다. 대치동에 집 한 채만 있어도 20~30억 원 부자인 경우가 많기 때문이다. 전세로 사는 사람도 마찬가지다. 전세 세입자들의 자산규모가 이에 미치지 못할 수 있겠으나 대치동에서 학구열에 불타는 부모는 대체로 본인이 명문대 출신이거나 전문직, 혹은 대기업 직장인일 때가 많다. 20억 원에는 못 미치더라도 근접한 사람이 많다고 볼 수 있다. 물론 대치동에는 100억 원 이상 부자도 많겠지만 그들은 논외로 하겠다. 그들은 자녀 교육에 대해서도 일반인들과 다르게 접근한다. 명문대 진학에 실패할 것 같으면 플랜(Plan) B를 앞세워 해외 유학에 도전하는 것이 그들의 삶이다. 아이의 성적에 맞춰 플랜 C까지 설정돼 있는 사람들로, 그들의 플랜은 이웃집 부자라고 해도 따라 하기 힘든 코스다. 돈이 어마어마하게 있으면 사실 자녀 교육도 큰 문제가 아닌 셈이다.

공부로 될 아이는 바로 알아본다

최황 매니저는 대치동에서 일할 때 공부를 잘할 아이와 못할 아이를 금세 구분해 낼 수 있다고 했다. 물론 면담할 때는 "자녀분도 아직 가능합니다"라고 하지만, 실제로는 바로 판가름할 수 있다는 것이다.

그가 꼽은 기준은 바로 숙제를 얼마나 성실히 하느냐 여부다. 학생의 약 70%는 숙제를 아예 하지 않거나 하더라도 무성의하게 한다고 한다. 답을 '1, 2, 3, 4, 5' 순서대로 적어놓고 숙제를 다 했다고 말하는 아이도 봤다고 한다. 그 아이들은 엄마의 압박 때문에 억지로 숙제를 할 뿐, 공부를 하겠다는 의지가 없는 것이다. 머리가 좋고 나쁘고를 떠나 이 같은 자세에서 일단 결정이 난다고 강조했다. 머리가 좋으면 금상첨화지만, 하겠다는 의지가 있는 아이는 대치동에서 버티면 그래도 좋은 학교에 갈 수 있다고 말했다.

돌려 말하면, 아이가 어떤 식으로든 의지를 갖지 않는다면 아무리 들들 볶아봐야 성과가 나올 수 없는 것이다. 아이는 절대로 부모 마음대로 조종할 수 없기 때문이다.

필자는 최근 강남권의 한 도서관 옥상에서 하루 종일 머무른 적이 있었다. 책을 보러 왔지만 날씨가 좋은 김에 둘째아이와 함께 옥상에서 햇볕을 쬐며 시간을 보냈다. 한 4~5시간 머물렀는데 그 시간 내내 옥상에서 계속 남자친구와 수다를 떠는 여학생이 있었다. 그 여학생은 분명 부모의 강압 때문에 도서관에 왔을 것이다. 하지만 도서관에 와봐야 남자친구와 수다만 떤다면 보내봐야 무슨 소용이 있겠나 싶었다(그 시간 동안 그들은 싸웠다가 화해하고, 즐거워하다가 펑펑 울었다). 그 학생이 집에 돌아가면 어머니는 고생했다며 어깨를 두드려주지 않을까? 결국 자기 주도학습이 중요하다는 사실이 다시 한 번 입증된 것이다.

중위권이라면 과감히 포기하는 것도 좋다

최황 매니저는 고등학교 진입 시점에 이미 될 아이와 안 될 아이가 90% 이상 판정난다고 말했다. 이미 상위권에 있어야 최종 성적이 잘 나온다는 것이다. 중위권에서 상위권으로 치고 나가는 경우가 물론 있지만, 이는 대부분 그동안 공부를 멀리했던 공부 잘하는 아이가 늦바람이 난 경우다. 상위권이 최상위권이 되기는 쉽다. 대부분 잘하고 살짝 미흡한 영역만 발굴해서 보강하면 되기 때문이다. 중위권이 상위권이 되려면 컨설턴트를 잘 만나야 하고, 공부에 뒤늦게라도 재미를 붙여야 하며 머리도 좋아야 한다.

"중위권은 소위 말하는 펑크 나는 구석이 많습니다. 이걸 다 메워줘야 하는데, 그러려면 다녀야 하는 학원이 너무 많아집니다. 공부를 하기에는 늦은 시점일 수도 있습니다. 물론 이런 상황에서도 튀는 아이가 간혹 나옵니다. 그런 아이들 때문에 중위권 학생의 학부모도 미련을 버리지 못하기도 합니다. 그래서 학원 사업이 되는 것이죠. 하지만 대부분은 그냥 돈만 버리고 끝납니다."

잘하는 아이의 경우 학원을 너무 많이 보내면 독이 된다는 이야기도 했다. 혼자 자기 학습을 하면서 본인의 것으로 습득하는 시간이 필요한데 모든 시간을 다 학원으로 때우면 본인이 활용할 시간이 부족해지기 때문이다. 상위권 학생은 본인이 미흡한 부분을 단과별로 찾아서 듣고 나머지는 본인 페이스를 지키는 것이 중요하다고 강조했다.

불확실한 자회사에 몰아주느냐, 수익성 좋은 모회사에 투자하느냐

언론계에 있는 서울대 출신 M씨는 자녀 교육에 단 한 푼도 쓰지 않겠다는 입장을 고수하고 있다. 그에게 왜 공부를 시키지 않느냐고 물었더니 억지로 해봐야 성과가 나오지도 않고 그만큼 돈이 아깝기 때문이라고 말했다.

"저는 지금 멀쩡히 돈을 잘 벌고 있는 모회사입니다. 하지만 아들들은 미래가 한없이 불투명한 자회사죠. 저는 멀쩡한데 왜 자회사라는 이유만으로 투자해야 하는지 모르겠습니다. 자칫 잘못하다간 저(모회사)까지 망합니다. 차라리 제가 건강하게 더 오래 일할 수 있도록 투자하는 것이 낫다고 생각합니다. 그러다가 제가 죽을 때 돈을 물려주는 것이 낫습니다."

그런데 이러한 의견을 밝히는 사람이 의외로 많다. 공기업 임원 H씨도 마찬가지였다. 엄청난 스펙을 가진 신입사원들을 볼 때마다 아이를 이 정도로 키울 자신이 없고, 설령 자녀가 이 회사에 들어온다고 해도 과거에 비해 턱없이 적어진 복지와 급여를 생각해 보면 자녀의 미래가 밝지 않음을 느낀다고 했다.

강남에서 아이를 키우려면 많이 드는 집은 1년에 1억 원 이상씩 든다. 이것이 연구·개발(R&D) 자금이라고 했을 때, 과연 먼 미래에라도 이 자금이 회수될 수 있을까?

그동안 우리는 남의 시선 때문에라도 자녀가 명문 대학에 진학하는 것을 원했다. 그런데 이것도 점점 옛날이야기가 되어가고 있다. 다른 집에 대한 관심도 사실 해가 갈수록 옅어지고 있다.

금융회사 임원인 D씨는 같은 금융권에서 일하는 장남보다 요리사를 하는 차남 자랑을 더 많이 한다. 차남이 집에서 해주는 김치찌개는 엄마의 김치찌개와 차원이 다른 맛이 난다며 자랑한다. 본인이 요리사가 되고 싶다며 오랫동안 준비했고 지금은 즐겁게 사회생활을 하고 있다며 무척 기특하다고 입에 침이 마르도록 자랑한다. 외국에서 대학을 나와 IB부문에서 일하는 장남이 들으면 서운하겠다 싶을 정도다.

D씨를 보면서도 느낀다. 우리 사회가 그래도 예전에 비하면 많이 좋아졌다고…. 명문대 입학이 다가 아니다.

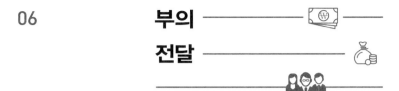

부의
전달

　　　　　재산을 다음 세대에 물려주는 일은 부를 쌓는 것만큼이나 중요하다. 부의 전달과 관련된 계획을 제대로 세우지 않으면 어렵게 모은 재산의 상당 부분을 세금으로 낼 수도 있다.

　세금을 내는 것은 그렇다 쳐도 갑작스럽게 사장 본인이 사망하여 회사가 와해되는 경우도 많다. 특히 중소기업은 사장 한 명의 맨파워 때문에 굴러가는 경우가 많기 때문에 사업을 승계할 것이라면 미리 준비해야 한다.

　평범한 월급쟁이 대부분은 동의하지 않겠지만, 우리나라는 가업 승계가 어려운 편에 속하는 나라가 맞다. 상속세율 50%에다 일감 몰아주기 규정이 강하기 때문이다.

　상속을 제때 준비하지 못해 넘어간 기업은 많다. 국내 1위 종자

기업이었던 농우바이오는 창업주가 별세한 이후 상속세를 마련하지 못해서 결국 회사를 매각해야 했다. 국내 1위 콘돔 제조업체인 유니더스도 경영권을 사모펀드에 넘겼는데 상속세에 대한 부담이 컸다고 한다.

부를 넘겨주는 것을 너무 삐딱하게 바라보지는 않았으면 한다. 필자들도 그렇고, 대부분 사람도 그렇고 자산이 있다면 자녀에게 물려주고 싶은 마음이 드는 것이 현실이기 때문이다. 그렇다고 자산가들에게 세금을 너무 많이 뜯어내고 있다고 '질타'하는 것이 아니다. 수익 있는 곳에 세금은 있어야 한다. 자녀 입장에서는 상속이나 증여를 받으면 불로소득이 생긴 것이기 때문에 과세를 해야 한다. 자산가라면 재산의 상속과 증여에 대해 미리 고민하고 준비할 필요가 있다는 점을 말하고 싶을 뿐이다.

상속과 증여의 타이밍을 잘 잡아야 한다

부를 다음 세대에 전달하는 방법은 크게 상속과 증여로 나뉜다. 상속은 피상속인이 사망하게 되면 이뤄진다. 증여는 증여자와 수증자 간의 계약을 통해 이뤄진다. 상속은 시점을 선택할 수 없지만 증여는 선택이 가능하다.

시점만 다른 게 아니라 세금을 내야 하는 과세 대상도 다르다. 상속세는 상속되는 자산 전체를 대상으로 과세가 이뤄진다. 재산

가운데 '이것만 상속받고 이건 받지 않고'를 할 수 없다는 말이다. 그에 비해 증여는 자산을 선택할 수 있다. 이런 상속과 증여의 차이를 감안해서 어떻게 해야 세금을 덜 낼 수 있는지, 그리고 가장 효과적인 절세법은 무엇인지 계산해서 부의 전달계획을 세워야한다. 합법적인 절세는 최대한 활용하는 것이 좋다.

필자가 만난 이웃집 부자는 아직 증여나 상속을 계획할 단계는 아니었다. 대부분 30대에서 40대의 나이로 은퇴 시점까지 많은 시간이 남아 있었고 여전히 자산을 불려나가는 과정이기 때문에 증여를 생각하는 사람도 많지 않았다. 다만 몇몇 이웃집 부자는 장기적인 계획을 구상하고 있었는데 이 경우를 살펴보자.

부동산은 증여(또는 상속)가 유리하다

10년 전이라면 몰라도 2019년 현재에는 부동산 투자만으로 수백억대 부자가 되기는 쉽지 않다. 우리나라 부동산 세금은 참으로 교묘해서 적당한 수준으로 자산을 늘릴 때에는 부동산이 주식보다 유리하지만 진짜 부자가 되기에는 어렵게 되어 있다.

아파트가 2채 이상이면 2채부터는 팔 때 50%가량의 세금을 내야 하고, 팔지 않더라도 재산세와 종합부동산세를 내야 한다. 세금을 가장 많이 물리는 구간이 10억 원부터 50억 원 정도다. 10억 원부터 50억 원 구간에서 종합부동산세, 금융소득종합과세 등이

순차적으로 부과될 때가 많기 때문이다. 차라리 50억 원 이상 자산가들은 건물 및 토지를 매입하거나 법인을 세워 절세할 수 있기 때문에 10~50억 원, 특히 30~50억 원 구간이 세금 부담이 가장 높은 자산규모이지 않나 싶다. 이 정도면 딱 이웃집 부자 수준이다.

20~30억 원 부자는 해봐야 아파트 투자나 땅 투자, 상가건물 투자 정도인데 건물을 올리거나 리모델링을 하기에는 자금 여력이 부족할 때가 많다. 그래서 대부분 아파트나 빌라, 아니면 재개발 투자를 하는데 이 투자처는 세정당국의 표적 1순위다. 오피스텔 투자 같은 것은 월지급식으로 가욋 수입을 올리기에는 좋으나 자산을 폭발적으로 늘릴 수 있는 수단은 아니다. 오히려 100억 원 이상이면 자산을 늘리기 쉽다. 땅을 매입해서 건물을 올리거나 저렴한 꼬마빌딩을 매입한 뒤 리모델링하는 식으로 자산 가치를 늘릴 수 있다. 재개발 시 알 박기도 가능한 자산규모다.

20억 원에서 100억 원으로 가기가 어렵다는 것이지 부동산 투자로 부자가 될 수 없다는 이야기를 하는 것은 아니다. 전인수 KB국민은행 팀장 정도의 전문가라면 부동산만으로도 자산을 늘려갈 수 있겠으나 대부분의 투자자들은 앞에서 벌더라도 뒤로 빠질 수 있다. 세금 때문이다. 세금이 그토록 무서운 것이다.

이런 문제 때문에 여러 이웃집 부자들은 발 빠르게 움직이고 있다. 곽상희 대표와 홍춘욱 전 팀장은 자녀를 위해 아파트를 한 채씩 줄 계획을 세우고 있었다.

홍 전 팀장은 아들이 둘인데 결혼할 때를 대비해서 아파트 한 채씩은 줄 수 있게끔 증여를 계획하고 있었다. 곽 대표도 어차피 딸에게 물려줄 재산인 만큼 미리 조금씩 증여를 하는 게 낫다는 판단을 하고 있었다.

곽 대표와 홍 전 팀장의 생각은 부자들이 일반적으로 가지고 있는 생각이기도 하다. KB국민은행의 〈한국 富者 보고서〉에 따르면, 부자들 가운데 상속 및 증여 시 부동산을 활용하겠다고 답한 경우가 75.3%나 됐다. 현금 및 이에 상응하는 금융 상품(62.9%), 사업체 경영권(26.8%) 등에 비해 부동산을 상속이나 증여에 활용하는 경우가 많은 걸 알 수 있다.

부동산은 미래 가치가 달라지기 때문에 특히 상속, 증여의 타이밍을 정확하게 계산하는 것이 중요하다. 지금 시세가 5억 원인 아파트가 있다고 해보자. 이 아파트의 시세가 10년 뒤에도 5억 원일 가능성은 크지 않다. 특히 서울에 있는 아파트라고 하면 10년 뒤에 10억 원, 20억 원일지 누구도 알 수 없다. 이 아파트를 피상속인의 사망 시점에 상속한다고 하면 상속 재산이 5억 원일지, 10억 원일지 장담할 수 없게 되는 것이다. 상속 대신 증여를 하게 되면 공제 혜택은 적지만 과세 대상이 되는 자산 자체가 적기 때문에 유리할 수도 있다. 곽 대표는 증여 재산 공제 한도인 5,000만 원에 맞춰서 미리 자녀들에게 재산을 증여하고 있는데 굉장히 현명한 전략이라고 할 수 있다.

피상속인의 나이가 많다면 억지로 증여를 할 필요가 없기는 하다. 상속 재산 공제의 한도는 5억 원인데 증여 재산 공제 한도의 10배다. 괜히 재산을 쪼개서 증여하는 것보다 한 번에 상속을 통해 부를 전달하는 것이 훨씬 이득이 될 수 있다.

부동산 상속이나 증여는 일단 현금 증여보다는 절대적으로 유리하다. 현금은 현금 가치 그대로 과세되는 반면, 부동산은 가치를 예측한 뒤 과세되기 때문이다. 특히 아파트보다는 다가구주택 같이 거래가 잘 안 되는 품목이 유리하다. 증여세를 내든, 상속세를 내든 다가구주택처럼 시가가 잘 형성되지 않는 자산은 공시지가 기준으로 세금을 책정할 수 있다. 물론 세무사에게 이처럼 말하면 "시세대로 과세합니다"라고 하겠지만 현실적으로는 시세대로 책정되지 않는 경우가 더 많다. 너무 저렴하게 신고하면 세정당국 공무원의 전화를 받겠지만 그들도 일이 많기 때문에 적당한 수준으로 신고하면 어느 정도는 눈감아준다.

증여나 상속의 제1원칙은 자산 그대로 넘기는 것이다. 공시지가는 토지, 임야, 주택에 따라 천차만별인데 특히 다가구주택의 경우 통상 시세의 절반이다. 필자가 만난 한 세무사는 다음과 같이 말했다.

"왜 노인들도 다가구주택과 같은 부동산을 팔지 않고 오히려 살까요? 그건 당연히 현금보다 부동산 상속이 유리하기 때문이에요. 우리나라는 기본적으로 부동산이 유리하게 돼 있습니다."

**가격 급변하는
주식도 괜찮다**

부동산과 함께 많은 부자가 증여하는 자산은 바로 상장(된) 주식이다. 상장 주식을 증여한 뒤에 주가가 오르는 경우 평가 차익에 대한 증여세나 상속세는 따로 없다. 반드시 오를 것이라고 생각되는 상장 주식이 있다면 미리 사서 재산을 증여하는 수단으로 쓰기 좋다.

상장 주식 증여에는 여러 가지 장점이 있는데 우선 부동산과 달리 취득세를 내지 않아도 된다. 또 3개월 안에 증여를 취소할 수도 있다.

상장 주식 증여는 보통 주가가 하락할 때 이뤄진다. 주가가 하락해야 평가액이 낮아지면서 증여세도 낮출 수 있기 때문이다. 그런데 처음 예상했던 것과 다르게 주가가 오르는 바람에 평가액이 높아지는 경우도 있다. 이렇게 되면 증여세가 높아지게 되는데 증여 자체를 취소할 수 있기 때문에 갑작스러운 세금 부담을 줄일 수 있다.

2008년 글로벌 금융위기나 2011년 미국 신용등급 강등 사태 때 일부 상장기업 오너는 자녀들에게 주식을 증여했다. 사업가들은 아는 것이다. 이 같은 유동성 위기 사태가 금세 끝난다는 것을 말이다. 부자는 남들이 호들갑 떠는 위기를 기회로 활용한다.

**전문가의
도움을 받아라**

과거에는 상속과 증여를 절세의 관점에서 보는 시각이 드물었다. 그저 피상속인이 죽으면 그제야 부랴부랴 상속을 준비하는 경우가 대부분이었다. 하지만 준비하지 않은 상속의 경우 재산적인 손해는 물론이고 가족 간에 분란을 일으키는 원인이 되고는 했다. 이 때문에 최근 들어서는 미리미리 상속과 증여 계획을 세우는 경우가 많다.

KB국민은행의 〈한국 富者 보고서〉에 따르면 '자산 전부를 사전 증여하겠다'라고 답한 부자의 비율이 2017년 16.5%로 1년 전보다 10%p 이상 증가했고, 반면 '자산 전부를 사후 상속하겠다'라고 답한 비율은 8.7%로 1년 전보다 3%p 정도 감소했다. 하나금융경영연구소의 조사에서도 부자의 52.7%가 '재산의 일부를 이미 자녀에게 증여했다'라고 답해 이런 추세가 일반적이라는 사실을 보여줬다.

상속과 증여는 굉장히 전문적인 영역이다. 제아무리 부자들이 재테크의 고수라고 해도 법률과 회계, 세무까지 정확하게 파악하는 건 어렵다. 예상치 못한 변수 발생을 막기 위해서는 전문가를 적극적으로 활용하는 것이 중요하다. 세무사나 회계사, 은행의 PB, 변호사 등의 도움을 받으면 된다.

필자가 만난 이웃집 부자들은 자신들이 금융회사에 근무하거나 친한 지인 중에 회계사, 세무사, 변호사가 많았지만 전문적인 상담을 위한 회계사나 세무사, 법무사를 곁에 따로 두고 있었다. 친구에게 받을 수 있는 도움과 전문가에게 정당한 대가를 지불하고 받을 수 있는 도움 사이에는 큰 차이가 있다는 것이 이웃집 부자들의 설명이다.

지난 5월 존 리 메리츠자산운용 대표의 강연을 들을 기회가 있었다. 존 리 대표는 한국 금융계에서 직설가로 유명하다. 돈에 대한 철학, 재테크에 대한 철학이 분명한 인물이다. 그런 그가 이날 강연에서 잡은 주제는 '돈 싫어하는 사람 있느냐'였다.

존 리 대표는 아직도 많은 사람이 돈을 멀리해야 옳은 것이라는 잘못된 생각을 하고 있다고 일갈했다. 그는 돈 때문에 원하는 삶을 살지 못하는 상황이 비극임을 다들 알면서도 "그래서 돈을 벌어야겠다"라는 말은 대놓고 하지 못하는 것이 한국의 현실이라고 안타까워했다. 커피 한 잔 값이라도 아껴서 하루라도 빨리 투자하고 돈을 벌기 위해 노력해야 한다고 거듭 강조했다. 존 리 대표의 이날 강연은 그의 모교인 연세대학교에서 열렸다.

이 책에서 여러 이웃집 부자의 이야기를 전하며 결국 필자들이 하고 싶었던 이야기도 마찬가지다. 사람들은 정확한 이유도 알지 못하면서 '돈'에 대해 좋지 않게 보고 깎아내리기 일쑤다. 돈이 반드시 필요하다는 것을 매일 매순간 절실하게 느끼면서도 정작 돈을 벌겠다고 노력하는 사람을 보면 손가락질하려 든다. 돈에 대한 부정적인 인식, 편견, 선입관은 그 뿌리가 너무나 깊어서 쉽사리 뽑아낼 수 없어 보인다.

하지만 돈은 죄가 없다. 잘못된 방식으로 돈을 벌고, 잘못된 방식으로 돈을 쓰는 사람들이 문제다. 정직하게 돈을 벌고 정당하게 돈을 쓰고 있는 사람들까지 몇몇 잘못된 사람들 때문에 도매급으로 묶여 욕을 먹고 있다.

돈에 대한 오해와 부자에 대한 편견을 조금이라도 씻어내고자 이 책을 집필했다. 부자들을 위해서가 아니다. 부자가 돼야 하는 사람들을 위해서다. 존 리 대표가 대학교 캠퍼스를 찾아 학생들에게 "돈 싫어하는 사람 있느냐!"라고 외친 것은 자신을 위해서가 아니라 강연을 듣는 학생들을 위해서였다. 돈과 부자에 대해 조금이라도 정확한 인식을 가지고 편견에서 벗어나야 비로소 돈을 버는 길도 보인다.

우리는 잘 모를 때 겁을 먹거나 분노하기 마련이다. 보이지 않는 귀신을 무서워하는 것이나 만나본 적 없는 부자를 욕하는 것이나 결국 그 뿌리는 같다. 귀신을 무서워해서는 밤잠을 제대로 자기 힘들듯이 부자를 욕하면서 돈을 모으겠다는 건 어불성설이다. 돈과 부자에 대한 잘못된 생각에서 벗어나는 게 부자가 되는 첫걸음이다.

우리 주변에서 너무나 평범하게 살아가면서도 자산을 모으고 부자의 반열에 오른 사람이 적지 않다. 재테크를 통해서 돈을 모은 이도 있고, 자신의 분야에서 일가를 이룬 덕분에 돈을 벌게 된 이도 있다. 이들은 대다수의 평범한 사람들과 다르지 않게 살고 있다. 부자라고 해서 모두가 부가티나 페라리를 타고 다니지 않는다. 다시 말하는데 우리 주변에는 우리와 같은 모습으로 살아가는 부자가 많다. 필자들이 만난 이웃집 부자가 그런 사람들이다.

이 책에 실린 이웃집 부자들의 이야기를 보면서 독자들도 부를 모으기 위한 자신만의 길을 찾길 바란다. 부자가 되기 위한 방법은 부자의 숫자만큼이나 다양하다. 하지만 그 누구도 돈을 하찮게 여기지 않았다. 그리고 돈만큼이나 사람을 중요하게 여겼다. 돈과 사람을 양손에 놓고 자신이 가장 잘할 수 있는 길을 찾아서 뚜벅뚜벅 걸어 나가는 것, 그것이 바로 이웃집 부자가 되고 나아가 더 큰 부자가 되는 길이다.

부디 이 책이 부자가 되고 싶다고 소망하고, 또 부자가 되겠다고 결심한 많은 사람에게 영감을 주고 작은 힌트라도 찾는 데 도움이 되기를 바란다. 우리 사회에는 더 많은 부자가 필요하다. 더 많은 정직하고 정당한 부자가, 더 많은 이웃집 부자가 필요하다.

이웃집
부자들

2019년 10월 2일 초판 1쇄 발행
2019년 11월 20일 초판 2쇄 발행

지은이 | 안재만 · 이종현
펴낸이 | 이종춘
펴낸곳 | (주)첨단

주소 | 서울시 마포구 양화로 127 (서교동) 첨단빌딩 5층
전화 | 02-338-9151
팩스 | 02-338-9155
인터넷 홈페이지 | www.goldenowl.co.kr
출판등록 | 2000년 2월 15일 제2000-000035호

본부장 | 홍종훈
편집 | 전용준
디자인 | agentcat
전략마케팅 | 구본철, 차정욱, 나진호, 이동후, 강호묵
제작 | 김유석

ISBN 978-89-6030-536-6   13320

- **BM** 황금부엉이는 (주)첨단의 단행본 출판 브랜드입니다.

황금부엉이에서 출간하고 싶은 원고가 있으신가요? 생각해보신 책의 제목(가제), 내용에 대한 소개, 간단한 자기소개, 연락처를 book@goldenowl.co.kr 메일로 보내주세요. 집필하신 원고가 있다면 원고의 일부 또는 전체를 함께 보내주시면 더욱 좋습니다. 책의 집필이 아닌 기획안을 제안해주셔도 좋습니다. 보내주신 분이 저 자신이라는 마음으로 정성을 다해 검토하겠습니다.